另类数据
投资新动力

孙佰清　王闻 ………… 著

ALTERNATIVE DATA
New Driver for Investment

03
数字经济
·系列·

世界图书出版公司

北京·上海·广州·西安

图书在版编目（CIP）数据

另类数据：投资新动力 / 孙佰清，王闻著. — 北京：世界图书出版
有限公司北京分公司，2023.1
ISBN 978-7-5192-9655-1

Ⅰ.①另… Ⅱ.①孙… ②王… Ⅲ.①金融投资—案例 Ⅳ.①F830.59

中国版本图书馆CIP数据核字（2022）第121347号

书　　名	另类数据：投资新动力 LINGLEI SHUJU: TOUZI XIN DONGLI
著　　者	孙佰清　王　闻
责任编辑	张绪瑞
封面设计	陈　陶
出版发行	世界图书出版有限公司北京分公司
地　　址	北京市东城区朝内大街137号
邮　　编	100010
电　　话	010-64038355（发行）　64033507（总编室）
网　　址	http://www.wpcbj.com.cn
邮　　箱	wpcbjst@vip.163.com
销　　售	新华书店
印　　刷	三河市国英印务有限公司
开　　本	710mm×1000mm　1/16
印　　张	18.5
字　　数	285千字
版　　次	2023年1月第1版
印　　次	2023年1月第1次印刷
国际书号	ISBN 978-7-5192-9655-1
定　　价	68.00元

出版说明

　　数字经济是指以数据资源作为关键生产要素、以现代信息网络作为重要载体、以信息通信技术的有效使用作为效率提升和经济结构优化的重要推动力的一系列经济活动。

　　近年来，数字经济发展速度之快、辐射范围之广、影响程度之深前所未有，正在成为重组全球要素资源、重塑全球经济结构、改变全球竞争格局的关键力量。人类社会正在进入以数字化生产力为主要标志的新阶段，数字经济已经成为引领科技革命和产业变革的核心力量。

　　世界图书出版公司是中国出版集团旗下唯一的科技类出版社，多年来为我国科技和教育的发展做出了重要贡献。当此人类经济丕变之局，世图公司推出"数字经济系列"，拟编选有关互联网、大数据、云计算、元宇宙、人工智能、另类数据、能源转型、数字制造、数字化治理、数字新基建等一系列主题的优秀原创著作，开阔知识视野，启迪管理思维，促进产业转型，引领社会进步，共襄时代盛举。

世界图书出版公司

2023年1月

序

　　《另类数据：投资新动力》是我们撰写的另类数据图书第二部。起初我们是把两本书作为一个整体来写作的。在初稿写作完毕之后，我们和出版社都认为，如果把两本书作为一本书出版，那么这本书的篇幅太大了。考虑到我们以后会持续关注另类数据的学术和实务发展，不断在这个领域出版新的著作，所以我们就把初稿一分为二，第一部分全面介绍另类数据概念以及各种相关议题，第二部分则重点介绍另类数据在各个领域内的应用。

　　就写作此书的动因而言，读者可以参见《另类数据：理论与实践》的前言，这里就不赘述了。我们在这里要强调的是，在对另类数据已经有了初步了解的基础上，读者可以通过本书全方位了解另类数据在股市、债市、汇市和大宗商品市场等资产管理行业各个板块中的应用案例，其中既有来自另类数据服务商以及金融机构等业界发布的案例，也有来自学界对各种不同另类数据所作的投资分析。我们把这些案例进行了汇总和重新整理，按照不同的应用领域和不同的数据类型进行分门别类，从而形成了本书的主体内容。

　　在所有的金融市场中，股票市场始终是投资者最为关注和研究最多、最深的领域。在当今的股市投资中，按照国内资产管理行业的说法，市场中存在着量化投资和主观投资两大投资思想。它们两者的一个不大严格的区分是，前者会以市场全部股票或者某个板块的股票为分析对象，而后者则更偏重于关注具体的个股。考虑到这个差异，我们在本书的第一章和第二章分别介绍了另类数据在量化投资和主观投资中的应用案例。

除了应用到股票市场，这些年来，另类数据也不断浸入其他大类资产中。考虑到利率和汇率之间的紧密关系，当前另类数据在这两大类资产中的应用案例经常交织在一起，所以我们就相关案例进行了整合，在第三章中对它们进行了细致的讨论。

在本书成稿之际，俄乌冲突爆发，牵连着全球地缘政治格局发生重大变动，与此同时，全球大宗商品市场也出现了剧烈波动。在这种背景下，来自新闻文本以及遥感卫星这些另类数据的价值更加凸显。我们在第四章中就介绍了这方面的各种应用案例。

我们知道，政府发布的各种宏观经济数据都具有较大的滞后性。考虑到宏观经济对于资产管理的影响，对宏观经济进行所谓的"实时预测"（nowcast）就变得越来越重要。我们在最后一章中就介绍了另类数据在宏观经济领域内的应用。

在初稿的写作中，我们曾计划撰写一章介绍和中国相关的另类数据应用案例。但是后来我们认为另类数据这个议题会不断演进和发展，同时在涉及中国金融资产的应用案例成型比较成熟的时候，我们可以把这些案例单独集结成册，留待以后作为另类数据系列丛书的新书展现给读者。

孙佰清　王闻

2022年6月10日

目录

第一章　股票量化投资 001

一、量化投资和主观投资 002

二、文本数据 003

推特推文 / 财经博客 / 财经新闻 / 新闻标题 / 电话会议记录 / 内部数字信息 / 社交媒体

三、消费相关数据 032

电邮收据数据 / 线上消费需求数据

四、传感器数据 039

手机应用程序数据 / 位置数据 / 卫星图像数据 / 出租车出行数据

五、ESG 数据 050

公司文化数据 / 消费者保护数据 / 企业创新数据 / 众包数据 / 就业数据

六、投资者关注数据 087

谷歌趋势 / 投资百科搜索

七、商业洞察数据 091

第二章　股票主观投资 095

一、针对主观投资的另类数据 096

二、卫星图像数据 097

预测公司业绩 / 预测公司股价变动

三、位置数据 104

商务飞行数据 / 手机位置数据

四、消费相关数据 112

电邮收据数据 / 商品价格数据

五、投资者关注数据 126

线上搜索数据 / 就业 + 线上搜索数据 / 线上评论数据 / 社交媒体数据

第三章　利率和汇率 143

一、文本数据 144

推特推文 / 彭博新闻 / 财经新闻 / 联储沟通 / 音频转录文本

二、投资者关注数据 168

点击量 / 线上关注度

三、市场数据 177

市场交易量 / 高频数据 / 隐含波动率

四、其他数据 188

政府数据 / 调查数据

第四章　大宗商品 197

一、文本数据 198

二、位置数据 204

三、卫星图像数据 207

NDVI / 石油库存 / 金属信号

第五章　宏观经济 231

一、GDP 233

二、通货膨胀 236

三、出口增长 241

四、就业 243

尾声 247

参考文献 265

图目录

图 1.1　特朗普总统的财经推文　004

图 1.2　快乐计语料库中最快乐和最悲伤的词　007

图 1.3　2021 年前 11 个月的快乐指数　008

图 1.4　股指期货收益率和快乐情绪指数　009

图 1.5　四种策略在不同杠杆率的财富变动　014

图 1.6　财经博客投资建议的累积剩余收益　016

图 1.7　基于 TRESS 指标的市场中性组合绩效　017

图 1.8　语调百分位数的时间序列　025

图 1.9　从会议记录日开始基于语调变化的剩余收益　025

图 1.10　内部数字信息的数量　028

图 1.11　收益率最多的 10 大类事件　028

图 1.12　1 亿美元资管额的多头组合因子绩效分解　029

图 1.13　基于情绪的收益和价差事件分析　031

图 1.14　平均销售额的周时节效应和月时节效应　034

图 1.15　基于电邮数据的交易信号绩效　035

图 1.16　alpha-DNA 数字化数据管理平台　036

图 1.17　DRS 十分位排序后公司收入超出市场预期的百分比　038

图 1.18　基于 DRS 的市场中性组合累计收益率　038

图 1.19　股票数量和移动应用程序用户数量　040

图 1.20　十分位投资组合的平均收益　042

图 1.21　基于汽车数量数据的零售业股票投资绩效　046

图 1.22　交易策略的月投资绩效：市场择时与市场组合　049

图 1.23　标普 500 指数成分公司价值观维度数量的分布　055

图 1.24　基于投诉的五分位股票池的波动率和剩余收益波动率　078

图 1.25　不同评级股票的风险敞口　082

图 1.26　现有工作的十分位组合回报率　085

图 1.27　谷歌国内趋势指数相对股市收益率的回归　088

图 1.28　标普 500 指数和谷歌搜索情绪的年同比变化　088

图 1.29　2021 年的 IAX 指数　090

图 1.30　IAI 与 VIX　090

图 1.31　标普 500 指数与 IAI 和 VIX 指数的投资绩效　091

图 2.1　玛莎百货的汽车计数和公司盈余　100

图 2.2　每股盈余相对于市场估计和汽车数量的回归：2015.09-2019.03　101

图 2.3　每股盈余相对于汽车数量和新闻情绪的回归：2015.09—2019.03　102

图 2.4　累计汽车数量增长率与股价变动：CMG 公司　103

图 2.5　亚马逊和全食超市的公司航班信息　107

图 2.6　沃尔玛的客流量和公司盈余　110

图 2.7　每股盈余相对于市场共识和客流量的回归　111

图 2.8　每股盈余相对于客流量、新闻情绪和推文情绪的回归　112

图 2.9　公司收入、卖家数量和单位卖家销售金额年度增长率　114

图 2.10　卖家指数　115

图 2.11　亚马逊季度销售额的分解　116

图 2.12　亚马逊销售额不同季度同比增长率　117

图 2.13　季度销售额预测的时间线　118

图 2.14　亚马逊销售额增长率预测的贝叶斯分析　119

图 2.15　网络抓取的价格数据　121

图 2.16　健身穿戴畅销品市场份额和平均售价

　　　　（2015 年第四季度至 2017 年第二季度）　122

图 2.17　健身穿戴设备的平均售价　122

图 2.18　运动相机的平均售价和产品数量　124

图 2.19　根据价格区分的畅销产品份额　125

图 2.20　指数化价格变化：GoPro 对比标普 500 指数　125

图 2.21　FINL 的搜索指数　127

图 2.22　全球三大体育用品品牌的搜索指数　128

图 2.23　博柏利同店销售额和 Eagle Alpha（EA）搜索指数　130

图 2.24　博柏利同店销售额和公司股价　130

图 2.25　CMG 的招聘岗位增长率和同店销售额增长率　131

图 2.26　CMG 的搜索指数增长率和同店销售额增长率　132

图 2.27　HubSpot 的招聘岗位增长率和季度收入增长率　133

图 2.28　HubSpot 的搜索指数增长率和季度收入增长率　133

图 2.29　2015 年 CFPB 的汽车贷款和租车服务投诉次数　135

图 2.30　2015 年 10 月 13 日后一些汽车贷款机构的股价　136

图 2.31　四款游戏发布首周的推文数量　138

图 2.32　一些游戏发行首周的推文情绪　139

图 2.33　露露乐蒙的同店销售额增长率和搜索指数增长率　140

图 2.34　露露乐蒙在社交媒体中的提及量　140

图 2.35　露露乐蒙的平均售价增长率　141

图 3.1　非农就业非预期变动与美元 / 日元的变化率　146

图 3.2　非农就业数据：基于推特的预测、市场预期和官方数据　147

图 3.3　围绕非农就业公告的欧元 / 美元和美元 / 日元的日内交易绩效　148

图 3.4　彭博新闻作为来源的欧元 / 美元汇率新闻　150

图 3.5　每种货币的日均新闻报道数量　150

图 3.6　新闻情绪分数和汇率周变化率：美元 / 日元　151

图 3.7　新闻与趋势策略：信息比率和相关系数　152

图 3.8　新闻和趋势策略：货币篮子　153

图 3.9　新闻和趋势策略：货币篮子的年同比收益率　153

图 3.10　美元 / 日元汇率：新闻量和隐含波动率　154

图 3.11　波动率对新闻量的回归　154

图 3.12　欧元／美元汇率的隔夜波动率　156

图 3.13　欧元／美元汇率的隔夜波动率：FOMC 会议新闻量的隐含波动率　156

图 3.14　欧元／美元汇率隔夜波动率：FOMC 会议和 ECB 会议　157

图 3.15　美国债市情绪指标　158

图 3.16　全球债市和汇市的情绪策略绩效　159

图 3.17　联储沟通指数和美国 10 年期国债收益率的月度变化：2015—2017　162

图 3.18　金融市场价格变化：2019 年 7 月 31 日 FOMC 会议　164

图 3.19　投资策略：简单持有对比市场择时　167

图 3.20　非农就业公告日的 NFP 点击量　170

图 3.21　地缘波动指数和汇率隐含波动率　174

图 3.22　巴西宏观经济关注指数和新闻报道数量　175

图 3.23　利用宏观经济"注意力"交易一篮子新兴市场货币　177

图 3.24　欧元／美元外汇交易：2012—2018　178

图 3.25　外汇即期收益与净流量之间的多元回归 t- 统计量　179

图 3.26　欧元／美元汇率指数与欧元／美元资金流得分　180

图 3.27　趋势和日流量策略的信息比率　180

图 3.28　趋势和日流量策略的投资绩效　181

图 3.29　欧元／美元买卖价差　183

图 3.30　欧元／美元和美元／日元买卖价差：基于伦敦时间　183

图 3.31　英镑／美元即期汇率和脱欧民意调查：1 月 11 日—6 月 23 日（2016 年）　185

图 3.32　英镑／美元的风险逆转指标以及英镑／美元的即期汇率　187

图 3.33　英国脱欧前后的英镑／美元即期汇率隐含密度　188

图 3.34　货币危机平均频率：2000—2017　190

图 3.35　新兴市场货币抛售和外汇风险评分　191

图 3.36　不同外汇投资策略的绩效　192

图 3.37　贬值概率的累计分布　193

图 3.38　英国 PMI 指数发布前后的英镑／美元汇率变动　195

图 4.1　不同事件类型（特征）的相对重要性　204

图 4.2　公告日前后的平均绝对收益率：2000—2016 年　210

图 4.3　玉米产量估计变化率：NASS 对比 NDVI　213

图 4.4　美国五大 PADD 区域以及主要石油库存地点　218

图 4.5　石油库存公告和油价：基准时段和以前时期的对比　223

图 4.6　铜期货价格方向性变动预测的命中率和错失率：kNN 方法　225

图 4.7　价格和库存方向性变动预测的命中率和错失率：kNN 方法　226

图 4.8　基于室外铜库存的短期和长期移动均线　228

图 5.1　欧元区 GDP 和综合 PMI 指数　233

图 5.2　线上价格和 CPI：阿根廷　239

图 5.3　相对价格和名义汇率　241

图 5.4　美国失业指数和官方失业率　244

图 5.5　不同行业的劳动力需求变化率　245

图 5.6　劳工统计局 8 月份就业数据调整和实时的 ADP 就业数据　246

表目录

表 1.1　iSentium 指数和标普 500 指数投资绩效　005

表 1.2　iSentium 情绪信号和经典的股票风险溢价之间的相关系数矩阵　006

表 1.3　股市收益率回归　011

表 1.4　四种策略的投资绩效　014

表 1.5　表现最好的 10 个股市情绪策略绩效　018

表 1.6　NewsFilter 样本数据集的五倍交叉验证预测性能结果　023

表 1.7　基于语调变化因子的多空组合绩效　026

表 1.8　市场基准和社交媒体策略的投资绩效　032

表 1.9　各种不同多空组合的夏普比率　034

表 1.10　多空组合的投资绩效　041

表 1.11　基于客流量数据的多头、空头和多空组合投资业绩　044

表 1.12　基于 RS Metrics 数据的个股和组合策略投资绩效　045

表 1.13　交易策略的盈利能力　047

表 1.14　围绕 FOMC 会议的股市可预测性　049

表 1.15　上市公司网页外宣的价值用词分类　054

表 1.16　外宣的诚信价值和公司绩效　056

表 1.17　基于卓越职场问卷调查的指标　058

表 1.18　诚信和公司绩效　060

表 1.19　主题模型得到的主题聚类　063

表 1.20　绩效导向的回归　066

表 1.21　最具代表性和最常见的词　071

表 1.22　高分公司和低分公司：2013—2018　073

表 1.23　文化对公司绩效的影响　074

表 1.24　良性文化和新冠疫情时期的股票收益率　075

表 1.25　五分位股票池的常见风险因子平均敞口　077

表 1.26　基于创新指标的行业多头组合投资绩效　080

表 1.27　众包样本中股票评级和评级行动的分布　081

表 1.28　众包股票评级的投资绩效　083

表 1.29　2016 最佳工作场所公司组合回报率和标准普尔 500 指数回报率　086

表 1.30　简单多头和择时策略的投资绩效　089

表 2.1　欧洲零售企业信息　098

表 2.2　飞向收购目标总部的公司航班次数　105

表 2.3　美国零售企业信息　108

表 2.4　电邮数据回撤结果　113

表 2.5　销售增长率预测绩效　120

表 2.6　12 家汽车贷款机构基本信息　135

表 2.7　四款游戏资料　138

表 3.1　全球债券和汇市的情绪策略绩效：使用不同滞后时段的情绪指标　160

表 3.2　情绪信号和常见风险溢价之间的相关系数　161

表 3.3　发布会冲击对声明冲击的回归　166

表 3.4　各种不确定性指标的相关系数　171

表 3.5　信息需求对美国国债期货应对非农就业意外的影响　173

表 3.6　外汇风险价值　193

表 4.1　四种能源类商品期货基本事件信息（2005.01—2017.12）　200

表 4.2　各种模型组合的投资绩效　202

表 4.3　AIS 与官方原油出口的比较（单位：百万桶）　205

表 4.4　NDVI 图像周期和相应的日历日期　209

表 4.5　2000—2016 年玉米产量最终估算值与 NDVI 时间序列的回归结果　211

表 4.6　早期玉米产量估计变化和玉米期货收益率之间的关系　214

表 4.7　油价在石油库存公告期间的波动　222

表 5.1　GDP 和一些指标的相关系数　234

表 5.2　不同即时预测模型的绩效　235

表 5.3　不同的微观价格数据源　237

表 5.4　出口、夜光强度和 GDP 三者增长率之间的年度相关性　242

表 5.5　各种模型的预测绩效　242

第一章

股票量化投资

一、量化投资和主观投资

在讲量化投资和主观投资之前，我们先介绍一下国外资产管理行业中所谓的系统交易（systematic trading）和自主交易（discretionary trading）的概念。根据维基百科的定义，[1]系统交易是定义交易目标、风险规制和交易规则的一种方式，由此可以有条理地做出投资和交易决策。系统交易既包括手动操作系统完成交易，也包括通过使用计算机实现部分或者完全自动化交易。当前在系统交易中比较常见的是基于移动均线等技术分析指标的系统交易，但是系统交易中也包含使用诸如市净率或市盈率这些基本面数据，例如多空策略。系统交易还包括高频交易、算法交易以及相对较为低频的趋势跟踪投资。最后，系统交易也包括被动指数跟踪策略。系统投资中重视风险管理，采用系统化的方式来量化风险，使用精确的方法来控制风险，其中包括让投资经理在进入每笔交易之前以客观方式定义盈利目标、亏损点、交易规模和系统关闭点。

和系统交易相对应的是自主交易。[2]根据Milton（2021）的说法，可以把系统交易看作是基于规则（rule）的交易，而自主交易则看作是基于个体决策（individual decision）的交易。在自主交易中，投资经理会根据当时可用的信息决定交易的品种和规模。自主交易者依然会设计并且遵循一套有明确规定的交易规则和交易计划，但是在进行和管理交易时会使用自己的自由裁量权，这也

1　参见https://en.wikipedia.org/wiki/Systematic_trading。

2　自主交易不能和所谓的"全委投资管理"（discretionary investment management）的概念相混淆。根据维基百科（https://en.wikipedia.org/wiki/Discretionary_investment_management）的定义，全委投资管理是指一种专业的投资管理形式，其中代表客户进行各种证券投资。这里的英文"discretionary"为全权委托之意，也就是投资经理更具自己的判断而在委托人的指导下做出投资决策。这种服务的主要目标是超越在投资计划中确定的绩效基准，或者说给客户带来alpha。全委投资管理的服务通常是针对非金融企业、养老金和高净值客户而专门制定的，资产管理公司需要持续确保投资组合符合客户的投资目标和风险水平。

是英文中"discretion"这个词根的原意。

自主交易和系统交易都可以盈利，也都会产生亏损，各有利弊。对于自主交易来说，它能够更好地适应市况。比如某个自主交易者有一个很好的交易系统，但是他知道在某些市况条件下这套系统会表现不佳，那么就会在这些条件发生时关闭交易。同时如果这个系统在某些市况下表现很好，那么就可以适当增加仓位以获得更多的收益。显然自主交易的缺点就是它会受制于情绪的影响，不容易进行回测，同时风险控制也不是很严格。

在系统交易中，投资经理需要完全基于系统的决定进行交易，其中没有个人的自由裁量权。这种交易的优点是不易受交易者心理因素的影响，缺点是适应市况的能力不强。因为它要求即使在不利的市况下也要进行交易。为了缓解这个问题，投资者可以在系统交易中加入更多的规则，但是增加规则有可能会取消一些获利的交易机会。

大部分情况下，国内外的投资界会把系统投资和量化投资等同起来，[3]但是国内往往会把上面所述的自主交易称为主观交易。为了和国内业界的惯例相符合，在本书中我们使用量化投资或者量化交易来指代上述所讲的系统交易，而用主观投资或者主观交易来指代上面所讲的自主交易。下面我们将介绍各种类型的另类数据在股票量化中的应用。

二、文本数据

推特推文

在讨论文本资料对于股票市场的影响时，作为全球领先社交媒体的推特

3　维基百科（https://en.wikipedia.org/wiki/Systematic_trading）就指出，量化投资是指所有使用量化技术的交易；大多数量化交易会使用量化技术对资产（比如衍生品）进行估值，但交易决策可能是基于系统的方式或者是基于自主的方式。

（twitter）是绕不开的话题。特别是美国前任总统特朗普，和他的推特治国一样，其推文（tweet）对股市的影响也成为当时金融市场的一大特色。彭博社财经记者Ponczek/Hajric（2018）总结了特朗普总统任期内前两年的财经推文对股市的影响，并且总结在图1.1中。而来自北欧和东欧的学者Gjerstad et al.（2021）在新近发表的一篇文章中研究了特朗普总统推文对全球金融市场的影响。总结来说，在特朗普发布推特之后，无论其内容如何，市场不确定性增强，交易量增加，同时美国股市会下跌。当采用LDA的主题模型方法进行分析时，特朗普总统的大多数推文不会影响金融市场，但是当出现和贸易战相关的推文时，股市价格就会下跌。不仅如此，贸易战的推文还会影响到其他金融市场，比如中国股市对于这些推文的反应就是负面的，但是黄金价格的反应则是正面的。

图1.1　特朗普总统的财经推文

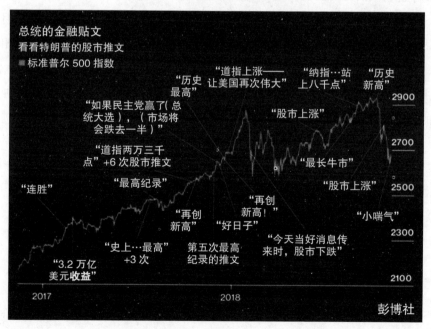

资料来源：Ponczek/Hajric（2018）。

1. iSentium

现在讨论推文影响股市的用例，它改编自摩根大通分析师Kolanovic/

Krishnamachari（2017）的研究报告，其中使用了文本分析公司iSentium的数据。[4] iSentium是一家位于美国迈阿密的文本分析公司，它提供的一个数据服务就是，基于推特的推文提供日方向指标（Daily Directional Indicator/DDI），这是一个实时的情绪指标，它可以帮助投资者判断推文对于市场的影响。DDI指标的构建方式如下：

（1）根据推文数量和实现波动率指标从标普500指数中选择最具代表性的100只股票；

（2）根据一种自然语言处理算法对推文赋予一个情绪分数（sentiment score）；

（3）通过合并推文分数，这样就在每个交易日的上午8点半到下午4点半之间的每分钟生成一个情绪指标，然后对过往10天的情绪通过指数加权移动平均算法生成当天的情绪指标；

（4）根据过往两天情绪得分使用线性回归来预测标普500指数的回报率，其中参数值通过卡尔曼滤波方法来获得。

摩根大通公司根据iSentium的DDI指标构建了JPUSISEN指数，后者反映了在标普500指数成分股上持有多头或空头得到的投资业绩。通过对JPUSISEN指数从2013年1月到2017年1月的历史回测，就可以得到13.7%的年化收益率以及1.40的信息比率；而在同一个时段内，投资标普500指数只能得到12.1%的年化收益率以及0.95的信息比率。表1.1总结了这些投资绩效，其中iSentium多空策略表示在看涨信号出现时买入，同时在看跌信号出现时做空；纯多头策略（long-only）表示只是在看涨信号出现时买入，同时在看跌信号出现时不做空；而纯空头策略（short-only）则表示只是在看跌信号出现时卖出。

表1.1　iSentium指数和标普500指数投资绩效

策略/指数	年化收益率（%）	波动率（%）	信息比率	最大回撤（%）
iSentium多空策略	13.74	9.79	1.40	−8.10
iSentium纯多头策略	10.33	8.74	1.18	−7.29

4　需要指出的是，在本书写作的时候，作为一家金融科技公司，iSentium已经在2019年停止运营了。不过在摩根大通后续的研究报告Kolanovic/Smith（2019）中依然列出了这家公司。

策略/指数	年化收益率（%）	波动率（%）	信息比率	最大回撤（%）
iSentium纯空头策略	2.83	4.46	0.63	−4.66
标普500指数	12.08	12.76	0.95	−12.08

资料来源：Kolanovic/Krishnamachari（2017）。

此外，表1.2表明情绪信号和经典的股票风险溢价之间的相关关系，结果表明它和这些风险指标的相关性都很低，这就表明当把基于社交媒体这种另类数据集产生的交易信号纳入考量的时候，它可以成为投资组合的风险溢价来源。

表1.2　iSentium情绪信号和经典的股票风险溢价之间的相关系数矩阵

项目	1	2	3	4	5	6	7
1. iSentium	1.00						
2. 全球多因子	0.05	1.00					
3. 价值	−0.01	−0.06	1.00				
4. 规模	−0.01	−0.07	0.37	1.00			
5. 动量	0.03	0.42	−0.64	−0.42	1.00		
6. 质量	0.03	0.38	−0.02	−0.33	0.11	1.00	
7. 波动率	0.03	0.75	−0.05	−0.23	0.22	0.50	1.00

资料来源：Kolanovic/Krishnamachari（2017）。

2. 快乐指数

推特这样的社交媒体不仅可以衡量人们的情绪，而且也可以衡量人们的幸福和快乐感。长久以来，经济学家就希望找到一个指标来度量人们的快乐程度。早在1880年，经济学家弗朗西斯·埃奇沃斯（Francis Edgeworth）就使用快乐计（hedonometer）来描述一个"理想的完美工具，一个可以不断记录个人所经历快乐高度的心理物理机器"。近些年来，美国佛蒙特大学（University of Vermont）的学者Peter Dodds和Chris Danforth以及其他学者通过一系列的研究针对各种不同文本开发了快乐指数（hedonometer index），这些文本包括国情咨文、歌曲歌词、线上的推文以及博客等。[5] 这些学者把他们创建的指标称为"道

5　相关的研究包括Bliss et. al（2012）、Dodds/Danforth（2009）、Dodds et al.（2011）、Frank et al.（2013）、Mitchell et al.（2013）等，读者可以参考https://hedonometer.org/papers.html。

琼斯幸福指数"。就方法论而言，他们构建了一个包含大约5000个常用词的语料库，同时这些词有一个快乐分数（happiness score），后者是从亚马逊公司运营的Amazon Mechanical Turk（MTurk）得到的。[6] MTurk本质上是一个面向大众的众包平台，也就是通过众人的努力来完成任务的平台。[7] 快乐分数的刻度从1到9，图1.2给出了快乐计数据库中一些最快乐和最悲伤的词语。像"大笑"（laughter）这样的词语会有很高的快乐分数，而像"战争"（war）这样的词语则就只有很低的幸福分数。当然，人们对于有些词语的相对快乐分数会有不同的看法。

图1.2　快乐计语料库中最快乐和最悲伤的词

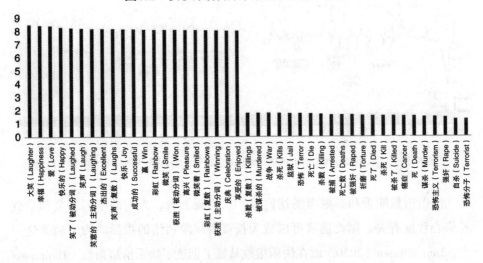

资料来源：Denev/Amen（2020）。

6　19世纪曾经有一架国际象棋机器The Turk在欧洲巡回比赛，它曾经打败过本·富兰克林和拿破仑·波拿巴等名人。这台机器曾经被誉为是人工智能的创举，不过后来人们发现它根本不是机器，而是一个机械木偶，由藏在棋盘下方的人类象棋高手控制着。后来亚马逊公司运营的众包平台取名为Mturk，用来指称辅助人工智能的人力。

7　MTurk的网址是www.mturk.com。我们在《另类数据：理论与实践》一书的第七章第四小节中介绍了众包概念。

　　就推特的推文来说，这些学者每天会随机抽取10%左右的推文，然后根据语料库的快乐分数给推文中的词语打分，然后由此估计社会整体的快乐程度。显然这种方法存在着选择性偏误的问题，因为它只能衡量那些用英文发表推文的人群快乐程度。但是它的好处就是可以很快地更新数据，所以就有较低的延迟性。图1.3显示了从2021年初到11月初的快乐指数，其中的最低点出现在1月6日特朗普总统支持者在国会大厦制造的骚乱。与之相比，在复活节、母亲节和万圣节等节假日前后的快乐指数则比较高。

图1.3　2021年前11个月的快乐指数

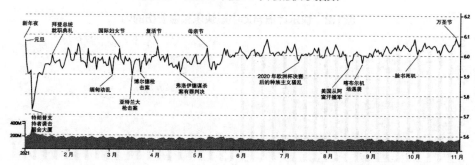

资料来源：https://hedonometer.org/timeseries/en_all/?from=2021-01-01&to=2021-11-01。

　　快乐指数能否和金融市场挂钩呢？从直觉上看，人们的幸福感会和消费者信心程度有关，因此前者可以成为投资者风险情绪的指标。为了验证这一点，Denev/Amen（2020）就在快乐指数基础上创建了快乐情绪指数（Happiness Sentiment Index/HSI）。在开发这个指数的过程中，Denev/Amen首先排除了周末时点，因为这些时点上不会有金融市场交易。其次，他们还排除了快乐指数发生大幅跳跃（变动幅度大于0.05）的日期。最后，他们还排除了所有美国的假日，因为这些日期的快乐指数通常较高。在排除掉这些时点之后，Denev/Amen使用了1个月简单移动平均（simple moving average/SMA）的技术来平滑指数。然后使用2个月滚动窗口进行百分位排序，由此就把指标标准化在0和1之间。图1.4刻画了快乐情绪指数和标普500指数期货最近合约的月收益率，其中左侧纵坐标轴刻画了指数期货收益率，而右侧纵坐标轴刻画了快乐情绪指数。从中可以看出两者之间存在着一定的关系。如果用快乐情绪指数相对标普500指数进行回归，样本时段是2009年2月到2019年7月，那么贝塔系数的t-统计量等于7.7，这对应的p值就是2.13×10^{-14}，因此标普500指数和快乐情绪指数之间就存在着统计显著关系。这个统计结论可以让投资者尝试使用快乐情绪指数作为股票市场交易的信号。当然为了让交易更有效率，在实务中需要把快乐情绪指数和其他的市场情绪指标结合起来，进而生成更有效的交易信号。

图1.4　股指期货收益率和快乐情绪指数

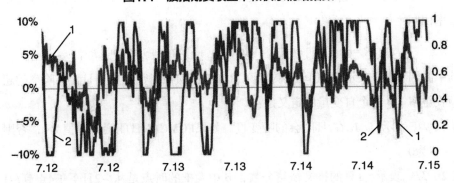

1：标普500指数期货收益率　2：快乐情绪指数
资料来源：Denev/Amen（2020）。

3. FOMC

FOMC是美国联邦储备委员会下属的联邦公开市场委员会（Federal Open Market Committee）的英文简称，它负责美国常规货币政策中最为重要的部分，就是进行公开市场操作。每年FOMC会召开八次会议，这些会议的决策会受到包括股票市场在内所有市场参与者的关注，而且众多研究表明FOMC会显著影响资产价格。[8]在下一章中我们会看到FOMC影响债市和汇市的用例。

Azar/Lo（2016）基于推特的推文分析了FOMC开会前后的股市收益率。他们首先在FOMC开会之前对推文进行过滤，从而把包含FOMC、联储会以及样本时段上联储会主席Bernanke和Yellen的推文筛选出来。接下来使用由De Smedt/

8　相关文献可以参考Bernanke/Kuttner（2005）、Cieslak et al.（2019）以及Lucca/Moench（2015）。

Daelemans（2012）开发的Python软件包Pattern计算过滤后的每条推文的情绪，[9]
这些情绪分数介于−1到+1之间。这种算法依赖于SentiWordnet数据库，后者可以
对每个词给出正面或负面的分数，同时它还考虑了形容词和副词对分数产生的
放大和缩减效应。因此，对于"不好"这个词而言，它就表达了负面的情绪。
然后Azar/Lo根据发布推文的推特账户跟随者（followers）的数量对推文进行加
权，以此衡量推文所覆盖的人群数量。这样针对每个交易日 t，作者就可以得到
一个加权平均的情绪分数。

在得出每个交易日的情绪得分之后，Azar/Lo（2016）分析了下面的股市收
益率回归：

$$R_t = \alpha + \beta_1 DF_t + \beta_2 TP_{t-1} + \beta_3 DTP_{t-1} + \sum_{i=1}^{3} \gamma_i RP_{i,t} + \gamma_4 VIX_t + \gamma_5 R_{t-1} + \varepsilon_t$$

其中的因变量 R_t 表示 t 日美国股票市场CRSP价值加权指数超出当日无风险率的超
额收益率。[10] 各个自变量的定义是：

（1）DF_t 表示FOMC在 t 日闭会的哑变量，如果FOMC在 t 日闭会则取值为1，否则
　　为0。

（2）TP_{t-1} 表示 t−1日的推文情绪分数，其中发推的时点是从 t−2日下午4点到 t−1
　　日下午4点，需要注意的是，这个变量可以在 t−1日市场收盘前获取，因此
　　可以在 t−1日收盘前确定在 t 日的头寸。作者把它标准化为一个均值为0、
　　方差为1的变量。

（3）$DTP_{t-1} = DF_t \times TP_{t-1}$，表示在FOMC开会期间的推文加权平均极性。

（4）$RP_{i,t} = (HML_t, SMB_t, UMB_t)$，分别表示价值因子、规模因子和动量因子
　　在 t 日的风险溢价。

（5）VIX_t 表示在 t 日由芝加哥期权交易所（CBOE）发布的波动率指数。

（6）R_{t-1} 表示在 t−1日的市场超额收益率。

9　Azar/Lo（2016）把这些情绪分数称为推文的极性分数（polarity score）。

10　CRSP全称是证券价格研究中心（Center for Research In Security Prices），它附属于
芝加哥大学布斯商学院，现在已经公司化运作，公司网站是www.crsp.org。CRSP创建于
1960年，是由当时芝加哥大学金融学教授J. Lorie和副教授L. Fischer两人共同创立的。它
是美国第一个用于金融证券实证分析的数据库。

表1.3给出了四种包含不同自变量情况下的回归系数，从中可以看出，当不考虑Fama/French（1993）的价值因子和规模因子、Carhart（1997）的动量因子以及波动率指标时，推文情绪和FOMC会议就会对市场收益率产生影响。但是如果考虑了上述因子收益率以及波动率指标之后，除了在FOMC开会时，否则推文情绪对于市场收益率的影响就微不足道了。

表1.3 股市收益率回归

项目	（1）	（2）	（3）	（4）
DF FOMC闭会哑变量	0.331* （0.187）	0.338* （0.187）	0.398** （0.177）	0.343** （0.140）
TP 推文情绪		0.0510** （0.0249）	0.0493* （0.0252）	0.0156 （0.0195）
DTP FOMC开会期间的推文情绪			0.490 （0.529）	0.625** （0.296）
HML 价值因子风险溢价				0.843*** （0.0757）
SMB 规模因子风险溢价				0.857*** （0.0640）
UMD 动量因子风险溢价				−0.141** （0.0602）
L.Return 滞后收益率	−0.0722* （0.0384）	−0.0715* （0.0384）	−0.0716* （0.0384）	−0.0334 （0.0296）
常数	0.0630** （0.0313）	0.0628** （0.0312）	0.0628** （0.0313）	0.0516** （0.0246）

注释：括号中给出的是Newey-West标准误差（使用四阶滞后），"***"、"**"和"*"分别表示在1%、5%和10%水平上显著。

资料来源：Azar/Lo（2016）。

为了分析推文情绪的投资价值，Azar/Lo（2016）就模拟了一个基于凯利标准（Kelly Criterion）的交易策略。[11] 假定现在投资一种风险资产和一种无风险资产，同时根据今天对明天风险资产收益率的预测来每天调整仓位。为简单起见，假定在 t 日的无风险率是 $R_{f,t}$，同时风险资产的收益率服从均值为 μ_t、方差为 σ_t^2 的正态分布。在 t 日的财富是 w_t，把其中 f_t 的比率投入到风险资产上，这样风险资产的总投资就是 $f_t \cdot w_t$。假定投资者具有对数效用函数，那么最优投资策略就是：

$$f_t^* = \frac{\mu_t - R_{f,t}}{\sigma_t^2}$$

这个投资策略可以最大化上述两资产组合的几何增长率期望值。如果 $f_t < 0$，那么就做空风险资产；而如果 $f_t > 1$，则需要做空无风险资产。假设金融市场对于杠杆率或者做空比率存在某个界限 L，那么就有 $-L \leq f_t \leq L$。因此现在的两资产组合的最优策略就是：

$$f_t^* = \begin{cases} \dfrac{\mu_t - R_{f,t}}{\sigma_t^2} & -L \leq \dfrac{\mu_t - R_{f,t}}{\sigma_t^2} \leq L \\[3mm] -L & \dfrac{\mu_t - R_{f,t}}{\sigma_t^2} \leq -L \\[3mm] L & L \leq \dfrac{\mu_t - R_{f,t}}{\sigma_t^2} \end{cases}$$

为了计算投资组合权重，我们需要一个模型能够生成对于收益率均值和方差的预测（$\hat{\mu}_t$ 和 $\hat{\sigma}_t^2$）。下面使用线性模型进行预测：

$$R_t = \alpha + \beta X_t + \varepsilon_t$$

其中 R_t 表示市场指数超出无风险率 $R_{f,t}$ 的收益率，X_t 表示在 t 日之前观察到的信号

11　凯利标准也被称为凯利策略（Kelly Strategy）或者是凯利赌局（Kelly Bet），它确定了针对特定赌局的最优理论赌注公式。当赌局的预期收益已知时，这个公式是有效的。凯利赌注可以通过最大化财富对数的期望值来确定，其中最大化财富对数的期望值就等价于最大化几何增长率的期望值。这个公式是由贝尔实验室的 John Kelly 在 1956 年发明的。这个方法也被称为科学赌博方法，因为从长期来看，和所有其他策略相比，凯利标准可以得到更多的财富。假定每次赌局只有赢和输两种结果，p 表示赢的概率，b 表示赔率，这种简单情形下凯利标准确定的最优赌注就是：

$$f^* = \frac{bp - 1}{b - 1}$$

向量，这样就有：

$$\hat{\mu}_t = E\ [R_t | X_t] = \alpha + \beta X_t$$

$$\hat{\sigma}_t^2 = Var\ (R_t | X_t) = Var\ (\alpha + \beta X_t + \varepsilon_t)$$

为了量化推特情绪的投资价值，Azar/Lo就考虑了下面四种不同信号向量X_t：

（1）模型1：X_t是一个空向量，所以线性模型就是$R_t = \alpha + \varepsilon_t$

（2）模型2：$X_t = (DF_t)$

（3）模型3：$X_t = (DF_t,\ TP_{t-1})$

（4）模型4：$X_t = (DF_t,\ DTP_{t-1})$

模型1可以看作是一个基准模型，其中市场收益率的分布不会在FOMC公告日前后发生变化；模型2增加了一个哑变量来解释收益率分布的变化；模型3同时包含了模型2中的哑变量和$t-1$日的推特情绪指标；模型4是模型3的一个变种，其中考虑了推特情绪和FOMC会议哑变量的交互作用。

针对不同的模型进行回归就可以得到对应的$\hat{\alpha}$和$\hat{\beta}$估计值，由此确定每日持有的风险资产权重$\{f_t^*\}$。上述这些模型可以帮助衡量推文的信息含量。如果第三个模型产生的盈利最高，这就意味着有关美联储的推文总是会影响市场，即使是在那些FOMC不做任何决定的时期。如果第四个模型最赚钱，那就意味着那些FOMC不做决定的日子里推文更像是噪声，而只有在FOMC公告之前不久的推文才具有投资含义。

图1.5给出了基于上述四种模型得到的投资策略在样本外的模拟绩效。这里所谓的样本外的含义，就是为了避免前瞻性偏误（lookahead bias），[12] 在预测某年的收益率时仅仅使用在当年之前的推文和市场数据。图1.5从左至右给出了杠杆率分别等于1、2和4的情形。从中我们可以看到，在采用更高的杠杆率（等于2或者4）的情况下，使用社交媒体信息的模型产生的投资收益要好于仅仅使用市场收益以及FOMC会议哑变量的模型。表1.4给出了通过样本外回归估计得到的不同投资组合绩效。从表1.4中可以看出，当杠杆率设定为2或者4时，基于推特信息的策略就具有更好的绩效，因为前者的收益率以及信息比率要高于仅

12　这里的前瞻性偏误就是在构造日的交易策略时使用了在这个时点尚未知道的推文以及回报率的信息。

仅投资于市场指数或者是使用FOMC会议信息的策略。此外，模型4的投资绩效要好于模型3的绩效，换句话说，当我们仅仅使用FOMC开会时的推特而不是每天使用推特，那么投资绩效会更好。这个结论表明，当出现重大经济新闻事件的时候，社交媒体的信息价值会更高。

图1.5 四种策略在不同杠杆率的财富变动

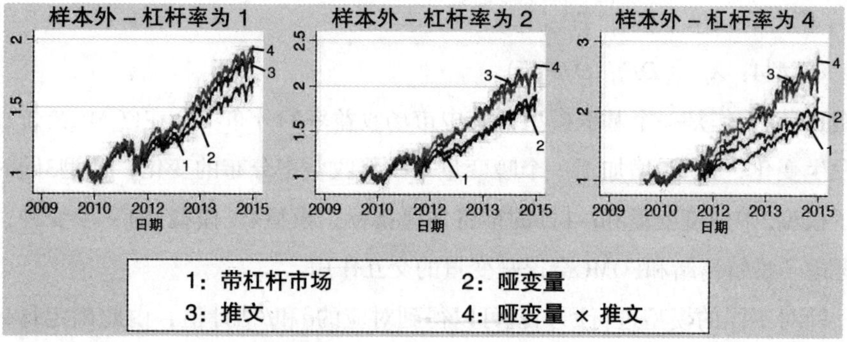
样本外 – 杠杆率为 1
样本外 – 杠杆率为 2
样本外 – 杠杆率为 4
日期
1：带杠杆市场
2：哑变量
3：推文
4：哑变量 × 推文

资料来源：Azar/Lo（2016）。

表1.4 四种策略的投资绩效（%）

项目	收益率	最大回撤	夏普比率	信息比率	Beta	Alpha
杠杆率等于1						
模型1	14.84	–8.19	0.94		1.00	0.00
模型2	14.84	–8.19	0.94		1.00	0.00
模型3	14.99	–7.44	0.95	0.04	0.98	0.44
模型4	15.91	–8.19	1.00	0.35	0.99	1.14
杠杆率等于2						
模型1	28.29	–17.49	0.94		2.00	0.00
模型2	28.29	–17.49	0.94		2.00	0.00
模型3	29.52	–16.29	0.98	0.13	1.93	1.79
模型4	30.70	–17.49	1.00	0.35	1.97	2.30
杠杆率等于4						
模型1	40.70	–36.44	0.88		3.78	–3.29
模型2	36.53	–28.43	0.88	–0.76	3.13	–2.63
模型3	42.68	–35.36	0.92	–0.11	3.41	0.73
模型4	45.30	–37.58	0.93	0.33	3.75	0.67

资料来源：Azar/Lo（2016）。

需要指出的是，Azar/Lo（2016）分析所覆盖的时段是一个股市不断上涨并且利率水平很低的时期，因此在股市下跌以及利率高企的市场环境下，这样的策略是否有效就值得进一步研究了。另外两位作者分析的样本时段中FOMC会议数量比较少，这样类似的分析可以应用到其他重要经济体的央行，比如欧洲央行、日本央行以及中国的人民银行，探讨社交媒体的信息是否会影响到股市和债市。

财经博客

TipRanks是一家提供财经文本数据集的服务商，这家公司从不同途径收集了线上的投资建议，包括新闻文章和财经博客。TipRanks会根据自创的自然语言处理算法，通过对收集的文章用人工方式进行分类，然后给每篇文章生成看涨或看跌这样的投资情绪，由此产生买入或卖出的交易信号。

TipRanks收集的新闻文章观点和投资建议已经在汤森路透和慧甚这样的数据服务商提供的结构化数据中得以体现，而财经博客则发表在像Seeking Alpha和The Motley Fool这样的财经类社交媒体上。这些财经博客作为社交媒体不像推特那样影响广泛，但是上面发表的文章往往是长篇大作，涉及对公司商业前景的深入分析，因此这些财经博客更像是卖方分析师的研究报告，而不是新闻媒体的文章或者是微博。Jha（2019a）就对TipRanks整理的财经博客数据集进行了分析。

他首先采用了类似事件研究的方法，由此分析财经博客发表之后股价的变动，从而得到了图1.6的结果。这张图中显示的是博客文章发布前后的平均累计剩余收益，也就是说对行业和风险因子产生的收益进行了控制后得到的结果。从中可以看出博客文章对股市有很大的影响，而且在看涨文章发布之后出现了价格的上升，而在看跌文章发布之后出现了价格下跌。当然这一方面是文章自身产生的影响，另一方面也可能是发布日当天发生了重大公司事件导致的。

图1.6　财经博客投资建议的累积剩余收益

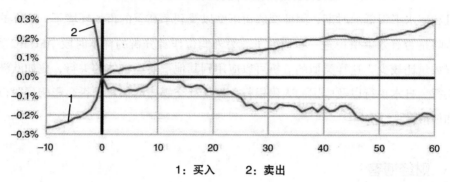

1：买入　　2：卖出

资料来源：Jha（2019a）。

　　TipRanks和Extract Alpha合作，共同开发了一套股票评分算法，由此得到TipRanks专家情绪信号（TipRanks Expert Sentiment Signal/TRESS）这个指标。它的计算方法很简单，就是把一篇看多的文章标记为+1，而一篇看空的文章标记为-1，然后针对特定的股票计算所有文章的加权和，其中权重根据文章发表的天数来确定。这样得分最高的股票就是那些近期得到很多买入建议的股票，而得分最低的股票则是那些近期得到很多卖出建议的股票。最后为了弭平股票得到的投资建议数量之间的差异，比如大盘股和广受瞩目的股票往往得到的建议就比较多，针对特定股票发表的博客文章频率进行了比例调整。最终TRESS分值介于1到100之间。[13]

　　接下来构造基于TRESS指标的多空组合，也就是在TRESS指标介于91~100之间的股票上持有多头仓位，同时在1~10之间的股票上持有空头仓位，同时用做空股票得到的收入来构建多头仓位，由此保持投资组合的市场中性特征。这样的投资组合得到的投资绩效如图1.7所示。

13　有关TRESS的详细算法读者可以参考TipRanks（2018）。

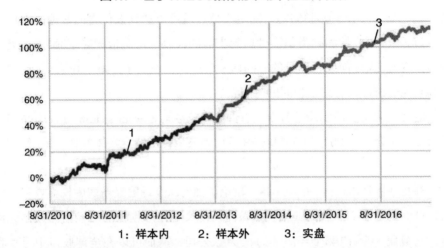

图1.7　基于TRESS指标的市场中性组合绩效

1：样本内　　2：样本外　　3：实盘

项目	平均年化收益率（％）	夏普比率
样本内	16.9	1.79
样本外	22.2	3.17
实盘	13.6	1.68

资料来源：Jha（2019a）。

财经新闻

瑞文（RavenPack）是一家面向金融行业的数据分析服务商，其主营业务就是从非结构化的数据集中提取出对于投资专业人士有价值的指标，这些非结构化的数据来源众多，包括财经新闻、监管新闻、新闻发布会以及网络刊物等。

瑞文公司从原始新闻中对每个资产计算出日情绪指标，其计算流程大致如下：

首先是实体识别，也就是说找到某日特定于某个"实体名称"（ENTITY_TYPE）的所有事件，这个实体名称是公司名称，也可以是货币、大宗商品或者国家名称。

其次，瑞文公司设计了一个名为事件关联性得分（event relevance score/ERS）的指标，它是一个介于0到100之间的整数。这个数值越高，就表明这则新闻和实体之间的关系越强。

第三，瑞文公司设计了一个事件相似性天数（event similarity days/ESD）的指标，它是一个介于0到365之间同时小数点后可以达到五位数的数值，它用来表示过去365天内检测到类似事件后到当前的天数。这个指标等于365表示类似的事件在365天之前或者更早的时间内发生过，而它等于0.00 000则表示类似事件和当前的事件具有完全相同的时间戳。

最后，瑞文公司设计了名为"事件情绪分数"（event sentiment score/ESS）的指标，它介于−1.00和1.00之间，并且用来表示针对特定实体的新闻情绪。[14]

瑞文分析师Hafez et al.（2018）讨论了如何从全球财经新闻中挖掘投资者情绪，进而构造多空组合的股市投资策略。瑞文是全球领先的财经新闻数据分析商，它覆盖了全球143个经济体的4.5万家公司，从而可以在全球股市中寻找和获取alpha。

Hafez et al.（2018）基于ESS和ESD针对每个公司构造总超常情绪指标（sum excess sentiment indicator/SESI）的日序列。当这个指标为正时做多，而这个指标为负时做空，同时以这个指标的相对大小作为多头和空头组合的权重，由此就形成基于情绪的多空组合策略（long/short portfolio）。[15] 结果表明在所分析的49个国家/地区的股市中，有41个多空组合年化回报率为正，并且有三分之一的股市信息比率超过了1。表1.5给出了信息比率最高的10个股市的绩效情况。

表1.5　表现最好的10个股市情绪策略绩效

国家或地区	年化收益率	信息比率
中国香港	19.04%	3.22
美国	16.02%	2.64
加拿大	15.05%	2.42

14　有关ESS指标的介绍，读者可以参考瑞文的研究报告Hafez/Xie（2011）。

15　需要指出的是，这种构造多空组合的方式和传统方法并不一致。在传统方法中，我们会选取某个指标作为股票的筛选器，也就是按照这个指标对股票样本进行排序，然后基于分位数形成不同的分位组合。按照这个指标和股票回报率的关系同时做多和做空最高和最低分位组合，由此形成多空组合策略。

续表

国家或地区	年化收益率	信息比率
日本	12.36%	2.20
澳大利亚	11.28%	2.18
丹麦	9.97%	2.15
新加坡	4.84%	2.01
英国	11.61%	1.94
中国台湾	5.33%	1.80
瑞士	4.86%	1.67

资料来源：Hafez et al.（2018）。

新闻标题

在这个小节中，我们将介绍Sesen et al.（2019）基于财经新闻讨论的并购套利案例。并购套利是一种成熟的投资策略。简单来说，它是一种在并购公告日建仓的风险策略，然后押注所涉的并购交易会最终完成。根据Jetley/Ji（2010）的分析，虽然随着时间推移，并购策略的获利能力会下降，但即使是基于公开信息，投资者也可以从这种策略上获取相当大的风险溢价。长久以来，像对冲基金这些的机构投资者会使用并购策略，而现在散户投资者也可以通过ETF或者是公募基金投资于并购策略。

当前，就新闻媒体在并购交易中的角色已经有了很好的研究。Liu/McConnell（2013）分析了新闻媒体的报道可能会让有声誉风险的公司放弃进行并购交易，而Ahern/Sosyura（2015）则指出，新闻媒体可能会传播让报纸读者感兴趣的并购谣言，而这些谣言会扭曲股票价格，并且导致价格波动。与之相比，分析新闻资讯流在并购套利中的作用就比较少了。在有关并购交易的文本分析中，Buehlmaier/Zechner（2021）发现，市场对并购新闻的反应存在着不足，需要花费几天的时间才能完成定价。根据新闻内容设计的一个简单并购策略，可以让风险调整收益率增加12%。更进一步，他们发现，如果用财经新闻过滤掉实现概率较低的并购交易，那么并购套利的获利将会显著增加。

Sesen et al.（2019）的分析是通过各种机器学习方法，把并购相关的新闻标题和并购无关的新闻标题区隔开来。这种算法首先对并购新闻进行分类标记，然后从中提取分类模式。最终通过这个"新闻过滤器"（NewsFilter）的模型，推断出其他的新闻标题是属于和并购有关还是无关的分类。这种分析可以帮助投资者及时对并购公告做出反应，筛选出与并购交易相关的股票，并且启动并购套利交易。

作者分析的数据集覆盖了从2017年1月到2017年6月之间总计1.3万条新闻标题。某家大型资管公司的投资经理把这些新闻标题分为和并购套利相关与无关两类。在这个数据集中，总计有31%的新闻标题被标记为"相关"类型，剩下的被标记为"无关"类型。

一般来说，一篇财经新闻常常会涉及多家公司，同时对这些公司的讨论强度各有不同。大多数新闻服务商像瑞文一样，会对特定的新闻报道给出关联性分数，从而可以量化某篇新闻报道对于特定公司主体的报道强度。在并购相关的新闻中，因为所涉及的主体主要就是收购公司和收购目标公司，所以相比于其他类型的财经新闻，其中的实体匹配问题比较小。在Sesen et al.（2019）分析的数据集中，数据服务商已经给出了关联性标签（relevance tags），这样就很容易把并购新闻和相关的公司证券代码联系起来。

Sesen et al.（2019）将人工标记的并购新闻标题数据集等分成五组，其中每组并购相关和并购无关的频率和总体样本的频率大致相当，也就是并购相关的标题约为69%。对于各种不同基于分类算法，作者在四组样本上进行训练，然后在剩下的一组中进行测试，这个过程将在所有五组中通过迭代的方式来进行，因此就进行了五次交叉验证（cross-validation）。最后，所有的预测模型都将根据以下三个指标来评估绩效：

（1）准确率（accuracy）；

（2）精确–召回曲线（precision-call curve/PRC）下方的面积（AUPRC）；

（3）接收者操作特征曲线（receiver operation characteristic/ROC）下方的面积

（AUROC）。[16]

表1.6报告了各种二元分类算法的预测绩效。第1行和第2行给出了"随机预测"（random predictor）和"先验预测"（prior predictor）这两个基准分类器的结果。顾名思义，随机预测就是说随机分配一半的新闻标题为并购相关，然后剩下的一半标题分类为并购无关。先验预测与随机预测相似，只不过此时我们将样本按照某个先验分类而不是等概率的方式进行随机分配。从直觉上看，这两个分类器效果不会太好，而绩效指标结果支持了这个直觉判断。

第3行和第4行给出了k近邻（k-Nearest Neighbors/k-NN）和近邻中心（Nearest Centroid）这两种近邻算法的分类绩效。结果表明它们的分类效果也很一般。不过一个有趣的结果是，虽然两者的平均准确率几乎相同，但是AUPRC和AUROC表明近邻中心的算法在分类效果上更好。

第5行和第6行给出了两种朴素贝叶斯（Naïve Bayes/NB）方法的结果，即伯努利朴素贝叶斯（Bernouli NB）和多项朴素贝叶斯（Multinomial NB）。多项朴素贝叶斯通常要求在文档术语（document-term matrix）中采用整数型单词计数的方式，不过在实际应用中，类似词频-逆文频（TF-IDF）这样的比率型计数

16　这些指标是用来比较各种不同分类器算法的绩效。对于任一二元分类器，分类结果将出现由22维混淆矩阵（confounding matrix）定义的结果：

（1）TP: 预测为真同时事实为真的情况；

（2）FP：预测为真但是事实为假的情况；

（3）FN：预测为假但是事实为真的情况；

（4）TN：预测为假同时事实为假的情况。

根据上述四种情形，我们可以定义如下的指标：

（1）准确率表示样本中分类准确的比率；

（2）精确率表示预测为真的样本中事实为真的比率；

（3）召回率表示事实为真的样本中预测为真的比率；

（4）真阳率（true positive rate/TPR），它等于召回率；

（5）假阳率（false positive rate/FPR）表示事实为假的样本中预测为真的比率。

PRC曲线是以召回率为横轴、精确率为纵轴的曲线，而ROC曲线则是以假阳率为横轴、真阳率为纵轴的曲线。

方式也很常用。[17] 与多项方法相比，伯努利方法具有二进制特征，这样词频-逆文频就会退化为0和1。表1.6的结果表明，虽然多项分类器具有更复杂的结构，但是它的分类绩效并没有比二项分类器好很多。

第7行到第12行报告了其他各种常用分类算法的结果，这些分类算法包括感知机（perceptron）、随机森林（random forest）、具有不同正则化惩罚的支持向量机（supporting vector machine/SVM）、岭分类（ridge classifier）以及弹性网（elastic net），它们可以归为传统但是相对复杂分类算法。结果表明它们在对新闻标题进行分类方面表现得不错。

第13行报告了把第3行到第12行的分类器进行集成（ensemble）的分类效果。正如其名称所示，集成分类算法得到的结果要好于所有成分算法，当然从绩效指标上看，它只是略微强于弹性网这种在前面12种算法中最优算法产生的分类效果。

近些年飞速发展的以神经网络为代表的人工智能和深度学习技术也开始应用到文本分析中。[18] 表1.6的最后三行给出了前馈神经网络（feedforward neural network/FNN）、长短期记忆（long short-term memory/LSTM）和卷积神经网络（convolutional neural network/CNN）三种方法的分类效果。[19]从中可以看到前馈神经网络的预测绩效要好于感知机。因为神经网络模型拥有更多的隐藏层，所以就比感知机拥有更强的表征能力，所以这个结果并不意外。如果把三种不同的神经网络算法进行比较，显然后面两种更为复杂的神经网络方法分类效果更好，虽然增加的绩效比较有限。[20]

17　词频（term frequencey/TF）表示一个单词/短语在文档中出现的频率；而逆文频（inverse-document frequency/IDF）则表示某个词在不同文档中出现的频率倒数。

18　相关的技术读者可以参考Goodfellow et al.（2016）的经典大作《深度学习》。

19　长短期记忆是循环神经网络（recurrent neural network/RNN）的特例。

20　如同Yin et al.（2017）所示，当前的文献对于循环神经网络和卷积神经网络是否适合于文本分析的任务还存在争议。

表1.6　NewsFilter样本数据集的五倍交叉验证预测性能结果

序号	算法分类	准确率 （accuracy）	PRC曲线面积 （AUPRC）	ROC曲线面积 （AUROC）
1	随机预测	0.498 ± 0.005	0.488 ± 0.006	0.497 ± 0.005
2	先验预测	0.56 ± 0.01	0.421 ± 0.014	0.493 ± 0.012
3	k近邻	0.793 ± 0.005	0.707 ± 0.01	0.724 ± 0.003
4	近邻中心	0.793 ± 0.005	0.74 ± 0.001	0.785 ± 0.007
5	伯努利朴素贝叶斯	0.808 ± 0.011	0.733 ± 0.008	0.756 ± 0.012
6	多项朴素贝叶斯	0.812 ± 0.01	0.746 ± 0.01	0.779 ± 0.012
7	感知机	0.829 ± 0.009	0.774 ± 0.009	0.81 ± 0.01
8	随机森林（RF）	0.851 ± 0.005	0.797 ± 0.009	0.812 ± 0.007
9	L1范数支持向量机	0.854 ± 0.005	0.803 ± 0.008	0.83 ± 0.004
10	L2范数支持向量机	0.858 ± 0.006	0.808 ± 0.006	0.832 ± 0.006
11	岭分类	0.858 ± 0.004	0.808 ± 0.005	0.827 ± 0.005
12	弹性网	0.86 ± 0.003	0.809 ± 0.009	0.827 ± 0.005
13	集成（3~12）算法	0.863 ± 0.004	0.814 ± 0.003	0.83 ± 0.003
14	前馈神经网络	0.849 ± 0.005	0.802 ± 0.007	0.906 ± 0.003
15	长短期记忆	0.869 ± 0.006	0.805 ± 0.006	0.908 ± 0.003
16	卷积神经网络	0.875 ± 0.005	0.817 ± 0.006	0.912 ± 0.004

电话会议记录

在前面的三个文本数据案例中，推特推文反映了普通投资者的情绪，财经博客反映了财经专家的情绪，而财经新闻则体现出记者们的情绪。在这个小节所介绍的文本数据案例中，我们将讨论另外一类文本数据中的情绪，也就是公司电话会议记录中体现的管理层情绪。这个案例来自于ExtractAlpha和AlphaSense这两家公司的分析师Jha/Blaine（2015）。

财务文件的文本分析在学术研究中已有经年，包括Loughran/McDonald（2011）针对美国公司年报10K和季报10Q的文本分析，以及Henry（2008）针对公司会议记录进行的文本分析，Kearney/Liu（2014）对此做了一个很好的综述。当前这个案例所说的财务电话会议记录（earnings call tanscript），其来源是因为公司股东分散各地，因此经常需要通过电话进行会议，而这些会议过程通常会录音，形成文字后就是电话会议记录了。

大多数财务报告（10K和10Q）表现为数值数据以及标准模板陈述的文字，其中很少涉及情绪方面的表达，其中和情绪最为相关的管理层讨论和分析，也只占财报中很小一部分。和财报相比，公司的电话会议记录更具自发性，格式更为随意，特别是问答部分，在现场实时环境下，管理层必须要做即席的回答。在这个案例中，我们可以捕捉管理层在应对股东提问中所体现的情绪，特别是股东问题本身所蕴含的情绪。在Loughran/McDonald（2011）的研究中，他们就依托于一个针对特定文件中语言使用方式相关的词典。针对电话会议记录中的情绪，专注于市场智能研发的AlphaSense就开发了一个针对电话会议记录的正面和负面词汇的词典。这个案例分析的电话会议记录数据是由汤森路透提供的，最早可以追溯到2005年。Jha/Blaine还对慧甚提供的电话会议记录数据进行了类似的分析，结果得到了在性质上近似的结论。

作者分析的时段是从2005年到2014年，所覆盖的股票要求满足流动性的要求，[21] 由此在不同的样本时段上就得到了1400~1800个的股票样本。在这个案例的文本情绪分析中，Jha/Blain（2015）把重点放在了会议记录语调（tone）这个指标上。根据AlphaSense开发的针对电话会议记录的正面和负面词汇的词典，就可以得到语调的定义：

$$语调 = \frac{带有正面词语的句子数 - 带有负面词语的句子数}{句子总数}$$

在样本中语调的数值介于-0.04和0.62之间，中位数是0.25。一个电话会议记录的语调值是0.25，就意味着这个文件中正面词语的句子要比负面词语的句子多出25个句子。在这个样本中，很少存在语调为负的情况。不同时期的语调分位数是非常稳定的，除了在金融危机发生的时候出现明显的下跌。图1.8给出了每月语调第10、25、50、75和90百分位数的变化。

21　这些要求包括市值不低于5亿美元、日平均交易量达到100万美元以及名义价格不低于4美元。

图1.8　语调百分位数的时间序列

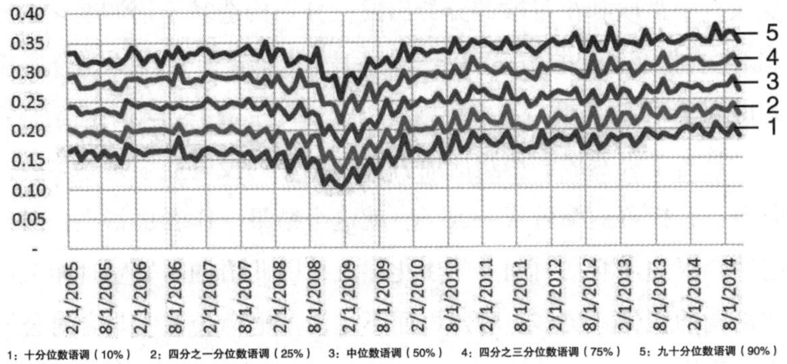

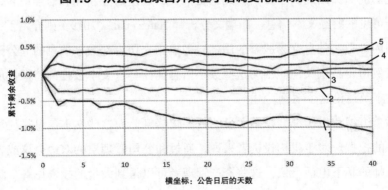

1：十分位数语调（10%）　2：四分之一分位数语调（25%）　3：中位数语调（50%）　4：四分之三分位数语调（75%）　5：九十分位数语调（90%）

资料来源：Jha/Blaine（2015）。

下面分析语调变化的投资含义。图1.9所示为各种不同语调变化带来的累积剩余收益。我们可以看到，在公告日当天不同的语调变化存在着明显的股票收益率差异，正如所预期的那样，越正面的语调变化就会存在更大的股票回报。如果我们不知道公司电话会议的具体实践，或者会议记录的发布存在着延迟，那么就无法获取当日的股票收益。另外，在第二天之后，语调变化带来的收益变化不是很大，除了最为负面的语调变化，后者会出现股票收益在未来两个月内持续下跌的状况。

图1.9　从会议记录日开始基于语调变化的剩余收益

1：< -0.05　2：-0.05~-0.03　3：-0.03~0.03　4：0.03~0.05　5：> 0.05

资料来源：Jha/Blaine（2015）。

接下来我们在投资组合场景下讨论语调的影响。作者分别从全体股票样本、大盘股、中盘股和小盘股的分类出发，分别构造基于语调变化的股票十分位投资组合，然后通过做多最高十分位和做空最低十分位的组合形成多空组合，由此得到表1.7的结果。从中可以看出，由此形成的市场中性组合收益率是适中的，但是对于大盘股和中盘股而言这个组合的投资业绩是不多的，当然对于小盘股而言，投资业绩就很一般了。就这个结果，作者也指出，对于小盘股而言，电话会议的内容在时间上的变化很大，因此语调的季度自相关系数就很低，这样语调的变化就更多是噪声，而不是由于电话会议参与者对公司前景看法的变化导致的。

表1.7　基于语调变化因子的多空组合绩效

项目	年化收益	夏普比率
总体	3.2%	0.48
大盘股（最大500只股票）	4.0%	0.45
中盘股（随后500只股票）	9.2%	1.24
小盘股（剩余股票）	−0.8%	−0.08

资料来源：Jha/Blaine（2015）。

内部数字信息

我们前面介绍的文本资料，无论是推文，还是财经新闻和财经博客，都属于公开可见的财经文本信息。而瑞文分析师 Hafez et al.（2019）则介绍了一个基于公司内部数字信息交易股票的用例。考虑到公司内部数字信息的非公开性，这个案例值得特别关注。因为这些数字信息往往具有文本数据的特征，所以我们放在本节讨论这个案例。

每个组织和机构都会积累大量的数字化信息，而这些文本信息往往没有得到很好的挖掘。对于机构投资者来说，通过和公司管理层的双边会议或者是卖方分析师的私下电话会议，这些资产管理者可以得到大量的投资见解。和通常的公司财报会议（earnings calls）或者预定的官方报告会不同，上述更为私密的讨论往往更为直接和坦诚。买方研究员通常会和公司高管建立紧密的联系，这样就可以从公司高管语调或者是肢体语言中发现细微的信息，由此和公开信息一起形成投资决策。[22] 与之相比，卖方分析师为了维护和公司之间的投行业务关系，会在公开发布的研究报告中表达多头看法，但是一旦进行私人沟通，他们就会表达更为诚实的观点。这些来自公司高管和卖方分析师的私下见解会在机构内部形成海量的数据。当前讨论的案例将在组织内部挖掘此类信息，并且在组织内部进行协调和共享，从而有助于整个团队的分析和研究。

瑞文公司得到了一家资管总额超过10亿美元的欧洲对冲基金从2016年到2019年之间三年的内部数字化文本，其中包括海量的电子邮件、附件以及Skype的即时通信，这些数字化内容涵盖了超过1000种不同的文件格式。瑞文分析师Hafez et al.（2019）对这些内部数字化文件进行了分析，从中发现和公开信息相比，这些数据具有附加价值，特别对于长线投资来说更是如此。

Hafez et al.（2019）通过瑞文公司的自然语言处理引擎来发现事件以及和事件关联的公司，然后对数据进行结构化处理。图1.10刻画了通过瑞文自然语言处理引擎处理的内部数字信息的数量，也就是电邮主文、电邮附件、Skype附件和Skype短信的数量。和上一个案例相似，瑞文的分析师们计算了这些数字信息中所涉事件的情绪得分（ESS），然后从ESS中计算得出看涨或者看跌的交易信号。

---

22 这是金融决策中的马赛克理论（Mosaic theory），也就是说为了得到更有价值的分析结论，就必须从各种公开和非公开渠道获取信息。有关这个理论的详细介绍读者可以参考下面的维基百科词条：https://en.wikipedia.org/wiki/Mosaic_theory_（investments）。

图1.10　内部数字信息的数量

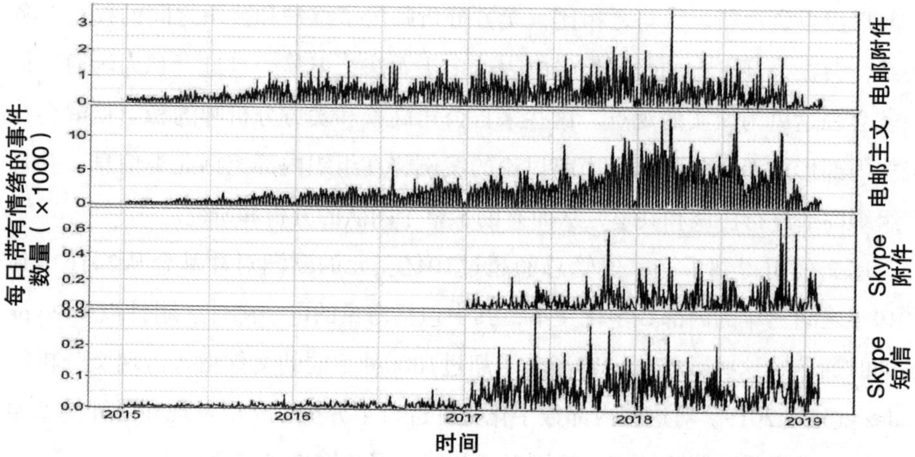

资料来源：Hafez et al.（2019）。

这个案例得到了如下的结论。首先有80%左右和股票相关的事件是在公司内部信息中发现的，而只有20%左右的事件来自于公开新闻和社交媒体。其次，来自内部数据形成的正面情绪信号会给出在几周内都有效的多头信号，而从公开信息中得到的价值则会快速衰减。在各种不同影响公司的事件中，以内部文件数量来说，产品服务（product-service）和并购（acquisitions-merger）的信息含量最多；但是从基于不同事件情绪得分形成的多空组合中，分析师评级（analyst-ratings）、股权行动（equity-actions）、公司盈余（earnings）和资产（assests）等事件则会产生更大的回报率，图1.11就说明了这一点。最后，对于情绪组合的因子风险分析表明，从经典因子模型出发，情绪变化导致的股价异常波动具有持续性，由此可以从中获取超常收益，也就是alpha，而图1.12则说明了这一点。

图1.11　收益率最多的10大类事件

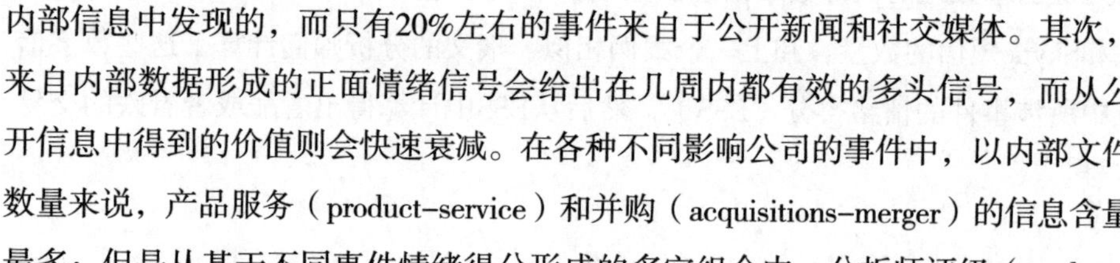

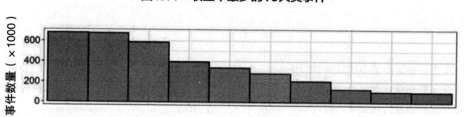

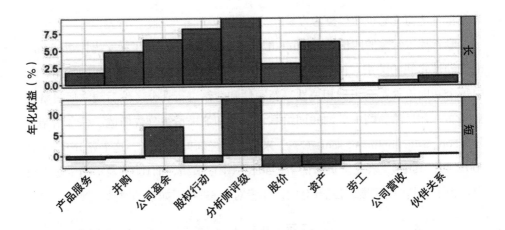

资料来源：Hafez et al.（2019）。

图1.12　1亿美元资管额的多头组合因子绩效分解

资料来源：Hafez et al.（2019）。

社交媒体

前面基于文本的情绪分析表明情绪是交易的重要组成部分。当市场情绪变冷时，投资者就会更加厌恶风险，此时市场流动性就会下降。这个时候做市商就可以从提供流动性中获得补偿。相反，在市场情绪良好时，市场流动性会更为充裕，从而交易也变得更为容易。

麻省理工学院的四位学者Agrawal et al.（2018）就分析了社交媒体情绪和股市流动性之间的关系。他们首先使用了瑞文的数据来衡量财经新闻的情绪，其中每个新闻事件都会根据相关性、新颖性和情绪进行评分。然后瑞文通过解析新闻文本并且给新闻中单词和词组赋予积极和消极情绪分数构造了综合情绪评分（composite sentiment score/CSS）来衡量财经新闻的情绪。这个评分介于0到100之间，其中0代表完全负面情绪，50表示中性情绪，而100则表示完全正面情绪。为了和其他情绪数据进行对比，作者对CSS进行了如下的对数变换：

$$\overline{CSS} = \log\left(1 + \frac{CSS}{100}\right)$$

除了瑞文的数据，Agrawal et al.（2018）还使用了来自PsychSignal的日内数据来衡量社交媒体的情绪。后者的数据整合了推特和股推的数据，从而可以给股票提供分钟级别的看多和看空情绪得分。另外PsychSignal还提供了推文的数量。上述这些财经新闻和社交媒体的情绪得分成为Agrawal et al.（2018）分析的自变量：

（1）新闻情绪；

（2）看多社媒情绪；

（3）看空社媒情绪；

（4）推文数量。

作为分析的因变量则包括股票每日的收益和流动性指标，具体如下：

（1）股票收益；

（2）对数换手率；

（3）对数交易笔数；

（4）对数报价笔数；

（5）对数迷你闪崩（flash-crash）次数；[23]

23　闪崩表示证券价格在很短时间内发生快速、大幅度且不稳定的波动。迷你闪崩次数的数据来自于沃顿研究数据服务（Warton Research Data Source/WRDS）。发生一次迷你闪崩就意味着交易超出了做市商买卖报价价差的范围，此时要么表示买家急于入手，要么表示卖家急于出手。

（6）买卖报价价差（quoted spread）。

Agrawal et al.（2018）的研究表明社交媒体的负面情绪往往会比正面情绪对流动性的影响更大。他们发现，社交媒体产生的极端异常情绪往往开始具有很强的动量，然后进入一段均值回复的时段，如图1.13所示。图1.13中的A和B报告了股票收益事件（return event）研究的结果，其中A图刻画了社媒情绪得分高于均值三个标准差的事件形成的收益，而B图则刻画了社媒情绪得分低于均值三个标准差的事件形成的收益。图1.13中的C和D报告了股票价差事件（spread event）研究的结果，它们分别刻画了社媒情绪高于和低于均值三个标准差事件形成的价差。图中的实线表示平均收益或者价差；而虚线则表示进行截尾处理后形成的平均收益或者价差。同时阴影区域表示1000个通过自举法（bootstrap）形成的样本所产生的95%置信区间。

图1.13 基于情绪的收益和价差事件分析

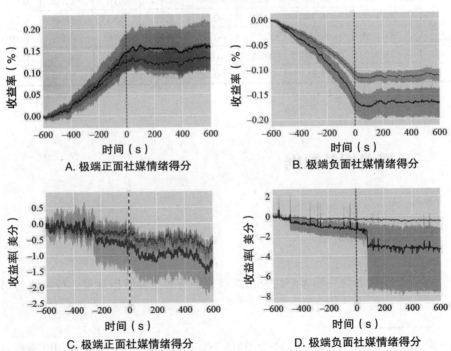

资料来源：Agrawal et al.（2018）。

为了分析上述效应对于投资的影响，Agrawal et al.（2018）构造了一种市场中性的均值回复策略，其中会使用社交媒体的信息来确定投资组合，由此得到的投资绩效如表1.8所示。结果表明，流动性的供需的确会受到投资者情绪的影响，而能够把交易成本降至最低的做市商就可以利用社交媒体中的极端看涨和看跌情绪，以此作为动量结束和均值回复的市场晴雨表，进而从中获利。

表1.8　市场基准和社交媒体策略的投资绩效

策略	时段	年化收益（%）	Alpha	Beta	夏普比率	索提诺比率[①]	最大回撤（%）	波动率
基准	2011—2014	20.61	0.20	−0.03	1.30	1.89	−12.27	0.15
	2011	35.46	0.32	−0.00	1.70	2.53	−12.27	0.18
	2012	5.75	0.09	−0.16	0.46	0.67	−9.28	0.14
	2013	35.74	0.31	0.01	3.04	5.04	−4.48	0.10
	2014	8.81	0.09	−0.00	0.58	0.79	−11.22	0.10
社媒策略	2011—2014	24.10	0.23	−0.04	1.47	2.16	−12.43	0.17
	2011	36.33	0.33	−0.01	1.71	2.55	−12.43	0.16
	2012	6.84	0.10	−0.18	0.53	0.78	−9.06	0.19
	2013	43.76	0.36	0.02	3.50	6.00	−4.29	0.14
	2014	13.25	0.14	−0.01	0.83	1.14	−10.74	0.10

资料来源：Agrawal et al.（2018）。

三、消费相关数据

电邮收据数据

对于以消费者为终端客户的公司而言，消费者交易数据就是分析这些公司

24　索提诺比率（Sortino ratio）是一个类似夏普比率的指标，只不过分母项用下侧偏差（downside deviation）替换了标准差。所谓下侧偏差就是收益低于均值形成的标准差。

营收变化进而生成交易信号的重要信息源。Eagle Alpha的一个合作伙伴收集整理电子邮件的收据数据，这些数据可以跟踪80%左右的线上交易数据，同时这些数据覆盖了超过5,000家的零售商，而且还可以在53个产品类别上提供物品和存货单位（stock keeping unit/SKU）级别的交易数据。[25]这个数据集只覆盖美国的公司，涉及超过600家的商户，数据是实时收集的，滞后7天发布。数据集本身并没有做实体识别，从而无法和股票代码相关联，所以在使用这个数据集的时候需要在分析之前做实体确认的技术性处理。

　　摩根大通和Eagle Alpha一起合作研发了这个另类数据用例，并且同时收录在前者的研究报告Kolanovic/Krishnamachari（2017）和后者的另类数据用例白皮书Eagle Alpha（2018）中。这个案例所分析的电邮数据从2013年开始，其中包括一个固定的客户集合，以及物品的消费总金额、订单总数和买家总数。这个案例所用到的数据集涉及97家公司，其中61家上市公司以及36家非上市公司。在61家上市公司中，有31家是标普500指数的成分股公司。出于流动性方面的考虑，下面的投资含义分析就针对这31家标普成分股公司展开。

　　考虑到各家公司在消费支出金额上的差异，分析师首先将支出金额标准化为相对分数，比如百分比变化，亦或是对平均支出数据进行标准化。同时消费数据中还存在着时节因素，比如根据西方人的消费习惯，在周末的消费支出比较少，同时在11月份消费支出就会比较高。图1.14就反映了这个数据集中体现的时节效应。

25　SKU就是库存进出计量的基本单元，可以是以件、盒、托盘等为单位。它包含了三个方面的信息：从货品角度看，SKU是指单独一种商品；从业务管理的角度看，SKU还含有货品包装单位的信息；从信息系统和货物编码角度看，SKU只是一个编码。SKU是用来定价和管理库存的，比如一个产品有很多颜色、很多配置，每个颜色和配置的组合都会形成新的产品，这时就产生很多SKU。

图1.14　平均销售额的周时节效应和月时节效应

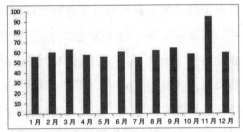

资料来源：Kolanovic/Krishnamachari（2017）。

　　这个案例研究了消费金额、订单量和买家数量三个指标，订单量和买家数量之间具有很高的相关系数（高达99%），但是消费金额和后两个指标之间的相关性则比较弱（大约25%）。

　　Kolanovic/Krishnamachari（2017）针对每个公司把每日的消费支出、订单量和买家数量整合为一个周得分，然后计算了每周得分的百分比变化。接着对变化率进行缩尾处理，从而保留5%~95%分位数之间的数据。在经过这些处理步骤后，他们基于变化率的水平值和经过标准化处理后得到的z分来生成交易信号。[26] 具体来说，在进行截面排序之后，做多数值最高的6只股票，同时做空数值最低的6只股票，然后每周对这个多空组合进行一次调仓，即每周做一次投资组合再平衡。表1.9给出了各种不同交易信号形成的多空组合夏普比率。

表1.9　各种不同多空组合的夏普比率

项目	基于支出金额	基于订单量	基于买家数量
水平值	0.29	0.02	0.36
z分（4周）	1.13	−0.71	−0.49
z分（5周）	0.72	−0.49	−0.14
z分（6周）	0.67	0.04	0.11

资料来源：Kolanovic/Krishnamachari（2017）。

26　对于序列x而言，$z = \dfrac{x - \mu}{\sigma}$，其中$\mu$和$\sigma$分别表示原始数据序列的均值和标准差，这样z分就把原始序列修正为均值为0、方差为1的序列。

图1.15给出了各种不同交易信号的投资绩效，左图给出的是基于水平值从支出金额、订单量和买家数量这三个数据集中得到的累计收益，而右图给出的是基于4周z分从三个数据集中得到的累计收益。表1.9和图1.15表明，基于4周z分从支出金额生成的交易信号可以在夏普比率上达到1.13，而投资组合的年化回报率则可以高达16.2%。

图1.15　基于电邮数据的交易信号绩效

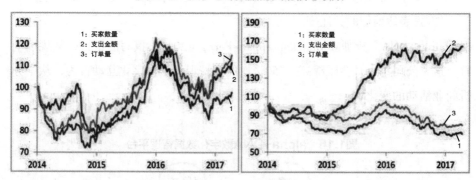

资料来源：Kolanovic/Krishnamachari（2017）。

线上消费需求数据

前面我们介绍的另类数据案例中，财经博客可以对公司的基本面信息给出见解，而商品交易数据则可以更为直接地表征这些公司信息。在这两类另类数据集之间，我们还可以分析有助于了解消费者偏好的数据，而基于网络的需求数据就可以满足这样的要求。ExtractAlpha的首席执行官Jha（2019a）和摩根大通分析师Kolanovic/Smith（2019）就讨论了一个这样的数据集针对股市投资的含义。

随着现代人花费越来越多的时间在网上，消费者不仅在线上购买商品，而且还会在购买商品之前在线上对这些商品进行研究。因此对公司产品的需求可以通过对公司网络的关注程度来表示。有些时候这种关注会是负面信号，比如公司发生的丑闻，但是更多的文献表明，更多对公司的关注对于公司而言是一件好事情。

这种关注度数据在数字营销领域已经应用经年，但是在股票投资领域相对来说比较新。在这方面alpha-DNA就是一个专注于数字化需求数据领域并且服务于投资机构的专业服务商。图1.16表明alpha-DNA提供的数据集覆盖了如下三个领域的消费关注数据：

（1）网络搜索：消费者是否通过搜索引擎在线上搜索某家公司的品牌和产品。

（2）网站：消费者是否会访问公司网站。

（3）社交媒体：消费者是否在某家公司各个社交媒体界面上通过喜欢、追随等
　　　　方式表达他们的关注度。

根据alpha-DNA分析师Muthupalaniappan-Fertig（2017）撰写的报告，从规模上看，这家公司每个月会跟踪高达750亿次的消费者线上数字化互动行为，从中分析商业活动的变化。

图1.16　alpha-DNA数字化数据管理平台

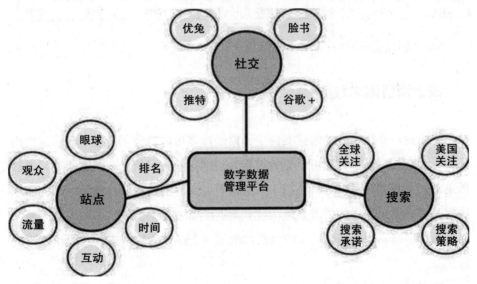

资料来源：Muthupalaniappan-Fertig（2017）。

Alpha-DNA建立了一个特别的数据库，它的名字叫"数字局"（Digital Bureau），并且在持续维护和更新，它的功能就是给众多公司确认数字身份

（digital identities），包括公司的品牌和产品名称，以及网页和社交媒体账户等。这些资料需要持续性的人工更新，同时原始的数字数据还需要进行清洗和整合，从而形成和每个数字实体关联的时间序列。此外还需要对一家公司拥有的所有数据实体进行整合，由此统一到唯一的股票代码上，这其中要涉及比较复杂的加权方式和算法。基于这个特别的数据集，alpha-DNA就开发了一个特有的评分系统。通过分析各家公司在网站、搜索引擎和社交媒体这些数字平台上的总体表现以及消费者渗透率、参与度和人气等指标刻画的消费者效度，这个评分系统就可以对所覆盖的公司进行排名。排名每天进行，同时最早可以追溯到2012年。这种"综合民意"（poll of polls）方法可以把来自多个数据集的很多不同数字维度信息源有效地组合在一起。基于这种方法，alpha-DNA就和ExtractAlpha合作，共同开发了数字收入信号（digital revenue signal/DRS）这个指标，它融合了线上多种不同类型的数字绩效指标。

　　DRS这个指标背后的原理是，当消费需求增强时，公司的收入就会超过市场预期；而当消费需求下跌时，公司的收入就会不如市场预期。而证据表明DRS的确可以预测某家公司收入超出市场预期的可能性以及超出市场预期的幅度，[27]后者可以称之为收入意外（revenue surprise），也就是真实收入和预期收入之间的差额。图1.17表明，从2012年到2015年的初始样本时段，DRS指标排在最后面的10%股票超出市场预期的只有40%，而排在最前面的10%股票超出市场预期的则超出了70%，而处于中间分位的股票打败市场共识的可能性随着DRS的上升呈现单调递增的趋势，如图中线段1所示。与此同时，这种趋势在2015年之后的的各个季度依然稳定地存在，如图1.17中其他线段都呈现往右边递增的趋势。这张图充分证明了DRS这个指标背后的原理。

27　这里的市场预期可以理解为卖方分析师在财报发布前形成的平均预期，外文文献中也会称之为市场共识（consensus）。

图1.17　DRS十分位排序后公司收入超出市场预期的百分比

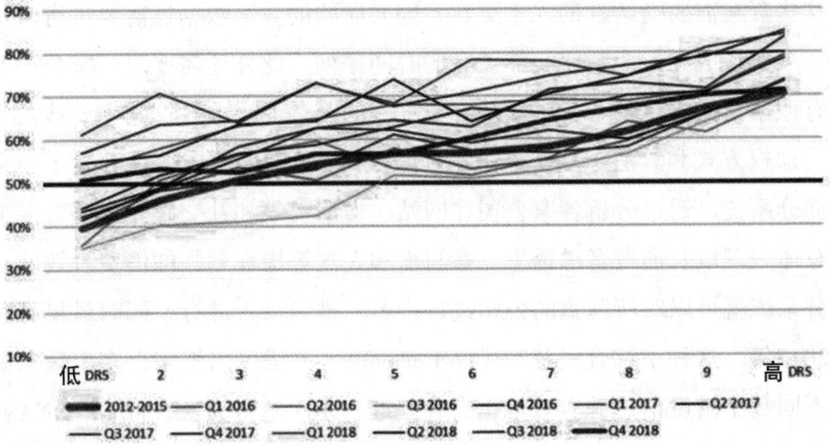

资料来源：Kolanovic/Smith（2019）。

接下来我们要讨论的就是DRS这个对基本面信息的预测指标可否在量化策略中表现良好。现在构造一个多空市场中性组合，也就是做多DRS处于最高十分位的股票，同时做空DRS处于最低十分位的股票，图1.18就刻画了这样一个组合从2012年到2019年初的投资业绩。它表明在大部分市场条件下，基于线上数字化信息形成的对于公司基本面的预测可以得到不错的投资业绩。

图1.18　基于DRS的市场中性组合累计收益率

资料来源：Kolanovic/Smith（2019）。

四、传感器数据

传感器的数据主要来自于卫星图像数据和地理位置数据，本小节将介绍三个此类数据集的应用。[28]

手机应用程序数据

Start.io是一家在2010年成立的、位于纽约的移动数据平台公司，它在全球很多地方都设有办事处。它和超过100万个移动应用程序开展了合作，覆盖了全球15亿人口的移动用户。这家公司提供的数据服务可以用来理解和预测行为，发现新的市场机会，并且推动战略性的业务决策。

ExtractAlpha的Jha/Liu（2021）就分析了这家公司从2018年开始对300多家公司的移动应用程序每月使用情况的数据。这些数据统计了在度量日期之前安装公司主要应用程序的用户数量，以及在度量日期之前90天之内依然安装公司主要应用程序的用户数量。图1.19刻画了数据集覆盖的股票数量以及随着时间推移移动应用程序用户的数量。从中可以看出，所有移动应用程序的用户总数在最初几个月有明显的上升，但是2018年第四季度之后，用户总数就趋于稳定了。为了处理用户数据的非平稳性问题，作者就对每个应用程序的用户数乘以一个调整因子，后者等于在2018年期初用户总数和当前用户总数之间的比率。

---

28 我们在《另类数据：理论与实践》一书第七章中详细介绍了卫星图像数据和地理位置数据。

图1.19　股票数量和移动应用程序用户数量

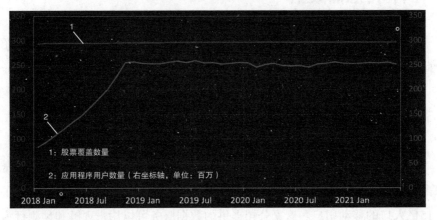

资料来源：Jha/Liu（2021）。

因为这个数据集衡量了有多少用户在使用公司的移动应用程序，也就是手机端活跃客户的数量，所以它就和公司的规模以及所处的行业是高度相关的。这样这个指标的变化率，也就是用户基础的增长率，以及基础增长率的增长率就有可能提供有意义的信息。在绩效分析中，作者使用了下面两个特征变量：

$$F_{i,t}^{(1)} = \frac{调整后移动应用程序使用量_{i,t}}{调整后移动应用程序使用量在6个月内的移动平均_{i,t}} - 1$$

$$F_{i,t}^{(2)} = \frac{调整后移动应用程序使用量相对于上个月的变化_{i,t}}{调整后移动应用程序使用量相对于上个月的变化在6个月内的移动平均_{i,t}} - 1$$

为了消除过拟合的问题，Jha/Liu（2021）就对所分析的股票在这两个特征变量上的排序进行简单平均而把它们组合在一起。

这个案例所分析的股票要求市值至少达到1亿美元，日平均交易量达到100万美元，同时名义股价不低于4美元。同时作者构造的交易策略的特征是：

（1）交易信号每个月更新一次，同时每个月第二天可以获取上个月的指标值；

（2）以每个月第2天之后的第一个交易日开盘价或收盘价进行交易；

（3）投资组合是等权重和市场中性的，并且每日进行再平衡；

（4）多空组合分别采用指标最高20%和最低20%的分位数形成的组合，以及最高10%和最低10%的分位数形成的组合。

　　表1.10给出上述投资组合的投资绩效，主要考虑的投资组合是做多20%分位数同时做空20%分位数的股票。这样的投资组合在全部时段上可以得到9.6%的收益（未考虑建仓成本），同时夏普比率是0.76。这个组合在所有年份的收益都是正的，而且近些年的表现更好。因为投资信号是每个月更新一次，这样在考虑交易成本之后的投资绩效基本上是很相似的，因为每日的换手率大约是2%~3%。最大的回撤出现在2020年上半年的15.5%。表1.10还给出了多空组合在对所有ExtractAlpha风险模型中的所有风险因子产生的信号进行中性化处理后得到的投资绩效。[29] 结果表明，当前的交易信号可以产生11.1%的Alpha，同时夏普比率是1.24，这表明交易信号中的因子倾向会弱化投资绩效，特别是在2020年。表1.10除了报告五分位多空组合的绩效，还报告了十分位多空组合的绩效。如我们所料，考虑到现在投资组合的集中化程度更高，这样投资收益和最大回撤就变得更大。

　　最后，图1.20给出了通过当前交易信号形成的十分位投资组合的平均年化收益。我们可以看出投资信号和投资收益是正向的，但并非是完全单调变化的。

表1.10　多空组合的投资绩效

项目	年化收益（%）	年化夏普比率	最大回撤（%）	每日换手率（%）
用收盘价进行交易，20/80分位数组合				
总体	9.6	0.76	−15.5	2.0
2018	16.9	2.40	−2.7	2.0
2019	4.7	0.60	−6.7	1.9
2020	10.2	0.57	−15.5	2.0
2021	12.1	1.06	−8.4	2.3
用收盘价进行交易，20/80分位数的因子中性化组合				
总体	11.1	1.24	−9.2	3.0
2018	13.2	1.93	−2.9	2.8
2019	0.3	0.05	−5.5	2.9
2020	21.7	1.95	−8.4	3.0
2021	9.9	0.97	−9.2	3.0

29　有关ExtractAlpha风险模型的介绍读者可以参考Jha（2019c）。

续表

项目	年化收益（%）	年化夏普比率	最大回撤（%）	每日换手率（%）
用收盘价进行交易，10/90分位数的因子中性化组合				
总体	14.5	0.85	−31.3	2.4
用开盘价进行交易，10/90分位数的因子中性化组合				
总体	15.1	0.83	−28.8	2.5

资料来源：Jha/Liu（2021）。

图1.20　十分位投资组合的平均收益

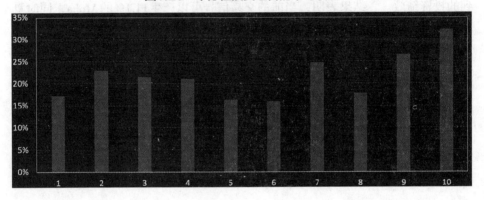

资料来源：Jha/Liu（2021）。

位置数据

　　Advan是一家专注于地理位置数据的智能服务商，它通过跟踪智能手机的位置可以监控实体商店客流量的信息。在客户许可的情况下，在手机上安装地理位置的应用程序就可以通过Wi-Fi、蓝牙或者蜂窝信号来跟踪手机用户的位置。

　　Advan收集并且整理的地理位置数据可以用来表征相关上市公司的收入，特别是零售企业的销售收入。在2017年，这个数据集已经覆盖了美国30%的人口，每天可以收集大约2500万台设备的收据，涉及超过100万个实体地点，其中大约有近50万个实体地点会有人工审核。这些数据可以映射到381只股票上。这些股票有80只是标普500指数中的成分股，涉及零售、大卖场、超市、酒店、医院、餐厅、影院、游乐场、便利店和快餐公司等。

　　摩根大通的Kolanovic/Krishnamachari（2017）分析了Advan的一个数据集，

涉及6.5GB的数据，包含了上面所说的标普500指数中的80只成分股。这些原始数据在以下层面进行了汇总：

· 股票代码层面，在股票代码也就是上市公司层面进行汇总；

· 商店层面，对每个商店的位置计算客流量；

· 设备层面，在每个商店和停车场，带有时间戳、在店/离店时间以及准确位置信息；

· 设备向量层面，每台设备在一天之内游逛过的所有位置向量。

数据集还包含了可以跟踪地理位置的1000个顶级应用程序列表，对应证券的主文件，以及用于生成数据的程序。下面给出了基于原始客流量信息的信号生成的过程：

（1）排除某台设备在同一天内访问同一家商店中的重复计算问题。

（2）在应用程序中，把具有SDK标示的应用程序在所有应用程序列表中设定为1，[30]然后把要进行分析的应用程序限定在具有上述特征以及至少连续360天都有数据的应用程序上。

（3）根据下面的指标计算每日的客流量（Tra）：

$$Tra = \frac{\sum_{\text{Apps}} (Ra \times De)}{\sum_{\text{Apps}} De}$$

这里De表示在某一天根据应用程序所确定的设备总数；Ra表示对应于特定公司的商场内部出现的设备相对于设备总数（De）的比率。

（4）接下来根据客流量指标计算下个季度销售收入的预测值（$Sales$）：

$$Sales_{i+1} = Sales_i \times \frac{\sum Q_{i+1} Tra}{\sum Q_i Tra}$$

其中Q_{i+1}和Q_i分别表示第$i+1$和第i个季度的天数。

（5）公司公布的销售收入数据来自彭博，分析师的收入估计数据则来自慧甚。

现在考虑如下的股票量化策略。首先是构造两个股票篮子，一个是绩效优

30　SDK（software development kit）的中文含义是软件开发工具包，一般都是一些软件工程师为特定的软件包、软件框架、硬件平台、操作系统等建立应用软件时的开发工具的集合。

良篮子，其中包括销售收入预测值大于分析师收入估计值的股票；另外一个是绩效不良篮子，其中包括预测值小于分析师收入估计值的股票。在某个季度之后的两天在获取相关数据中构建仓位，做多绩效优良篮子中的股票，同时做空绩效不良篮子中的股票，这样的多空组合采用等权重的方式，然后一直持有到公司公告日发布之后的5天。表1.11报告了上述投资策略的绩效。结果表明绩效优良篮子组合会打败标普500指数，而绩效不良篮子组合则劣于标普500指数。这里需要指出的是，多空组合在投资收益上的差异是由绩效优良篮子和绩效不良篮子两个组合收益的差异形成的。考虑到后者的差异为正，因此多空组合的收入就比绩效优良篮子纯多头组合的收益低。但是Kolanovic/Krishnamachari（2017）指出，多空组合和标普500指数之间的相关系数只有0.7%，这近乎就等于0。因此多空组合和市场组合之间就存在着显著的分散化效果。

表1.11　基于客流量数据的多头、空头和多空组合投资业绩

策略	均值（%）	波动率（%）	夏普比率
绩效优良篮子	24.31	20.36	1.19
绩效不良篮子	7.79	17.08	0.46
多空组合	16.52	18.81	0.88
标普指数	17.12	10.19	1.68

资料来源：Kolanovic/Krishnamachari（2017）。

卫星图像数据

RS Metrics是一家卫星智能公司，它通过卫星、无人机和飞机等各种来源搜集地理空间数据。这家公司有十几颗高分辨率卫星环绕地球运行，然后形成图像。这些数据可以用来估计零售业的流量、商业地产周边交通流量、金属的生产和储存以及工厂的就业情况。

摩根大通的分析师Kolanovic/Krishnamachari（2017）就讨论了一个基于RS Metrics卫星图像数据交易零售行业股票的案例。他们根据下面的指标来生成交易信号：

（1）计算一家公司所有停车场的填充率（fill rate），这里填充率为车辆总数和

停车总车位之间的比率；

（2）随后计算累计的年度变化，也就是月度数据的滚动加权平均；

（3）上述指标每个季度调整一次。

　　现在分析基于客流量的买卖股票的交易信号。Kolanovic/Krishnamachari（2017）分析了标普500指数成分股中具有足够长交易信号历史的股票。对这些个股，基于RS Metrics数据形成（1，0，-1）的交易信号对股票建仓，然后一直持续到信号变化。交易信号为1表示要构建一个在个股多头和美国零售指数组合空头上的仓位；而交易信号为-1则触发个股空头以及零售指数组合多头的仓位；交易信号为0则意味着持有现金。就投资绩效而言，对于标普500指数成分股的9只个股而言，基于上述策略得到的绩效通常是正的，如表1.12所示。另外Kolanovic/Krishnamachari（2017）还把这些股票的历史业绩进行了加总，并且和标普零售ETF（股票代码XRT）这个市场基准进行了比较。现在基于RS Metrics数据形成的多空策略夏普比率是0.68，这高于市场基准的夏普比率。此外这个策略和标普500指数的相关系数也是很低的，只有7.2%。图1.21给出了多空组合和市场基准的累计收益。

表1.12　基于RS Metrics数据的个股和组合策略投资绩效

名称		股票代码	均值（%）	波动率（%）	夏普比率
个股	Lowe's	LOW	9.3	14.6	0.64
	Bed Bath & Beyond	BBBY	6.7	13.4	0.50
	Chipotle Mexcian Grill	CMG	13.0	27.1	0.48
	Home Depot	HD	5.9	13.0	0.45
	JCP	J.C. Penny	15.3	39.0	0.39
	Sherwin-Willimans	SHW	3.8	15.9	0.24
	Walmart	WMT	1.2	13.8	0.09
	Target	TGT	-4.9	12.5	-0.39
	Starbucks	SBUX	-7.4	12.9	-0.58
组合	多空策略		4.8	7.0	0.68
	标普零售ETF	XRT	8.2	16.9	0.49

资料来源：Kolanovic/Krishnamachari（2017）。

图1.21　基于汽车数量数据的零售业股票投资绩效

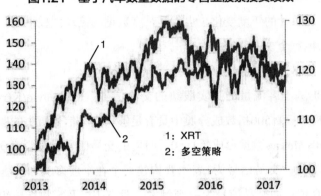

资料来源：Kolanovic/Krishnamachari（2017）。

出租车出行数据

　　现代的出租车通常配备GPS设备来追踪其行程和位置。纽约市出租车和豪华轿车委员会（NYC Taxi & Limousine Comission/TLC）从2009年开始收集相关的数据。根据纽约州的《信息自由法》（Freedom of Information Law）的要求，TLC的出行数据从2014年开始对外发布。这个数据集列出了每次出租车服务细节，同时还列出了纽约市的优步（Uber）和来福车（Lyft）等专车服务。每一条记录包含有接上下车时间、上下车地点（GPS坐标）、出行距离、乘客数量、票价、消费和付款方式等字段。这个数据集描述了纽约人在工作和休闲时的丰富图景。[31] Bradley et al.（2020）基于这个数据库分析了从2009年初到2016年中期一个简单的市场择时策略：如果美联储纽约银行和大型金融机构在FOMC会议前后往返的出租车出行量比较低，那么就持有股票市场组合，否则就持有无风险资产。

　　构成这个择时策略的一个简单例证是2011年中围绕债务上限产生的危机。当年8月2日到9日，标普下调了美国主权债务评级，标普500指数下跌了10%。而在市场动荡的前两周，美联储纽约银行和其周边的大型金融机构之间的出租车出行量达到了全年最高的水平。在一篇《华尔街日报》的文章中，时任美联

31　我们在《另类数据：理论与实践》一书的第七章第三小节中介绍了这个数据集。

储纽约银行行长同时也是FOMC副主席的William Dudley就对在其办公室和投资者举行的私人会议指出，这些会议"在市场压力时期尤为重要"。

基于上述观察，他们定义了一个出租车出行量指标$Ridership_{10,t}$，它表示美联储纽约银行和金融机构之间从$t-10$到$t-1$（包含）日之间使用出租车的出行数量，同时定义$Ridership_{10,s}$表示从$t-20$到$t-1$这20天的$Ridership_{10,t}$。如果$Ridership_{10,t}$小于$Ridership_{10,s}$的中位数，那么就在$t+1$日持有市场组合，否则就在$t+1$日持有无风险资产。

作者从几个方面分析了上述市场择时选择策略的绩效。首先，他们比较了在这个策略持有市场组合时的日期中市场超额收益率（超过无风险利率的部分）的均值，以及在持有无风险资产的日期中市场超额收益率的均值。表1.13表明，在策略持有市场组合的交易日中，市场组合的日平均超额收益率是13.83个基点。而在策略持有无风险利率的交易日中，市场组合的日平均超额收益率就是-0.10个基点。这就表明在七年半的样本时段内，市场超额收益率主要集中在美联储和银行之间出租车出行数量相对较低之后的时段内。同时表1.13表明上述策略中持有市场组合的日均超额收益率和持有无风险利率的日均超额收益率之间的差额在统计上是显著的，其t-统计量达到了2.69。考虑到2009年金融危机的影响，所以表1.13的最后一列给出了排除掉这一年数据的结果。从中可以看到基本的结论并未发生改变。表1.13中最后一行的相反策略指的是和市场择时策略仓位方向完全相反的策略，也就是在择时策略持有市场组合的时候持有无风险资产，而在择时策略投资无风险资产的时候持有市场组合。

表1.13　交易策略的盈利能力

项目	全样本时段 2009.01—2016.06	部分样本时段 2010.01—2016.06
日平均市场超额收益率，持有市场组合	13.83	11.41
日平均市场超额收益率，持有无风险资产	-0.10	-0.50
t-统计量（均值差异）	2.69	2.32
交易策略的夏普比率	1.45	1.37
反向策略的夏普策略	-0.01	-0.05

资料来源：Bradley et al.（2020）。

这个市场择时策略也可以通过统计回归的方式加以分析。在这个回归中，因变量是市场超额收益率，而自变量则是哑变量，当$Ridership_{10,t}$低于这个指标近期的中位数时取值为1，否则就取值为0。如果把自变量替换为一个连续变量，就是$Ridership_{10}$和中位数之差，那么回归关系的统计显著性就会更高，此时t-统计量达到了3.34。换句话说，如果过去几周内出行量非常高（低），那么未来市场收益率很可能就要低于（高于）正常水平。

接下来Bradley等人还分析了上述出行量和股市收益率之间的关系是否也存在于不同行业组合中。就此他们对48个Fama-French行业组合使用了与表1.13完全相同的方法。结果表明在所有这些行业组合中，上述简单的策略依然显示出择时的特点，也就是在近期出行量比较低的情况下持有行业组合获得的平均收益率要高于在近期出行量比较高的时候持有行业组合的平均收益率。但是这个策略市场择时能力并非在所有行业中都是统计显著的，其中的t-统计量从最低的0.78（煤炭行业）到3.66（军火行业）。至于银行和金融业而言，这个策略在这两个产业中的择时能力则比较普通，两者的t-统计量分别是2.09和2.16，这略低于48个行业平均的t-统计量（等于2.48）。

表1.13最后两行还报告了市场择时策略和反向策略的年化夏普比率，在全样本时段两者分别是1.45和-0.01。作为对比，市场组合在整个样本时段上的夏普比率则是0.96。

这个证据支持了下面的观点：美联储和金融机构之间的面对面交流和未来股市的收益率存在着系统性的关系。而且当美联储（或者金融机构）拥有尚未纳入到市场价格的负面信息时，美联储和金融机构之间就会增加互动。

图1.22中表明了市场择时策略相对市场组合的每月超额收益率情况。两者之间的收益率相关性达到了0.67，这是很高的，同时月平均收益率也相差无几（1.44%对比1.45%），当然市场组合还要稍高一些。择时策略的优良绩效主要体现在更低的超额收益率标准差上，择时策略的3.4%明显低于市场组合的4.0%，由此就导致择时策略具有更高的夏普比率（1.46对1.26）。就尾部风险而言，择时策略的确在2011年11月遭遇到大幅亏损，损失幅度高达8.0%。而在这个月份市场组合的绩效是相对平缓的，超额收益率为-32个基点，这样这个策略发生的最大崩盘并没有出现在市场整体非常低迷的时期。

图1.22　交易策略的月投资绩效：市场择时与市场组合

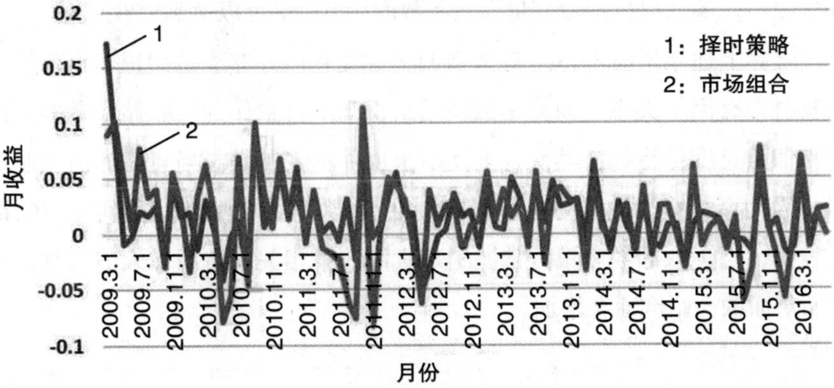

资料来源：Bradley et al.（2020）。

　　为了更进一步分析上述择时策略的绩效，Bradley et al.（2020）对样本期内总计59次FOMC会议讨论了交易信号对股票市场后市的预测性，其中的信号是用上一次FOMC会议结束之后的第一个交易日到本次会议之前12个交易日期间美联储纽约银行和金融机构之间的出租车出行量，同时股市投资绩效用本次FOMC会议前一天到结束后一天的累积市场超额收益率来衡量。表1.14给出了实证分析的结果。从中可以看出，当出租车出行量在FOMC会前出现的18次下降中，后市的市场超额收益率为正总计有16次；而出行量在FOMC会前出现的41次上升中，后市的市场超额收益率出现了24次的负值以及17次的正值。如果把后

表1.14　围绕FOMC会议的股市可预测性

A. 次数		
	市场上扬	市场下跌
出行量增加	17	24
出行量减少	16	2
B. 回归		
	市场上扬哑变量	市场收益率
出行量哑变量	−0.474*** （0.128）	−0.0194*** （0.006）
常数	0.889*** （0.107）	0.013*** （0.005）
	0.19	0.17

注释："***"表示在1%水平上显著。

资料来源：Bradley et al.（2020）。

市收益率正负方向作为因变量，然后对事前的出租车出行量上升和下降的哑变量进行回归，那么出行量哑变量回归系数的 t–统计量可以达到3.70。

在解释上述结果时Bradley等人强调，首先它们并非支持出租车出行量对于市场收益率有因果关系，而只是强调用出租车出行量作为美联储和金融机构拥有的私信信息度量指标。其次，上述结果也并不表示是不当行为和信息泄露的证据，因为市场择机的能力主要集中在FOMC会议公告期间。他们分析的结果只是表明，当美联储或者银行掌握了与货币政策相关的负面私人信息时，他们之间面对面的会晤沟通会增加。

五、ESG数据

公司文化数据

在新古典经济学的分析框架中，长久以来"文化"（culture）是一个被忽略和避免使用的术语。因为如果采用文化这种方式来解释经济现象，那就会被认为是一种逃避现实的方法，是人们不愿意努力找到真正经济答案的偷懒做法。一方面，这是经济学中萨缪尔森革命的结果。萨氏给经济学带来了严格的数学规范，从而在经济学中对任何无法用数学方程刻画的东西都会产生怀疑。另一方面，"文化"一词本身具有模糊性。按照Steinmetz（1999）的说法，文化有160多种定义。当某个术语过于灵活时，它就没有什么用处了。换句话说，如果它能解释一切，那么它实际上什么也解释不了。

这种现象在过去10多年发生了很大的变化。按照Zingales（2015）的说法，就是在经济学中出现了"文化革命"（cultural revolution）。这场革命是两方面的原因造成的，首先是传统经济学无法解释现实，这就让经济学家只能从其他维度去寻找答案。比如Guiso et al.（2006）就发现，在美国的瑞典裔和意大利裔似乎继承了他们母国人群在经济行为上的差异。另外，经济学家也开始对文化的定义有了一致的看法，并且研发出一套分析分化影响的方法，这就让文化不再是解决传统经济学无法解释的剩余问题。按照Guiso et al.（2006）的说法，经济学中文化的定义是"种族、宗教和社会群体代代相传和基本不变的习俗信仰和价值观"。这个定义所强调的信仰（和先验判断有关）以及价值观（和偏好有关）就让文化精巧地融入新古典经济学中，因为后者往往对于先验信念和偏好的来源采用了不可知的态度。

相比经济学，文化革命进入金融领域要更晚一些。但是金融领域给文化分析提供了更大的视角和机会。因为除了文化的社会维度，金融中还存在着文化的企业维度以及这两种之间的互动关系。公司是一个微型社会，但是根据Guiso et al.（2015b）的说法，微型社会具有更好地塑造文化的能力，而这是大部分国家无法做到的。因此公司文化的设计就比国家文化的设计更为明显。另外，衡量一家公司的业绩要比衡量一个国家的表现更为容易；而且公司的数量远多于其他社会单位的数量，从而更容易控制混杂的效应。与此同时，随着ESG概念在金融投资中的兴起，ESG中的两个支柱——"社会"和"公司治理"都和公司文化有关，这样金融领域的文化革命将会以更大的范围展现开来。

关于公司文化有几种不同的定义，Cremer（1993）认为文化是组织成员之间交流沟通的潜规则，一种与之相关的看法则把文化看作是促进协调的习俗，就好比在道路上右向行驶一样。作为管理学家，O'Reilly/Chatman（1996）则认为文化是"在整个组织中广泛共享和牢固持有的一套规范和价值观，这套共享的价值观（定义了何为重要之意）和规范定义了针对组织成员适当的态度和行为（如何感知和行动）"，在他们看来，文化的作用在于社会控制。就此而言，文化是对更传统控制系统——例如激励机制——的补充。后来经济学者普遍接受了O'Reilly/Chatman的定义，比如Guiso et al.（2008, 2011, 2015a）、Tabellini（2008）等。当然这种基于价值观的文化定义也更容易衡量，从而可以方便进行实证研究。不过学者们对基于价值观的解释也存在着不同的看法。Kreps（1990）就认为公司价值观仅仅是随时间推移发展起来的声誉，这样公司文化不会改变组织内个人的偏好，它只会在一个重复博弈中改变激励方式。但是Hodgson（1996）则认为公司文化会改变个人的偏好，并且会诱导在组织内部内化某些行为规范。最后，Weber et al.（1996）、Guiso et al.（2015a）、Graham et al.（2018）以及Grennan（2019）都认为，和持久而又深固的国家文化价值观不同，公司文化是路径依赖的，并且会通过重大公司事件来形成。

为了分析公司文化对经营活动和经营绩效的可能影响，我们需要厘清文化的重要性。在这方面，O'Reilly（1989）和Kreps（1990）都认为文化对于公司活动是有影响的，因为员工会面临从事前角度来看无法进行适当管制的选择。在Guiso et al.（2015a）看来，公司内部存在着双重的道德风险，首先是高管层面的道德风险，对于某些给公司带来价值的员工来说，公司高管可能会背弃要给他们奖励的承诺；[32]其次是员工层面的道德风险，如果员工给组织付出的努力无法得到有效衡量和奖励，那么他们就会想着出工不出力。在这方面，"信守承诺"的文化就可以减轻上述问题的影响。一方面，如果公司高管守信，那么这就会让守信成为公司的行为规范，由此促进公司员工在社会意义上遵守诚信的规范，从而减弱员工的道德风险问题；另一方面，因为明白背信这种行为会导致公司规范的崩溃，所以公司高管就不大可能用机会主义的方式来对待那些将自己的人力资本投入公司的老员工。通过这样的经济逻辑，我们就可以解释诚信正直的文化可以和优良的公司经营绩效有关。当然通过类似的逻辑，我们还可以说明其他的公司价值观，例如创新、尊重、团队精神等也会影响到公司的经营绩效。

可以用来量化公司文化的数据集是非常多样的，下面我们将介绍Guiso et al.（2015a）、Moniz（2019）、Green et al.（2019）和Li et al.（LMSY，2021）这四篇学术文章中涉及的四种分析公司文化的另类数据，并且讨论基于这些数据集针对公司绩效的含义。除了Green et al.（2019），其他文章本身并没有直接讨论基于这些数据集的投资策略和绩效。但是从这些文章的结论中可以看出，通过有效地度量公司价值观，我们可以区分出具有良性文化的公司和不良文化的公司。这样从多空组合投资策略出发，我们可以做多前者同时做空后者，从而获取相应的价差收益。

1.公司网站外宣的价值用词

对于上市公司来说，其网站上通常有专门介绍公司价值观、文化和工作环境内容的部分。通常公司会用一些词语来描述核心价值观，我们可以把这些词

32　Shleifer/Summers（1988）讨论了这种行为。

语称为价值词（value word）。而每个价值词还会通过其他关键词进一步来阐明和解释，以厘清某个特定词语的含义。这些关键词通常被称为种子词（seed words）。我们可以将针对某个价值词语形成的聚类看作是含义单位（unit of meaning），从而可以把公司用来描述特定价值观的所有关键词进行分组，形成不同的价值观维度。例如当公司用"诚实""伦理""责任心"等词语来描述"诚信"的价值观，那么所有这些词就可以归为一组。

Guiso et al.（2015a）收集了标普500指数成分公司网站上阐述公司价值观的信息，[33] 由此就得到了公司用于外宣的价值用词（advertised values）。通过对这些宣传文档最常见词语应用关联分析，作者就对价值用词进行了分类，从而可以刻画不同维度的价值观。数据处理的具体流程是：

（1）确定所有公司中最常出现的价值用词，在这方面"诚信"出现的次数最多，有52%的公司会用它来刻画公司的价值观；

（2）针对每个公司分析与（1）步得到的价值用词聚类在一起的其他词语，然后计算这些词语在公司之间出现的频率，就"诚信"而言，与其最常关联的词语是"伦理"（ethnics），后者在34%的公司中与"诚信"有关，这样就可以把这两个价值用词归为一类；

（3）确定出现频率第二的价值用词，它是团队协作（teamwork），然后针对这个词重复进行上述第（2）步，由此确认与之最常关联的关键词，也就是合作（collaboration），这样就得到可以刻画第二个价值观维度的价值用词；

（4）针对最常出现的50个价值用词按照出现频率由高到低重复上述流程，然后根据公司网站上出现的词语关联关系把这些词语进行汇总。在这个过程中，如果某个经常出现的词语已经和出现频率更高的词语建立了关联关系，例如"责任"（accountability）这个词是排序第六的常见单词，但是与其最常关联的词是"诚信"，而"诚信"已经和"伦理"相关，那么我们就把"责任"这个新词加入到已经建立的分组中，也就是说涉及"诚信"的价值观现在包括了"诚信"、"伦理"和"责任"三个用词，这样

33　Guiso et al. 收集上市公司网站数据的时间是从2011年6月到10月之间。

就扩大了用来描述相似概念的词语集合。

通过上述方式对所有公司网站最经常出现的50个价值用词进行汇总之后，Guiso et al.（2015a）就得到了标普500指数成分股公司网页上刻画价值观的九组词汇集合，如表1.15所示。在标普500指数公司中，有些公司网站的宣传资料并没有涉及上述任何一个价值观，而在大多数存在上述价值用词的公司中，只有一家公司只涉及一个价值观类别，剩下的公司大部分会涉及五个以上的价值观维度。图1.23描述了公司价值观维度数量的分布。

表1.15　上市公司网页外宣的价值用词分类

价值词 （英文）	种子词 （英文）	价值词 （中文）	种子词 （中文）
Integrity	Ethics+Accountability+Trust+Honesty+Responsibility+Fairness+Do the right thing+Transparency+Ownership	诚信	伦理+责任+信任+诚实+责任+公平+做对的事+透明度+所有权
Teamwork	Collaboration/Cooperation	团队合作	协作/合作
Innovation	Creativity+Excellence+Improvement+Passion+Pride+Leadership+Growth+Performance+Efficiency+Results	创新	创造力+卓越+改进+激情+自豪感+领导力+成长+绩效+效率+结果
Respect	Diversity+Inclusion+Development+Talent+Employees+Dignity+Empowerment	尊重	多样性+包容+发展+人才+员工+尊严+授权
Quality	Customer+Meet needs+Commitment+Make a difference+Dedication+Value+Exceed expectations	质量	客户+满足需求+承诺+与众不同+奉献+价值+超越期望
Safety	Health+Work/Life balance+Flexibility	安全	健康+工作/生活平衡+灵活性
Community	Environment+Caring+Citizenship	共同体	环境+关怀+公民意识
Communication	Openness	沟通	开放
Hard work	Reward+Fun+Energy	努力工作	奖励+乐趣+活力

资料来源：Guiso et al.（2015a）。

图1.23　标普500指数成分公司价值观维度数量的分布

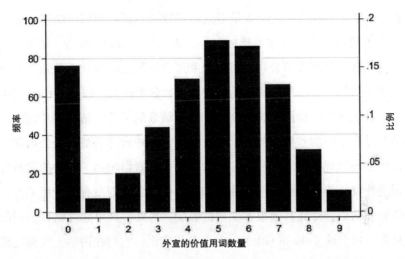

资料来源：Guiso et al.（2015a）。

现在分析公司网站自我宣传的价值用词和公司经营绩效的关系。就此而言，Guiso et al.（2015a）首先给九个维度的价值用词赋予哑变量，也就是说，如果某家公司网站上出现了涉及某个价值观维度的价值用词，那么在这个维度上赋值为1；反之则对此赋值为0。为了度量公司的经营绩效，作者使用了如下四个指标：

（1）托宾Q（Tobin's Q），它等于公司总资产减股东权益加权益市值后占总资产的比率；

（2）销售利润率（return on sale/ROS），它等于公司净利润和销售额之间的比率；

（3）消费者满意度指数（American Consumer Satisfaction Index/ACSI）；[34]

（4）集体诉讼（Class action filed/CAF），它等于1995年以来针对公司发生的集体诉讼次数。[35]

上述指标可以从不同的角度度量公司的"成功"，而这些角度可能会被公司宣

34　这个指标可以参考文献Fornell et al.（1996）。

35　这个数据取自斯坦福证券集体诉讼数据集（Standford Securities Class Action Database）。

传的价值所影响。

表1.16报告了诚信价值哑变量对这些绩效指标进行回归的结果。从中可以看到，除了消费者满意度这个指标以外，无论是公司的利润率、托宾Q还是集体诉讼的频次，数据表明公司外宣价值和经营绩效之间没什么关系。而消费者满意度这个指标对于那些外宣诚信的公司而言显著较高。Guiso et al.（2015a）还报告了其他维度的价值用词哑变量和公司绩效的关系，结果和"诚信"得到的结果并没有定性的差异。就这个结论而言，一种合理的解释是公司在网站上对外宣传的价值观是为了给公司客户看的，由此就影响到了客户的满意度。但是公司的外宣价值与公司的经营绩效和股市估值之间则没有多少相关性，因为经营绩效和估值会受到其他很多变量的影响。另外一种可能性就是公司的外宣价值只是一种空谈（cheap talk）。对于公司来说，它们在网站上宣称遵循诚信原则的成本接近于0，这样不管公司内部实际存在的价值观是什么，大多数公司都会做这样的宣传。

表1.16　外宣的诚信价值和公司绩效

指标	Tobin's Q	ROS	ACSI	CAF
诚信	−0.09（0.13）	0.02（0.01）	3.08[***]（1.01）	0.10（0.10）

注：括号里的数值是标准误差，"***"表示在1%水平上显著。
资料来源：Guiso et al.（2015a）。

2.卓越职场研究所的调查

因为公司网站外宣的价值用词无法传递出真正的价值观所在，所以为了解决这个问题就需要寻找其他的另类数据源，由此Guiso et al.（2015a）就使用了卓越职场研究所（Great Place to Work®/GPTWI）的调查数据。[36]

为了评估公司文化，卓越职场研究所收集了两份调查问卷的数据，第一份是信任指数员工调查（Trust Index© Empoylee Survey/TIES）。这个调查衡量了员工对管理层的信任程度，它涉及58个问题，涵盖了员工对管理层、工作满意度、职场公平性以及同事情谊等方面的态度。第二份是文化评估调查（Cultural

---

36　我们在《另类数据：理论与实践》一书的第七章第四小节中介绍了这个数据集。

Audit© Survey/CAS），它一般由公司代表来填写，涉及公司薪酬和福利计划、公司实操以及其他方面的材料。

Guiso et al.（2015a）获得了2007—2011年间申请卓越职场的公司所作的调查数据，其中也包括那些没有进入到百家最佳职场榜单的公司。通过只保留公司在调查数据集中的首年数据，作者就构造了一个截面数据集，它涵盖了679家公司，其中294家是私人公司，剩下的385家是在纽约证券交易所或者纳斯达克上市的公司，其中有191家公司是标普500指数的成分股公司。表1.17给出了作者基于这两份问卷调查定义的重要变量。

在信任指数调查中，有关公司诚信文化的调查是围绕两个陈述性问题展开的。第一个是"管理层的行动与其言辞相符"，第二个是"管理层在业务实操中是诚实且合乎伦理的"。员工需要根据自己在公司工作的经验对上述两个问题打1~5的分数，其中1分表示相关陈述几乎不是事实，而5分则表示相关陈述几乎是事实。而在文化评估调查中，我们可以得到反映劳资关系和公司吸引力的几个变量：工会员工率表示加入工会的员工比率，工会员工申诉率表示每个工会员工申述的数量，岗位申请率则刻画了岗位申请数占当前员工的比率。在汇总了上述变量的截面数据之后，Guiso et al.（2015a）讨论了管理层诚信这个指标和公司绩效之间的关系，而对表1.12中其他几个刻画公司文化的维度则没有展开讨论。

在有关诚信问题的调查上可能存在着所谓的光环效应，从而会让所有的答案产生偏差。[37]例如在薪酬高的公司中，员工可能会感到更快乐，这个时候员工所有的回答可能就更加正面。为了解决这个问题，Guiso et al.（2015a）就使用

37　按照心理学家Thorndike（1920）的说法，光环效应就是在数据收集过程中从一个判断转向另外一个判断存在遗留（carry-over）时所出现的问题。Guiso et al.（2015）把这种光环效应看作是一个变量误差（error-in-variable）问题，它会影响到问卷调查中的所有回答。现在令x表示赞同诚信这个观点，而z表示赞同调查中的另一个观点。令$x_i = x_i^* + h_i$，其中x_i^*表示真实反应，也就是不会受到问卷调查中其他陈述性问题的影响，同时h_i表示光环效应。与之类似有$z_i = z_i^* + h_i$，同时$cov(x_i^*, h_i) = cov(z_i^*, h_i) = 0$，因此就和标准的变量误差问题一样，真实值和光环效应不相关。Brown/Perry（1994）和Fryxell/Wang（1994）讨论了公司财务领域的光环效应以及处理方法。

表1.17　基于卓越职场问卷调查的指标

指标/变量	定义
A. "信任指数" 员工调查（Trust Index® Empolyee Survey/TIES）	
卓越职场分数 GPTW Score	卓越职场分数是一家公司所有受调查员工在 "这家公司是一个卓越职场吗？" 这一问题上的平均分数。这个指标采用1~5分制
管理层诚信 Managerial Integrity	此变量表示员工对以下描述的反应："管理层的行动与其言辞相符"。员工需要根据自身的经验按照从1（几乎不是事实）到5（几乎是事实）表达定性意见。我们每年对每家公司员工的反应强度求取平均值
管理层伦理 Managerial Ethics	此变量表示员工对以下描述的反应："管理层在业务安排中是诚实且合乎伦理的"。员工需要根据自身的经验按照从1（几乎不是事实）到5（几乎是事实）表达定性意见。我们每年对每家公司员工的反应强度求取平均值
安全场所 Safe Place	此变量表示员工对以下描述的反应："这是一个物理上工作安全的场所"。员工需要根据自身的经验按照从1（几乎不是事实）到5（几乎是事实）表达定性意见。我们每年对每家公司员工的反应强度求取平均值
表现自我 Being Myself	此变量表示员工对以下描述的反应："我可以在这里表达自我"。员工需要根据自身的经验按照从1（几乎不是事实）到5（几乎是事实）表达定性意见。我们每年对每家公司员工的反应强度求取平均值
B. "文化评估调查"（Cultural Audit® Survey/CAS）	
工会员工率 Unionized Workers/Empoloyees	加入工会的员工人数占总员工总数的比例
工会员工申诉率 Union grievances/Unionized workers	每个工会员工的申诉数量
岗位申请率 Job Applicants/Job Filled	求职者数量相对已填补岗位的比例

资料来源：Guiso et al. (2015a)。

针对其他问题的回应作为控制变量，这些回应尽管也存在着光环效应，但是在理论上和诚信问题无关。例如对表1.17中有关"安全场所"和"表现自我"问题的回应。

表1.18报告了员工视角下的诚信价值和公司财务以及管理绩效之间的关系，其中涉及了财务绩效、劳资关系和职场吸引力三个方面的问题。表1.18A报告了以托宾Q（前四列）和销售利润率（后四列）为因变量的最小二乘回归结果。从第1列和第2列的数据来看，员工感知的管理层诚信和托宾Q之间存在着统计上显著的关系。如果使用"安全场所"问题反应作为控制变量，那么管理层诚信水平增加一个标准差将会让托宾Q增加0.23个标准差，而如果使用"表现自我"问题反应作为控制变量，那么托宾Q就可以增加0.47个标准差。[38] 如果将管理层诚信问题替换为管理层伦理问题，那么第3列和第4列得到的结果是相似的，而且和前一个问题一样，当采用"表现自我"而非"安全场所"问题作为控制变量时，管理层伦理问题的反应对托宾Q影响更大。[39] 第5~8列把因变量替换为销售利润率（ROS），我们可以再次看到公司绩效和诚信价值之间的正相关关系，只是在使用"表现自我"作为控制变量时回归系数才具有统计显著性。为了检测结论的稳健性，作者针对托宾Q还使用了其他的控制变量，包括资产收益率（ROA）、研发销售比、标普指数纳入等，结果表明基本的定性结论依然成立。

表1.18B讨论了公司诚信对劳资关系的影响。这里选取的两个因变量分别是工会员工率和工会员工申诉率，前者刻画了公司员工加入工会的比率，而后者则表示每个工会员工的申诉量。如果公司管理层的承诺时常不予兑现，那么员工就可能成立工会来寻求更多的保护。前4列的实证结果支持了这个解释：管理层的诚信水平和公司工会化程度负相关，同时如果使用"安全场所"作为控制变量，那么管理层诚信水平增加一个标准差，工会化程度就会减少0.07个标准

38　根据Guiso et al.（2015）报告的数据，管理层诚信、托宾Q的截面标准差分别是0.25和1.53，由此可以得出0.23=（0.25×1.417）/1.53，0.47=（0.25×2.880）/1.53。

39　如果同时使用"安全场所"和"表现自我"作为控制变量，那么管理层诚信（管理层伦理）的回归系数就变为1.235（1.493），它们都在1%的水平上是显著的。同时因为两个控制变量之间的共线性，所以控制系数就变得不显著了。

差，而如果使用"表现自我"作为控制变量，那么工会化程度就会减少0.24个标准差。[40] 当然只有使用"表现自我"作为控制变量时，回归系数才具有统计显著性。如果使用工会员工申诉率作为因变量，那么后四列的实证结果则表明管理层诚信水平和申诉数量没有显著的相关性，唯一的例外是使用管理层伦理来衡量诚信，同时使用"表现自我"作为控制变量，此时回归系数在5%水平上是显著的。

最后表1.18C部分报告了公司诚信对于职场吸引力的影响，就此也有两个因变量。第一个是大学生职业调查哑变量。如果某家样本公司在2011年进入优兴大学生职业调查（Universum Student Survey）排名前100的理想雇主，则设定哑变量等于1。[41] 当采用这个职场合意性指标时，我们可以看到公司诚信水平和它具有正向关系，当然有一次在只有使用"表现自我"作为控制变量的时候回归系统具有统计显著性。第二个因变量是岗位申请率，以此来衡量公司不能满足的就业需求。这个时候职场吸引力和公司诚信水平之间的关系是模糊的。当使用"安全场所"作为控制变量时，公司诚信和公司伦理的回归系数都是负数，这和我们预设的方向是相反的，当然这个结论的统计显著性并没有明显。但是在使用"表现自我"作为控制变量时，公司诚信和伦理的回归系数就变为正数，而且在统计上是显著的。

表1.18　诚信和公司绩效

回归方程	（1）	（2）	（3）	（4）	（5）	（6）	（7）	（8）
	A.财务绩效							
变量	托宾Q				销售利润率			
管理层诚信	1.417***（0.422）	2.880***（0.503）			0.041（0.030）	0.174***（0.036）		

40　根据Guiso et al.（2015）报告的数据，工会员工率的标准差是0.13。

41　优兴（Universum）是一家国际知名的集调查研究与管理咨询于一身的公司。优兴公司每年定期在欧美国家进行毕业生问卷调研，对结果进行严谨分析后得出最佳雇主排名，并在各国权威网站及其他相关媒体上发布该结果，其公司网站是https://universumglobal.com/。

续表

回归方程	（1）	（2）	（3）	（4）	（5）	（6）	（7）	（8）
管理层伦理			1.479***（0.464）	3.070***（0.536）			0.023（0.033）	0.164***（0.039）
安全场所	0.761（0.557）		0.674（0.587）		0.096**（0.040）		0.111***（0.042）	
表现自我		−2.232***（0.769）		−2.358***（0.786）		−0.176***（0.055）		−0.159***（0.056）

B.劳资关系

变量	工会员工率				工会员工申诉率			
管理层诚信	0.058（0.057）	0.216***（0.076）			−0.011（0.009）	−0.019（0.013）		
管理层伦理			0.057（0.067）	0.248***（0.080）			−0.013（0.011）	−0.029**（0.013）
安全场所	0.186**（0.073）		0.183**（0.080）		−0.039***（0.012）		−0.036***（0.013）	
表现自我		−0.141（0.114）		−0.161（0.114）		−0.018（0.019）		−0.009（0.019）

C.职场吸引力

变量	大学生职业调查				岗位申请率			
管理层诚信	0.058（0.057）	0.216***（0.076）			−374.1*（201.9）	458.9*（267.1）		
管理层伦理			0.057（0.067）	0.248***（0.080）			−321.7（232.9）	703.0**（279.5）
安全场所	0.186**（0.073）		0.183**（0.080）		356.5（255.5）	335.3（278.4）		
表现自我		−0.141（0.114）		−0.161（0.114）			−1272.1***（404.8）	−1515.4***（400.2）

注：括号里的数值是标准误差，"***"、"**"和"*"分别表示在1%、5%和10%水平上显著。

资料来源：Guiso et al.（2015a）。

总结表1.18的结果，我们可以看到，当使用卓越职场研究所的调查数据，用员工感知的公司管理层诚信和伦理水平刻画的文化价值更好时，公司就会产生更好的结果，这体现在更高的市场价值、更高的利润率、更好的劳资关系以及更强的职场吸引力。

3.社交媒体

Guiso et al.（2015a）采用外部调查数据来分析公司文化对公司行为和绩效的影响，但是这种方法存在着缺陷。因为调查需要人工完成，同时调查问卷中提出的问题以及调查所能覆盖的公司数量都是有限的。除了调查数据，我们还可以通过企业发布的公司社会责任（corporate social responsibility/CSR）报告来了解公司内部运行情况，进而评估企业无形资产的市场价值。但是这样的报告存在着和公司网站外宣材料相类似的问题，就是这些报告是企业自愿披露的：它们的出现可能是为了改善公司在社会公众的形象，而非改善公司信息的透明度；另外企业发布这些报告存在着内生性，也就是说企业可能只有在经营绩效不错或者预期不错的情况下才会发布。基于这样的考虑，Moniz（2019）就采用社交媒体Glassdoor上的数据来分析公司文化对企业经营绩效的影响。[42]大多数社交媒体的数据可以帮助从公司外部的利益相关方视角来分析公司行为，Glassdoor的特别之处在于它提供了公司员工表达对公司态度的社媒平台，这样就可以像卓越研究所做的调查那样，从内部的利益相关方视角来了解公司。当然相比于卓越研究所的调查数据只能覆盖有限的公司，Glassdoor的数据可以对一个大样本的公司集合展开分析。

为了将Glassdoor上的公司评论和金融证券数据库相匹配，首先就要解决实体匹配的问题。为此Moniz设计了一种算法，将Glassdoor评论中涉及的公司名称和CRSP数据库中的公司名称匹配起来。这种算法首先从公司网站和维基百科中获取公司的通用名称，然后使用这个名称列表在Glassdoor网站中搜索，由此检索出相关的评论。通过这种算法，Moniz总计得到了2237家美国公司从2008到2015年之间大约41万条评论。

接下来Moniz（2019）介绍了一种不同于Guiso et al.（2015a）的度量公司文

42　我们在《另类数据：理论与创新》一书第七章第一小节中介绍了Glassdoor数据集。

化认知的技术，这就是Blei et al.（2003）提出的基于潜在狄利克雷分布（LDA）的主题建模方法。通过LDA的主题建模方法，Moniz针对Glassdoor的员工评论得到了六个主题聚类，如表1.19所示。现在每个聚类表示为语义相似概念的单词分布，表1.19针对每个聚类按照单词在文本中出现的频率，通过降序方式进行排列，由此帮助读者解释聚类的主题含义。

表1.19　主题模型得到的主题聚类

社会价值		发展价值		经济价值	
单词	概率	单词	概率	单词	概率
朋友	0.18	机会	0.24	工作生活	0.18
团队建设	0.14	职业机会	0.22	条件	0.07
同事	0.12	进步	0.13	福利	0.05
团队	0.09	职业发展	0.07	多样性	0.04
工作环境	0.07	倡议	0.07	职位	0.03
应用价值		组织结构		目标设定	
单词	概率	单词	概率	单词	概率
鼓励	0.28	经理	0.27	规划	0.16
责任	0.10	变化	0.17	目标	0.14
人才	0.07	流程	0.12	激励	0.13
晋升	0.07	高管	0.10	绩效	0.13
奖励	0.05	沟通	0.08	方向	0.01

资料来源：Moniz（2019）。

Moniz（2019）重点讨论了以绩效为导向的公司文化，因此就把分析局限于和最后一个主题"目标设定"相关的词语上，也就是分析员工对"规划"、"目标"和"绩效"等方面的讨论。就此作者就针对每一篇Glassdoor评论定义一个"目标"（GOAL）的指标，后者等于评论中出现"目标设定"主题的单词比例。为了分析员工评论所表达的情绪，Moniz给每篇评论计算了正面相对负面词汇的比率，并把这个比率定义为评论的"语调"（TONE）。为了确定词汇在情感方面的正负性，作者使用了一般问询者（General Inquirer/GI）的系统。[43]这

43　20世纪60年代，哈佛大学的Biz Stone、Evan Williams等人开发了一种计算机辅助定量内容分析的软件，这个软件就是一般问询者系统。相关文献可以参考Stone et al.（1966）。

个系统给每个词条（单词）非常全面的信息，包括词性、褒贬等。很多金融研究都采用了这个系统，例如Tetlock etal.（2008）针对《华尔街日报》专栏的内容分析。考虑到在社媒文本中频繁地使用口语，类似"虽然""但是""不"这样否定词会很常见，这样Moniz就采用了和常见"数词"（term counting）方法略微不同的策略：如果评论文本中在一个情感词周围五个单词出现了否定词，那么就改变这个情感词在GI系统的方向。

除了员工评论，Glassdoor还允许让员工从文化和价值观（Culture & Values/CULT）、工作–生活平衡（Work-Life Balance/WLB）、高层管理（Senior Management/SMGT）、薪酬和福利（Compensations & Benefits/COMP）、职业机会（Career Opportunities/OPPO）以及总体（OVERALL）等六个维度对公司给出从一星到五星的评级。

为了分析前述定义的"目标"具有独特的文化含义，Moniz还选择了两个和公司文化相关的指标进行分析。第一个是描述员工关系的指标。这个指标来源于KLD社会研究和分析数据库（KLD Social Research and Analytics Database）。[44] 就某家公司而言，在特定年份中把员工关系指标中所有确定的优势相加，然后减去所有确定的劣势，由此就得到了员工净优势（net employee strengths），[45]Moniz把这个指标称为KLD。第二个指标和员工满意度有关，

44　KLD是由P. Kinder、S. Lydenberg和A. Domini在1989年成立的咨询机构，其目的是给美国的机构投资者提供全面、准确并且易于使用的公司社会研究。KLD后来改名为MSCI。自从成立以来，KLD一直为金融市场提供研究产品和服务，它拥有世界上最多的公司社会研究人员。2009年KLD被RiskMetrics收购，然后RiskMetrics又在2010年被明晟（MSCI）收购，所以KLD现在就成为明晟的一部分。KLD会在七个主要定性议题领域提供大约80个指标，这些领域包括共同体（commnuity）、公司治理（corporate governance）、多样性（diversity）、员工关系（employee relations）、环境（environment）、人权（human rights）和产品（products）。同时它还提供涉及争议性商业活动的信息，包括酒精（alchohol）、赌博（gambling）、枪支（firearms）、军事（military）、核能（nuclear power）和烟草（tobacco）。有关KLD的介绍可以参考Sharfman（1996）、RiskMetrics Group（2010）和MSCI（2016）。

45　Moniz（2019）的这种做法沿用了Waddock/Graves（1997）、Hillman/Keim（2001）、Statman/ Glushkov（2009）和Verwijmeren/Derwall（2010）等人的分析。

如果某家公司上榜《财富》杂志的"美国百家最佳职场"榜单，那么就设定"最佳职场"（Best Companies/BC）哑变量等于1，否则就等于0。此外，Moniz（2019）还使用CRSP（涉及价格信息）、COMPUSTAT（涉及会计信息）以及I/B/E/S（涉及分析师预测信息）这三个主流的金融数据库得到了用于控制变量的公司基本面指标，包括账面收益率（book-to-market ratio/BM）、公司规模（market equity/ME）、价格动量（price momentum/Pmom）、资产收益率（return on asset/ROA）、销售增长率（sales growth/SG）以及分析师更新（analyst revisions/AREV）。[46] 这些控制变量旨在解决我们前面提到的光环效应，也就是当评论人使用公开可得信息来形成对公司的看法时可能产生的偏差。

　　Moniz（2019）做了两组回归分析Glassdoor评论的投资含义，表1.20报告了这些回归结果。表1.20A的第一组回归以托宾Q为因变量，其目的是为了验证"目标"这个可以刻画公司绩效导向文化的指标是否和托宾Q衡量的公司价值有关。第1列报告了托宾Q相对于"目标"、"语调"和"总体"五星评级的回归结果，其中使用了账面收益率、资产收益率、分析师更新和销售增长率作为控制变量；第2列的回归则使用了除"总体"以外其他五个基础维度的五星评级作为自变量；而最后1列的回归则增加了"员工净优势"和"最佳职场"这两个指标作为控制变量。[47] 第1列的回归系数表明"目标"的回归系数为正，并且在统计上是高度显著的，这意味着绩效导向的公司往往具更强的获利能力。第2列表明各个基础维度的五星评级和公司价值之间并不存在统计关系。而第3列的回归系数则表明"目标"相对于员工关系（用KLD来衡量）和员工满意度（用BC来衡量）指标来说具有增量的信息含义。

　　接下来Moniz（2019）讨论了公司文化指标对于盈余预测的影响，表1.20B报告了回归结果。沿用Bernard/Thomas（1989）的方法，我们可针对每个公司

46　账面收益率是上个日历年末的权益账面价值和市值的比率（这里沿用了Fama-French 1992的经典度量）；公司规模是上个日历年末的公司市值；价格动量是过去12个月内的股票收益率；分析师更新指标等于过去三个月内分析师预测中位数变化加总处于过去一个月公司股价；销售增长率是过去一年的销售增长率。

47　沿用Petersen（2009），作者在这组回归中根据公司对标准误差进行了聚类处理，以校正标准误差中存在的时序相关性。

计算未预期盈余（unexpected earnings/UEs）和标准化未预期盈余（standardized unexpected earnings/SUEs）：

$$UE_t = E_t - E_{t-4},$$

$$SUE_t = \frac{UE_t - \mu UE_t}{\sigma UE_t}$$

其中E_t表示第t季度的盈余，而μUE_t和σUE_t表示公司在前20个季度未预期盈余的均值和标准差，它们可以用来刻画未预期盈余的趋势和波动率。[48] 表1.20B中的回归以SUE为因变量，除了公司规模、账面收益率、分析师更新和价格动量这些控制变量，这组回归还加入了滞后盈余和分析师预测离散度两个控制变量。前者等于上一季度的SUE，而后者则等于盈余公告发布前最近期的分析盈余预测标准差除以盈余波动率。 从表1.20B的第2列回归系数来看，"目标"这个自变量的回归系数为正，并且在统计上是高度显著的，这就表明这个指标包含有除了公司基本面或者"语调"之外预测未预期盈余的信息。第3列的回归控制了员工关系和满意度指标，结果表明"目标"中含有这些指标不能覆盖的信息。第二组回归的结果表明，通过LDA方法得到的公司"目标"指标和公司未来的未预期盈余之间存在着显著的统计关系，这说明公司文化对于财务分析明显是有用的。

表1.20　绩效导向的回归

项目	A. 托宾Q（Tobin's Q）			B. 标准化未预期盈余（SUE）		
	（1）	（2）	（3）	（1）	（2）	（3）
滞后盈余				−0.012 （−0.358）	−0.015 （−0.423）	−0.012 （−0.351）
预测离散度				−2.700 （−3.196）	−2.806 （−3.318）	−2.581 （−2.916）
目标 GOAL	1.624 （2.691）	1.400 （2.023）	1.720 （2.823）		1.770 （2.536）	4.477 （3.571）

48　沿用Tetlock et al.（2008）的分析，这里要求每家公司具有最近10个季度的盈余数据，同时对于盈余数据少于四年的公司设定盈余趋势为0。

续表

项目	A. 托宾Q（Tobin's Q）			B. 标准化未预期盈余（SUE）		
	（1）	（2）	（3）	（1）	（2）	（3）
总体 OVERALL	0.328 （4.472）		0.322 （4.393）	0.067 （0.761）	0.053 （0.505）	0.079 （0.755）
语调 TONE	−0.374 （−0.701）	−0.034 （−0.046）	−0.166 （−0.311）		0.054 （2.071）	1.714 （1.796）
薪酬和福利 COMP		−0.211 （−1.848）				
工作–生活平衡 WLB		0.143 （1.181）				
高管 SMGT		0.261 （1.679）				
文化和价值观 CULT		−0.102 （−1.007）				
职业机会 OPPO		0.300 （1.738）				
规模对数 Log（ME）				0.000 （−1.078）	0.000 （−1.021）	0.000 （−1.552）
账面收益率对数 Log（BM）	−0.762 （−2.634）	−0.744 （−2.488）	−0.699 （−2.690）	−0.006 （−0.096）	−0.018 （−0.294）	−0.053 （−0.857）
资产收益率 ROA	4.348 （3.364）	4.057 （3.282）	4.725 （3.192）			
销售增长率 SG	2.846 （2.941）	2.635 （2.921）	2.736 （2.255）			
分析师更新 AREV				15.130 （4.749）	14.730 （4.622）	18.050 （5.173）
价格动量 Pmom				0.716 （7.411）	0.738 （7.612）	0.774 （8.007）
员工净优势 KLD			−0.073 （−3.727）			0.055 （1.904）
最佳职场 BC			1.130 （2.978）			−0.974 （−1.699）

注释：括号里报告的为t–统计量。

资料来源：Moniz（2019）。

4.电话会议记录

公司文化和公司绩效之间的关系是一个很重要的话题。Graham et al.（2018）对公司高管做了一份调查，讨论影响企业文化最重要的因素，结果超过一半的人选择了公司首席执行官（CEO）作为最为重要的影响因素，其重要性超过了公司所有者、创始人、市场形象、内部政策和流程以及过去经历的艰辛这些选项。为了更好地度量公司文化，Biggerstaff et al.（2015）和Davidson et al.（2015）使用CEO的行为特征数据来刻画公司文化，而Guiso et al.（2015a）以及Graham et al.（2018, 2019）则使用调查和访谈数据来研究公司文化。但是上述这些数据源都存在着样本公司有限的问题，Zingales（2015）和Graham et al.（2018）都谈到了这个问题。

前面Moniz（2019）使用的社媒数据可以覆盖更多的公司。由加拿大英属哥伦比亚大学金融系李凯教授牵头的一篇文章Li/Mai/Shen/Yan（LMSY, 2021）则提出了另外一种数据源，这就是公司和分析师沟通时的财务电话会议记录数据。

Guiso et al.（2015a）以及Graham et al.（2021）都指出，公司文化的最重要因素是高管的诚信。当公司领导人尊重公司的价值观，并且做到以身作则，那么整个公司就会构建特定的价值观。基于这个想法，LMSY（2021）指出，如果公司高管能够言行一致，那么作为一种常用的外部沟通渠道，公司的电话会议记录就能够反映出公司的主流价值观。

在公司网站或者类似企业社会责任报告所发布的正式公告中，一套对外声明的价值观很可能只是用于对外宣传，从而出现"空谈"（cheap talk）的问题，我们在前面应用公司外宣的文本数据中已经看到这个问题。公司财务电话会议的主要目的不是让高管来讲述价值观，而是报告公司的业务经营和绩效情况。因此使用会议记录的文本数据就成为分析公司价值观较为"干净"的数据源。当然在电话会议中，公司高管也可能会粉饰自己的企业文化。不过Frankel et al（1999）、Matsumoto et al.（2011）和Lee（2016）都指出，公司电话会议除了包含财务信息，还会涉及和价值观有关的信息，这在很大程度上是电话会议的互动特性造成的。在公司电话会议记录中，涉及管理层陈述和展示的部分往往会事先得到公司法务部和投资者关系部的审查，所以这部分的文字存在着高管粉饰的可能。但是在即席问答（Q&A）的部分，因为公司高管几乎没有机会选择讨论的主题，而是需要即兴回答分析师和投资经理提出的问题，所以这个部分的数据就能够避免外宣价值观中存在的问题。这样电话会议记录中即席问答的文本就可以成为更"干净"的数据源。

　　为了更好地分析电话会议记录这种文本，LMSY应用了半监督学习（semi-supervised learning）这种机器学习方法。具体来说，首先是沿用Guiso et al.（2015a）的分析，将标普500指数成分公司在网站上最经常提到的五个价值观设定为价值词（value words），包括创新、诚信、质量、尊重和团队合作，它们表达了公司的核心价值。接着通过词嵌入（word embedding）模型，具体来说就是Mikolov et al.（2013）介绍的词向量（word2vec）方法，训练一个神经网络模型来学习电话会议记录中所有词语和短语含义，这样就构造出一个"公司文化词典"，其中收录了与上述各种文化价值观密切相关的词汇和短语。例如，这种方法会自动将"联盟""生态系统""双赢"以及"肩并肩"这样的单词、短语甚至是习语识别为和"团队合作"这种公司价值观密切相关的术语。这样某家公司在团队合作上的分数就可以用电话会议记录中这些术语的频率加权和来衡量。为了更好地解决"空谈"问题，LMSY对在会议记录中更常出现的术语施以更低的权重，同时参照Larcker/Zakolyukina（2012）的方法，预先删掉那些充满情感描述的段落。

　　词向量模型是一种量化文本的方法。Loughran/McDonald（2016）就指出，当前大多数金融和财会领域的文本分析是在文档层级上进行的，其中会把单词看作是独立于前后顺序并且与上下文无关的符号。这种"词袋"（bag-of-words）的想法是很多情绪（或者语调）分析背后的假设，正如我们前面看到的诸多文本分析的案例。[49] 而词嵌入模型则通过神经网络深入解析单词的上下文，这样单词和词语就可以用向量而不是独立的符号来表示。这一方面可以对文本中的语义进行量化，而不仅仅是量化语法。另外，LMSY使用的算法还是一种介于有监督学习（supervised learning）和无监督学习（unsupervised learning）之间的算法。有监督学习需要通过人工方式对大量观测值打上标记，而无监督

---

[49] 当前在金融和财务文本中应用词袋方法具体应用包括Loughran/McDonald（2011）和Henry/Leone（2016）基于手工搭建的词汇表，Routledge et al.（2018）使用的文本分类方法，以及Huang et al.（2018）和Lowry et al.（2020）使用的主题建模方法。

学习则不需要使用任何的人工输入。[50] 与之相比，LMSY的方法并不依赖于对文档进行人工标记，但还是可以通过价值词和其种子词给算法提供有限但是关键的指导，从而可以让算法从电话会议记录中收集和公司文化有关的信息。

表1.21给出了和五种公司价值观最相关的词，其中的A组通过词向量之间相似度（用余弦公式得到）得到了五种价值观最具代表性的十个单词和短语；而B组则以词频－逆文频（TF–IDF）的方式计算得出在每种价值观中最为常见的是十个词。[51]

在生成文化词典之后，LMSY就给标普500指数成分股计算了从2001年到2018年在创新、诚信、质量、尊重和团队合作五个与公司价值观有关的得分。表1.22给出了从2013年到2018年得分最高和最低的五家公司。

在Graham et al.（2018）做的访谈中，公司高管把文化刻画为"信念系统"、"协调机制"和"看不见的手"。他们会认为公司文化会影响到企业运营的各个层面。这样LMSY就探讨通过上述方法刻画的公司文化在企业的运营效率、风险承担、盈余管理、高管薪酬设计等方面的作用。从先验的角度来看，很难说表1.21中描述的五种价值观更有利于企业的绩效。因为这五种价值观之间存在着较强的相关性。[52] 这样LMSY就使用了一个总体指标来确认具有良性文化的公司，具体而言，就是如果一家公司的五种文化价值的总和在所有公司排序中位列前四分之一，那么这个总体指标就取值为1，否则就取值为0。表1.22报告了良性文化对于公司绩效的影响。

在表1.23中的回归分别以A~E组衡量公司表现的指标为因变量，然后以滞后1年、3年和5年的良性文化总体指标为自变量。A组的两个自变量，即资产周转率和存货周转率衡量公司的运营效率；B组的股票收益波动率（用月收益标准

50　使用有监督学习的文章包括Routledge et al.（2018）对并购的预测以及Erel et al.（2021）讨论的董事长选举问题；而使用无监督学习的文章包括Huang et al.（2018）和Li et al.（LMSY，2021）。

51　词频（term frequencey）表示一个单词/短语在文档中出现的频率；而逆文频（inverse–document frequency）则表示某个词在不同文档中出现的频率倒数。

52　本书没有给出各种价值观度量指标之间的相关系数，对于感兴趣的读者可以参考LMSY（2021）的表3。

表1.21　最具代表性和最常见的词

A. 最具代表性的十个词

创新Innovation	诚信Integrity	质量Quality	尊重Respect	团队合作Teamwork	
Creativity创造力	Accountability责任	Dedicated献身于	Talented有才能的	Collaborate协作（动词）	9.22
Innovative创新的	Ethic伦理	Quality质量	Talent才能	Cooperation合作（名词）	17.31
Innovation创新（名词）	Integrity诚信	Dedication奉献（名词）	Empower赋能	Collaboration协作（名词）	23.30
Innovation创新（动词）	Responsibility责任	Customer_service客户服务	Team_member团队成员	Collaborative协作的	28.02
Creative创造性的	Transparency透明度	Customer客户	Employee员工	Cooperative合作的	32.11
Excellence卓越	Accountable负有责任的	Dedicate奉献（动词）	Team团队	Partnership伙伴关系	35.54
Passion激情	Goverance治理	Service_level服务水平	Leadership领导力	Cooperate合作（动词）	38.84
World-class世界级	Ethical道德的	Mission使命	Leadership_team领导团队	Collaboratively协作得	41.96
Technology技术	Transparent透明的	Service_delivery客户交付	Culture文化	Partner伙伴	44.36
Opertioanl_excellence运营卓越	Trust信任	Cusomer_satisfaction客户满意度	Teammate团队成员	Co-operation合作关系	46.68

B. 最常见的十个词

创新Innovation		诚信Integrity		质量Quality		尊重Respect		团队合作Teamwork	
Brand品牌	4.24	Control控制	5.81	Customer客户	9.22	People人	5.91	Partner伙伴	9.22
Technology技术	7.32	Management管理	10.74	Product产品	17.31	Team团队	11.00	Relationship关系	17.31
Focus关注	10.34	Careful仔细的	16.90	Client顾客	23.30	Company公司	16.00	Discussion讨论	23.30
Great伟大	13.08	Honestly诚实地	19.58	Service服务	28.02	Hire雇佣	19.78	Together团结	28.02
Platform平台	15.61	Regular有规律的	22.01	Build构建	32.11	Folk人们	23.39	Integrate整合（动词）	32.11
Ability能力	18.02	Honest诚信	24.10	Deliver交付	35.54	Organization组织	26.78	Innovate创新	35.54
Best最佳的	20.39	Safety安全	26.11	Network网络	38.84	Resource资源	29.89	Conservation保护	38.84
Design设计	22.58	Assure保证	27.98	Support支持	41.96	Employee员工	32.86	Integration整合（名词）	41.96
Create创造	24.76	Compliance合规	29.86	Quality质量	44.36	Management team管理团队	34.77	Partnership伙伴关系	44.36
Solution解决方案	26.92	Trust信任	31.68	Sales_force销售人员	46.68	Train训练	36.65	Engage交往	46.68

注释：在B组中，每个词后面给出了通过TF-IDF计算得到的累计权重。
资料来源：LMSY（2021）。

差来衡量）体现公司风险承担的行为。A组和B组的回归系数表明具有良性文化的公司往往具有更好的运营效率以及更强的风险承担能力。C组的因变量是操控性应计利润，它可以反映公司的盈余管理行为。[53] C组的回归系数表明良性文化的公司和盈余管理行为之间存在着负向关系，这意味着公司更加关注长期目标。D组的自变量反映了公司高管的薪酬设计，其中Delta表示CEO持有的公司股票和股票期权组合价值在公司股价变动1%时的变化值，Vega表示CEO持有的公司股票和股票期权组合价值相对于股票收益率标准差变动1%的变化值，[54] 而CEO薪酬久期则是由CEO年薪的四个部分的加权平均久期得到的，这四个部分包括工资、奖金、限制性股票和股票期权。[55] D组回归系数都显著为正，这意味着当董事会遵循公司的价值观，那么高管薪酬的设计就将和价值观保持一致，而且将有助于高管承担风险和富有远见的行为。前面几组的回归表明公司良性文化有助于公司的经营，那么良性文化也应该导致更高的企业价值。就此而言，E组以托宾Q为因变量，结果表明良性文化与公司市场价值之间具有显著的正向关系，甚至是使用5年滞后的良性文化指标为自变量，这个正向关系也还是显著的。

53　这个指标的计算是通过Jones（1992）模型得到的。具体而言，就是进行如下的行业截面回归：

$$\frac{\text{Accrual}}{\text{TA}} = \alpha + \beta \frac{1}{\text{TA}} + \gamma \frac{\triangle \text{Sales}}{\text{TA}} + \theta \frac{\text{PPE}}{\text{TA}} + \varepsilon$$

其中"Accrual"表示净收入减去净经营现金流，"TA"表示总资产，"△Sales"表示销售额的年度变化，PPE表示不动产、厂房和设备。操控性应计利润就等于上述回归中得到的残差。

54　这里的Delta和Vega指标是由Coles et al.（2006）提出的。

55　这里的CEO薪酬久期是由Gopalan et al.（2014）提出的。

表1.22　高分公司和低分公司：2013—2018

创新	诚信	质量	尊重	团队合作
		高分公司		
Netflix Inc 网飞	Blackrock Inc 黑石	Blackrock Inc 黑石	Salesforce.com Inc 赛富时	Cigna Corp 信诺
Fossil Group Inc 化石集团	Wynn Resorts Ltd 永利度假村	Target Corp 塔吉特百货	Tupperware Brands Corp 特百惠	Twitter Inc 推特
Nike Inc 耐克	Ambac Financial Group Inc Ambac金融集团	Paychex Inc 沛齐	Gartner Inc 高德纳咨询	Facebook Inc 脸书
Lauder（Estee）Cos Inc 雅诗兰黛	Big Lots Inc 必乐透	Ulta Beauty Inc 犹他彩妆	Raymond James Financial 瑞杰金融	Blackrock Inc 黑石
Procter & Gamble Co 宝洁	Intercontinental Exchange 洲际交易所	Donnelley（R R）& Sons Co 当纳利	Primerica Inc 普瑞玛瑞卡	Salesforce.com Inc 赛富时
		低分公司		
Archer–Daniels–Midland Co ADM	National Fuel Gas Co 国家燃气	AMETEK Inc 阿美特克	Ross Stores Inc 罗斯百货	Emerson Electric Co 艾默生电气
Genuine Parts Co 纯正零件	Idexx Labs Inc 爱德士	CBS Corp CBS	Micron Technology Inc 美光科技	Mettler–Toledo Intl Inc 梅特勒－托利多
FleetCor Technologies Inc FleetCor科技	Cooper Cos Inc 库珀医疗	EW Scripps EW斯克里普斯	Texas Instruments Inc 德州仪器	AMETEK Inc 阿美特克
Univision Communications Univision通信	SBA Communications Corp SBA通信	Emerson Electric Co 艾默生电气	Avis Budget Group Inc 安飞士·巴吉集团	Texas Instruments Inc 得州仪器
LKQ Corp LKQ	IDACORP Inc 爱达	Tribune Media Co 论坛媒体	Maxim Integrated Products 美信集成产品	Cooper Cos Inc 库珀医疗

资料来源：LMSY（2021）.

表1.23 文化对公司绩效的影响

| 项目 | A. 运营效率 | | B. 风险承担 | C. 盈余管理 | | D. 高管薪酬 | | E.公司价值 |
	资产周转率 Asset Turnover (1)	存货周转率 Inventory Turnover (2)	股票收益波动率 Stock return volatility (3)	操控性应计利润 Discretionary Accurals (4)	对数Delta Ln (Delta) (5)	对数Vega Ln (Vega) (6)	CEO薪酬久期 CEO Pay Duration (7)	托宾Q Tobin's Q (8)
良性文化 (T-1)	0.052*** (0.014)	6.741*** (1.582)	0.005*** (0.001)	−0.917** (0.404)	0.080** (0.040)	0.202*** (0.045)	1.037*** (0.349)	0.043*** (0.009)
良性文化 (T-3)	0.055*** (0.015)	6.316*** (1.708)	0.004*** (0.001)	−1.150** (0.044)	0.133*** (0.044)	0.219*** (0.051)	0.945** (0.378)	0.048*** (0.009)
良性文化 (T-5)	0.060*** (0.017)	5.479*** (1.895)	0.005*** (0.001)	−1.696** (0.663)	0.150*** (0.047)	0.209*** (0.059)	0.777* (0.423)	0.053*** (0.010)

注释: 括号里给出的是异方差一致的标准误差, "***"、"**" 和 "*" 分别表示在1%、5%和10%水平上显著。

资料来源: LMSY（2021）。

Graham et al.（2018）的调查中，公司高管认为当经济和经营环境变差时，公司文化和公司绩效之间的联系就更为明显。因为良性文化会促使高管和员工能够基于长远的利益共同努力，并且形成一致的决策。在这方面，从2020年初开始遍布全球的新冠疫情（COVID-19）就成为一个重要的分析场景。李凯教授牵头的另外一篇文章Li/Liu/Mai/Zhang（LLMZ, 2021）则分析了这个问题。表1.24报告了以回报率为因变量同时以良性文化为自变量的面板回归结果，其中良性文化指标采用了LMSY（2021）的定义。回归的样本时段是新冠疫情爆发初期前后的时段，也就是从2020年1月2日到3月20日之间，同时股票收益率则是根据在这个时段上通过简单持有（buy-and-hold）的方式得出的收益率。

第一列回归是只包含这两个变量之间的回归，第二列回归加上了Fama/French（1993）的三因子模型以及Carhart（1997）的动量因子形成的四个因子载荷作为控制变量。这两列回归系数表明良性文化可以在危机期间产生很好的收益率。当然第一列和第二列回归中可能存在的一个问题就是导致拥有良性文化的公司在新冠疫情期间取得良好的股市业绩可能是和公司文化有关的变量，而不是公司文化本身。为了处理这个问题，LLMZ就引入了新冠危机之前公司的经营绩效以及会影响股票收益的重要公司特征，包括公司规模、杠杆率（资产负债比）、现金持有率（现金和可交易证券占总资产比率）、账面收益率、动量因子等。第三列报告了加入这些控制变量但是不包含四因子载荷的回归，而第四列则把四因子载荷也做控制变量纳入进来。加入这些控制变量后可以看出，具有良性文化的公司股市收益会减少一些，但是在经济和统计意义上看依然很重要。在控制变量最多的第4列中，具有良性文化的公司在2020年第一季度的收益率是3.93%。

表1.24　良性文化和新冠疫情时期的股票收益率

项目	疫情时段回报率			
	1	2	3	4
良性文化	4.872*** （1.081）	4.996*** （1.063）	3.862*** （1.064）	3.928*** （1.070）
规模对数 Ln（ME）			1.216*** （0.241）	0.814*** （0.256）

续表

项目	疫情时段回报率			
	1	2	3	4
杠杆率			−13.098*** (2.057)	−11.077*** (2.069)
现金持有率			7.659*** (3.035)	8.161*** (3.001)
资产收益率			8.528*** (3.204)	6.344*** (3.104)
账面收益率			−2.709*** (0.971)	−1.514 (0.981)
动量			0.003 (0.011)	0.001 (0.012)
常数	−42.272*** (0.458)	−34.012*** (1.041)	−46.361*** (2.374)	−37.563*** (2.671)
四因子载荷	没有	有	没有	有

注释：括号里给出的是异方差一致的标准误差，"***"、"**"和"*"分别表示在1%、5%和10%水平上显著。

资料来源：LLMZ（2021）。

消费者保护数据

在这一小节中，我们介绍一个基于消费者保护的另类数据案例。消费者保护涉及公司的社会责任，因此这类数据可以归于ESG数据。

在2008年金融危机之后美国成立了消费者金融保护局（US Consumer Financial Protection Bureau/CFPB），旨在强化对提供信用卡和抵押贷款业务的金融机构监管。CFPB创建了一个每天更新的消费者投诉数据库，后者给消费者就零售金融业务的投诉提供了平台。这个数据库的数据可以免费提供，但是要应用到股票量化投资的场景还需要进行预处理。

和很多政府数据源一样，这个数据集的格式随着时间的推移发生了变化，而且其中的数据也没有和股票代码联结。就此ExtractAlpha使用了一种自创的模糊名称匹配算法，其中考虑了公司名称拼写错误、诸如"Inc."和"Corp."这样的缩写、公司名称的变化以及公司名称中单词唯一性等问题，由此就将CFPB数据集中的公司名称匹配到一个主公司名称数据集上，而后者可以和类似

CUSIP这样的通用证券代码相联结。

这个数据库中包含100家左右的金融上市公司，而每年得到的投诉案件大约有4.8万宗。这个数据集是从2011年开始的，其中包括投诉的日期、投诉涉及的特定产品、投诉内容、公司是否及时回应以及回应是否存在争议等问题。

基于这个数据集我们可以提出这样的想法：投诉较多的公司会面临更大的商业风险，因为它们可能被客户所抛弃，也可能会面临严厉的监管行动。如果这些风险消息被投资者所了解，那么这些公司的股价就会波动剧烈。

一个简单的分析就是在特定时段内把公司股价表现和投诉的次数联系起来。然而，规模越大的金融机构往往也会面临更多的投诉，因此我们可以用金融机构的市值规模来调整投诉数量，然后改变排序，从而让得分高的股票是经过市值调整后投诉数量较少的公司。

现在使用基于投诉数量的得分对股票进行排序，并且使用五分位数来构造投资组合。表1.25给出了五分位股票池中相对常见风险因子的平均敞口，其中一分位表示投诉最少的公司股票，而五分位则表示投诉最多的公司股票。从中可以看出，抱怨最多的公司股价波动更剧烈，杆杆率更高，同时红利收益率也更低。

表1.25 五分位股票池的常见风险因子平均敞口

项目	红利收益率	波动率	动量	规模	价值	成长	杠杆
一分位	−0.09	−0.55	—	0.53	0.19	−0.05	0.11
二分位	−0.05	−0.40	0.02	0.67	0.38	−0.10	0.18
三分位	0.04	−0.33	−0.13	0.75	0.48	−0.17	0.43
四分位	−0.10	−0.27	−0.03	1.77	0.59	−0.03	0.24
五分位	−0.27	−0.15	0.03	0.64	0.28	0.04	0.47

资料来源：Jha（2019a）。

接下来我们就需要讨论投诉是否解释了除了标准风险因子以外的风险。就此而言，我们可以采用两种方式来理解股票风险，一种是使用股票收益率的标准差也就是波动率来表示风险，另外一种方式就是日股票收益率在截面上相对于行业和常见的风险因子进行回归，然后把回归后得到的残差看作是剩余收益（residualized return），或者是通常所说的股票的特异收益（idiosyncratic return）。剩余收益波动率可以帮我们理解投诉数据中是否包含了常见风险因子以外的风险。图1.24描绘了根据投诉数量划分的五分位股票池的波动率和剩余收益波动率。它表明即使在控制常见的风险因素之后，经过市值调整的抱怨数量较少的股票也会表现出较低的剩余收益波动率，而且这种效应表现的比波动率上的效应更具有一致性。

图1.24　基于投诉的五分位股票池的波动率和剩余收益波动率

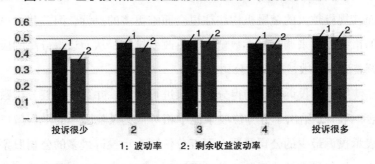

资料来源：Jha（2019a）。

企业创新数据

我们知道一家公司的无形资产价值是很难度量的，对于一家在创新主导的行业中的公司，这就是一个很大的问题，此时查看公司财报就无法充分了解公司的创新价值。传统上我们会用一家公司申请的专利数量来衡量公司的创新活动，但是有的时候公司的确申请了很多的专利，但是其他并没有什么价值。ExtractAlpha的Jha（2019b）就通过ESG事件库（ESG Events Library）中的数据讨论了另外一种衡量企业创新活动的方法，并且分析了它在股市投资上的含义。ExtractAlpha的ESG事件库整合了多家包括监管机构在内的政府组织所搜集的公司数据，这些政府组织包括美国的消费者金融保护局（CFPB）、环境保护署（EPA）、职业健康与安全管理局（OSHA）、消费品安全委员会（CPSC）、参议院、联邦选举委员会（FEC）、劳工部（DOL）、财政服务局（BFS）、专利商标局（USPTO）等。

在这些政府机构的数据中，不同的信息源会使用不同的名称来标注同一个公司实体，因此ExtractAlpha就把所有的实体都映射到一个共用参考数据表中，而这个表单更进一步再映射到资本市场中交易的证券上。Jha（2019b）分析了ESG事件库中一个子集的数据，由此来表征企业的创新活动。这个数据集包含了下列来自美国劳工部的数据：

（1）公司上一年度申请H1B签证的员工总数；[56]

（2）公司上一年申请的H1B永久签证数量。

同时还包含了以下来自专利商标局的信息：

（1）上一年公司专利申请数量；

（2）上一年度授予公司的专利数量。

上述数据不仅包含了公司申请和得到批准的专利，而且也包含了需要H1B签证从而极大可能从事高科技研发的员工数量。

上述四个指标的数量（水平值）和年度变化率（相对值）可以形成八个指标。Jha（2019b）给特定行业中所有公司的这些指标进行汇总，再经过市值处理，由此形成行业指标。基于这八个指标相对所有行业进行排序，然后构建一个多头的行业组合。创业行业评分更高的行业将得到更高的行业组合权重，同时创新得分最低行业的权重为零，所有不同行业的权重加总为1。表1.26给出了样本内（2003—2015）、样本外（2016—2018）和全样本时段上基于上述8个指标构建的多头行业组合带来的投资业绩。从样本内的结果来看，大部分超额收益是正的，唯一的例外是永久签证申请的年度变化率。而从样本外的结果来看，创新行业的业绩表现就更为出色。作者的分析还表明，从2013年之后创新行业表现出色，但是在2009年之前，创新程度高的产业和创新程度低的产业在投资业绩上差异并不是很大。

56　H1B签证是美国签发给在该国从事专业技术类工作的人士的签证，属于非移民签证，是美国最主要的工作签证类别。这种签证必须由雇主出面为申请人申请，且申请人的雇用申请书需要美国劳工部下属的公民及移民服务局的批准。

表1.26　基于创新指标的行业多头组合投资绩效

项目		样本内（2003—2015）		样本外（2016—2018）		全样本（2003—2018）	
因子		ER	IR	ER	IR	ER	IR
数量	H1B签证	0.45%	0.17	1.86%	0.66	0.71%	0.27
	永久签证	0.39%	0.14	2.12%	0.76	0.72%	0.26
	专利申请	0.46%	0.28	1.32%	0.68	0.62%	0.36
	专利许可	0.53%	0.30	1.17%	0.60	0.65%	0.37
年度变化率	H1B签证	0.29%	0.20	0.89%	0.41	0.40%	0.25
	永久签证	−0.78%	−0.47	0.25%	0.15	−0.58%	−0.35
	专利申请	−0.02%	−0.02	1.49%	1.02	0.26%	0.19
	专利许可	0.61%	0.50	1.21%	1.22	0.73%	0.61
综合创新指标		0.47%	0.21	2.00%	0.87	0.75%	0.34

注：ER表示超额收益（excess return），IR表示信息比率（information ratio）。
资料来源：Jha（2019b）。

需要指出的是，我们这里使用创新相关的指标是帮助选择股市绩效好的行业。在一个产业内部，上述这些指标并不能够很好地区分绩效良好和绩效差劲的股票。但是把这些指标从公司层面加总到行业层面，并且应用行业倾斜规则，看起来可以把和创新有关的数据有效地融入投资组合中。

众包数据

长期以来作为买方的投资经理都会将卖方分析师的建议作为投资流程的考虑因素。虽说这些买卖的建议并不具备很强的预测性，但是卖方分析师建议中的升级和降级建议还是被证明具有预测效力。当然来自卖方分析师的数据存在着一些缺陷。因为市场上卖方分析师众多，所以使用这类已经商品化的数据集来打败市场的竞争对手就不是很容易。同时卖方分析师的建议还存在着一些偏误，比如说投行研究部门和公司业务部门之间可能存在的利益冲突。

和卖方分析师的股票投资建议相比，众包的股票预测就不会存在上述利益冲突，而且研究也表明来自大众的预测往往要比专家们的预测更为精准。从历史上看，大多数的众包预测源自于线上的留言板和社交媒体平台，而这些预测是由相对不知情的预测者做出的。与这些众包平台不同，ClosingBell是一个基于应用程序的互助股票交易平台，它允许用户连接券商的线上经纪账户，并且相互之间分享各自的交易和投资组合记录。这个平台上的用户作为散户，还可以在社区上分享各自的交易思想或者是股票评级。为了鼓励用户在社区发表评级，在应用程序中设计了一个排行榜，每个用户发布评级后可以据此获得报酬。因为用户是用真实交易来支撑这些评级的，所以这些评级相比卖方分析师的投资建议以及普通社交媒体上的投资想法，就更具有实际意义。来自ClosingBell的众包股票评级数据集包括社区成员从2014年以来发布的所有买入和卖出评级。

ExtractAlpha的Weinar/Jha（2018）分析了ClosingBell股票评级数据的投资含义，研究的对象是2014年4月到2018年的美国股市，涉及ClosingBelld 4.8万个评级。这个数据集中的股票评级分为5类，包括强烈出售、出售、持有、买入和强烈买入。和卖方分析师建议一样，正面评级（买入）要比负面评价更多。对同一个用户当前给出的评级而言，评级行动有四种：发起（initation）、重复（reiteration）、升级（upgrade）和降级（downgrade）。这里大多数的评级是发起。表1.27给出了样本中的评级和评级行动的分布情况。需要指出的是，这个数据集还有一个标注，以此说明当用户在连接到经纪账户的情况下是否在所评级股票上持有仓位，大约6%的评级记录中存在这样的标注。自从2015年期初开始，这个数据集每个月覆盖超过400只的股票，同时每个月大约有100~200个用户参与评级。在Weinar/Jha（2018）的分析中，和ExtractAlpha的很多用例一样，为了满足流动性要求，股票范围被限定在市值超过1亿美元、日平均交易量超过100万美元并且名义股价高于4美元的股票上。

表1.27 众包样本中股票评级和评级行动的分布

评级			评级行动		
类别	次数	占比（%）	类别	次数	占比（%）
强烈买入（5）	18,532	39	发起	30,687	65
买入（4）	12,402	26	重复	8,314	17
持有（3）	5,849	12	升级	4,495	9
出售（2）	6,859	14	降级	4,078	9
强烈出售（1）	3,932	8			
加总	47,574	100	加总	47,574	100

资料来源：Weiner/Jha（2018）。

Weinar/Jha（2018）首先分析了有评级股票的风险敞口。对于各个风险因子，首先进行了标准化处理，也就是让它们的均值为0，标准差为1。图1.25给出了不同评级股票的风险敞口。就规模因子而言，强烈买入和强烈出售往往集中在规模更小的股票上。同时强烈买入和强烈出售的股票要比其他股票波动更为剧烈。和负面评级的股票相比，正面评级的股票具有略微更多的一些成长性，以及更少一些的价值性和收益性，但是它们中间的差异并不是很大。有趣的是，在动量因子上存在轻微的非线性特性，也就是说买入评级的股票要比强烈买入的股票具有更强的动量效应，这可能反映了评级提供者的一些"逆向投资"（contrarian investment）的行为。

图1.25　不同评级股票的风险敞口

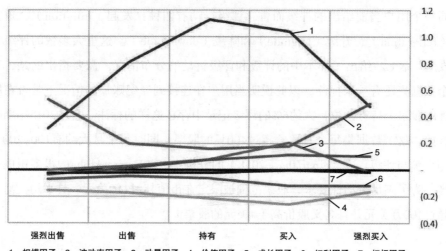

1：规模因子　2：波动率因子　3：动量因子　4：价值因子　5：成长因子　6：红利因子　7：杠杆因子

资料来源：Weiner/Jha（2018）。

现在讨论众包评级数据的投资组合分析。考虑如下的交易信号：在每个交易日下午3点，确定前90天内用户发布的强烈买入（5）和强烈出售（1）的评级。然后根据评级发布日到当前日期的天数确定权重，当天发布的评级权重为1，然后90天发布的评级为0，中间发布的评级用线性插入方法确定权重。然后给予强烈买入信号为+1，而强烈出售信号为-1。接下来针对每只股票把评级和时间权重的乘积进行加总，再用前一年中在该只股票上得到的全部评级次数进行缩减。[57]

接下来对所有满足流动性要求的股票基于上述信号进行排序，然后做多这个信号最大十分位的股票组合，同时做空在最低十分位的股票组合。每个股票组合采用等权重的方式，同时每日按照收盘价进行再平衡。Weiner/Jha（2017）同时考虑了不考虑交易成本下的总收益和考虑交易成本下的净收益情况，对于后者而言，大盘股的交易成本是2个基点；中盘股是5个基点；而小盘股是10个基点。表1.28报告了这个交易信号的投资绩效。

表1.28　众包股票评级的投资绩效

项目		年化总收益（%）	年度总夏普比率	年化净收益（%）	年度净夏普比率	日换手率（%）
总体		12.4	1.05	7.0	0.59	7.1
年份	2015	25.3	1.86	19.3	1.42	7.9
	2016	19.4	1.88	15.2	1.47	5.3
	2017	10.2	1.01	4.8	0.47	6.8
规模	大盘股	−2.3	−0.21	−3.8	−0.35	7.3
	中盘股	5.9	0.55	1.8	0.17	8.0
	小盘股	20.5	1.34	13.0	0.85	7.5
价值	成长股	16.4	1.36	11.5	0.95	7.0
	价值股	1.9	0.18	−3.7	−0.35	7.5
行业	可选消费	4.9	0.34	0.5	0.03	5.9
	能源	18.2	0.97	13.5	0.72	6.1
	金融	−1.6	−0.12	−6.0	−0.46	6.0
	医卫	21.1	1.15	15.2	0.83	7.0
	科技	7.7	0.52	3.0	0.20	6.2

资料来源：Weiner/Jha（2017）。

从表1.28中可以看出，和很多基于情绪的信号相似，大部分的收益集中在中小盘股。而在行业方面，这个信号对于医疗卫生行业的股票特别显著。总体

57　注意这里并没有用前90天发布的全部评级次数进行缩减，因为后一个数值可能波动过于剧烈。

来说，在考虑交易成本之后，基于众包评级数据的交易信号是稳健存在的，而且不能够用常见的风险因子所解释。

就业数据

在这个小节中我们将讨论Eagle Alpha（2018）给出的有关就业数据用例。[58] 第一个用例使用的是一个招聘岗位（job listing）的数据集，这个数据集整合了来自超过3万个公司网站的招聘信息，每天招聘的工作岗位超过了400万份，并且消除了其中重复和过期的招聘信息以及有害的工作信息。

通过这个数据集可以得出两个变量，一个是新创的工作（job created），它表示公司创立的工作机会；第二个是现有的工作（job active），它表示当前依然开放有效的工作岗位。接着对这两个变量进行标准化处理，并且使用不同的变化方式进行转换，最后使用年末的公司市值对这些指标进行比例调整。

接下来按照上述变量对上市公司进行十分位的分组，同时分别采用月度和年度的方式重新排序，由此就形成了月度和年度再平衡的十分位股票组合，然后做多变量数值最高的十分位股票组合（组合10），然后做空变量数值最低的十分位股票组合（组合1）。图1.26给出了基于现有工作得到的十分位股票组合回报率。从中可以看出，基于现有工作生成的交易信号可以产生超额收益，也就是说多空对冲组合的年化收益可以达到6%~8%。

58　它们分别是Eagle Alpha（2018）中的用例7、用例10和用例37。

图1.26　现有工作的十分位组合回报率

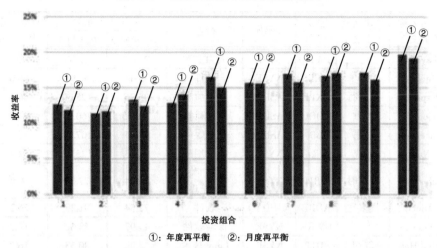

①：年度再平衡　②：月度再平衡

资料来源：Eagle Alpha（2018）。

　　第二个就业数据的用例中，数据集覆盖了超过5亿的个人，1万家在全球各地的上市公司，以及数百万家私营企业和非公司实体（包括政府、教育机构、军队部门、医疗卫生等），由此获取就业和劳动力市场的动态变化。这个数据集是从2007年1月开始的。其中含有超过14亿个工作变动事件的信息，以及3.44亿份带有基本信息的个人档案和2.62亿份带有就业记录的个人档案。

　　数据服务商针对公司实体计算了月度异常员工流失率，它等于月度员工真实流失率和预期流失率之间的差额。基于这个指标，我们可以构造一个基于五分位数的多空投资组合。平均而言，多头组合可以获取1.23%的月收益，而空头组合则可以获得0.10%的月收益。由此表明员工流失率低的公司可以比流失率高的公司持续获得更好的投资绩效。

　　第三个用例涉及的数据服务商是Glassdoor，它构建了一个线上评价平台，从而公司当前和过去的雇员可以对公司以及管理层进行匿名的评价。这家公司会定期发布最佳工作场所（Best Places to Work）的榜单。看起来让员工感到满意的公司是值得投资的公司。表1.29就给出了2016年26家最佳工作场所的公司清单，构造这些公司的等权重投资组合可以得到比标准普尔更高的回报率。

表1.29　2016年最佳工作场所公司组合回报率和标准普尔500指数回报率

公司名称（英文）	公司名称（中文）	股票代码	交易所	行业	股价（美元）		百分比变化（%）
					2015.01.02	2015.11.18	
Paycom		PAYC	NYSE	人力资源	26.06	42.00	61.2
HubSpot		HUBS	NYSE	软件	33.48	52.91	58.0
Expedia	亿客行	EXPE	NASDAQ	线上旅游	85.76	125.30	46.1
Google	谷歌	GOOG	NASDAQ	网络科技	529.55	760.01	43.5
Facebook	脸书	FB	NASDAQ	社交媒体	78.45	107.77	37.4
Nike	耐克	Nike	NYSE	体育用品	95.03	125.78	32.4
Salesforce	赛富时	CRM	NYSE	客户关系管理	59.24	77.35	30.6
Adobe	奥多比	ADBE	NASDAQ	软件	72.34	91.27	26.2
Guidewire		GWRE	NYSE	保险软件	49.97	58.62	17.3
Red Hat	红帽	RHT	NYSE	Linux技术	68.99	80.53	16.7
Costco Wholesale	开市客	COST	NASDAQ	会员制仓储超市	141.61	161.25	13.9
Southwest Airlines	西南航空	LUV	NYSE	廉价航空	42.69	46.31	8.5
LinkedIn	领英	LNKD	NYSE	社交媒体	229.65	248.76	8.3
Apple	苹果	AAPL	NASDAQ	IT	109.33	117.29	7.3
Gartner	高德纳	IT/ITB	NYSE	IT研究和咨询	83.60	87.87	5.1
Workday		WDAY	NASDAQ	财务和人资软件	80.41	83.68	4.1
Stryker	史赛克	SYK	NYSE	医疗器械	93.99	97.01	3.2
Delta Air Lines	达美航空	DAL	NYSE	航空公司	49.18	47.75	−2.9
Akamai	阿卡迈	AKAM	NASDAQ	云计算	63.25	59.25	−6.3
Eastman Chemical	伊士曼化工	EMN	NYSE	特种材料	76.48	71.62	−6.4
Vivint Solar		VSLR	NYSE	太阳能	9.24	7.99	−13.5
Zillow		ZG	NASDAQ	线上房地产	32.40	26.79	−17.3
Chevron	雪佛龙	CVX	NYSE	能源	112.58	92.21	−18.1
F5 Networks	F5网络	FFIV	NASDAQ	应用交付网络（AND）	130.33	104.13	−20.1
Twitter	推特	TWTR	NYSE	社媒平台	36.56	25.90	−29.2
SolarCity	太阳城	SCTY	NASDAQ	光伏发电	52.92	27.75	−47.6
2016年最佳工作场所组合回报率							9.9
标准普尔500指数回报率							1.2

资料来源：Eagle Alpha（2018）。

六、投资者关注数据

谷歌趋势

在现代生活中，当我们希望寻找某些事物时通常想到的第一个方法就是从互联网上进行搜索。比如，我们想购买一辆新车，那么就很可能在互联网上通过搜索引擎对各种汽车品牌进行研究。这样有关互联网搜索的数据就可以让我们了解当下人们在考虑什么话题，由此就成为一个领先的指标。那么互联网搜索数据可否具有投资含义呢？Amen（2013）就是一个这方面的案例，作者分析了如何使用谷歌国内趋势（Google Domestic Trend）指数来制定系统性的交易规则。[59]谷歌国内趋势指数是由谷歌公司生产的用来衡量和各种重要经济议题相关联的搜索流量指标。图1.27报告了各种不同谷歌国内趋势指数年同比变化相对于标普500指数年同比收益率进行回归得到的回归系数t–统计量。从中可以看出，一些搜索趋势指数和股票市场存在着显著的正向关系，比如"工商业"这个主题的搜索量；还有一些指数则和股票市场呈现负向关系，比如"破产"和"失业"的搜索量。当然这样的结果并不让人意外。

59　我们在《另类数据：理论与实践》一书第七章第五小节中介绍了谷歌趋势这个衡量互联网搜索流量的指标。

图1.27　谷歌国内趋势指数相对股市收益率的回归

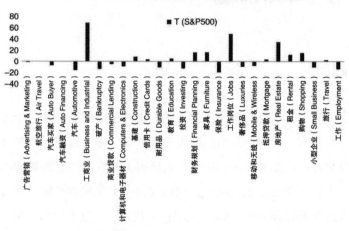

资料来源：Denev/Amen（2020）。

为了构建基于谷歌搜索数据的交易规则，Amen（2013）构建了一个谷歌冲击情绪指数（Google Shock Sentiment index），后者是一个和破产以及失业主题相关搜索量的倒数指标，这样它就可以和标普500指数收益率具有正向关系。图1.28A给出了谷歌冲击情绪指数和标普500指数从2005年到2013年之间年同比变化率的时间序列，而图1.28B则给出了这两个变量在同一时期的散点图，把前者对后者进行回归得到的为41%，这预示着两者之间有很强的关系。

图1.28　标普500指数和谷歌搜索情绪的年同比变化

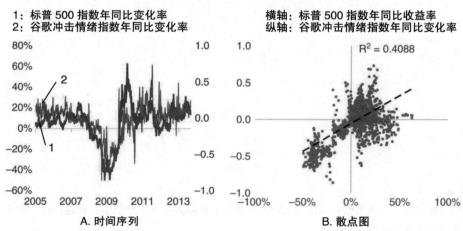

资料来源：Denev/Amen（2020）。

接下来Amen（2013）分析了一种基于谷歌冲击情绪指数的市场择时策略，也就是使用冲击情绪指数对标普500指数这种风险资产进行择时，具体而言就是在冲击指数高企的时段内减少对股市的风险敞口，反之亦然。与之作对比的就是长期持有标普500指数这种简单的多头策略。这两个投资策略在样本时段内的绩效如表1.30所示。结果表明，使用谷歌冲击情绪指数进行择时可以提升风险调整后的收益率。

表1.30 简单多头和择时策略的投资绩效

项目	收益率	波动率	信息比率	最大回撤
持有股指	5.69%	21.11%	0.27	−56.78%
基于谷歌冲击的择时	9.28%	9.28%	0.74	−18.02%

资料来源：Amen（2013）。

投资百科搜索

投资百科（Investopedia）是金融教育网站，其中包含有大量市场和经济运行的相关信息。如果在谷歌上搜索一个常见的金融词语，例如"债券市场"（bond market），此时投资百科关于解释债券市场的词条就很可能在搜索引擎的第一页弹出。上一小节介绍了基于谷歌搜索流量的投资含义，与之相比，投资百科是专门做投资科普的平台，因而这个网站上的搜索流量也应该具有投资洞见。在这方面，投资百科创建了投资者焦虑指数（Investopedia Anxiety Index/IAI）。它是根据全球数千万投资百科阅览者在这个网站上围绕三个重要经济议题的阅览行为开发的投资者情绪指标。这三方面的经济议题是：（1）宏观经济（例如通货膨胀和通货紧缩）；（2）负面的市场情绪（例如做空和波动率）；（3）信贷（例如违约、清偿和破产）。这个指数等于100时表示市场情绪是中性的，图1.29给出了2021年前11个月的IAI指数。

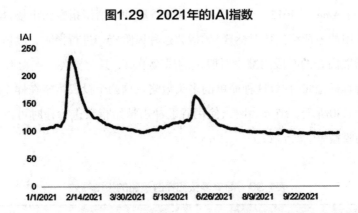

图1.29　2021年的IAI指数

资料来源：www.investopedia.com/anxiety-index-explained。

与IAI指数类似的一个指标是VIX指数，后者是从标普500指数期权价格中计算出来的隐含波动率综合指标，它通常被金融市场称为恐慌指数（fear gauge）。当投资者对未来感到不安的时候，他们就会买入期权（特别是看跌期权）来对冲现货仓位的潜在损失，由此导致VIX指数上升。

Amen（2016）分析了IAI指数和VIX指数，图1.30A给出了两者从2011年到2015年的时间序列，而图1.30B则给出了以VIX指数为纵轴、IAI指数为横轴的散点图。图1.31表明这两个指数具有较强的关联性。在Amen（2016）所分析的样本时段上，两者的相关性大约是30%，而VIX指数相对IAI指数回归的R^2约为9%。

图1.30　IAI与VIX

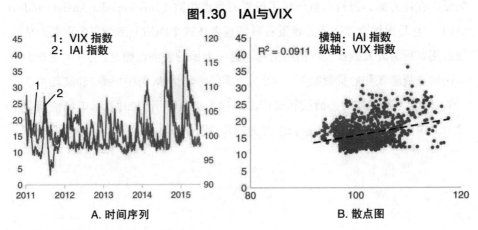

资料来源：Denev/Amen（2020）。

与Amen（2013）基于谷歌冲击情绪指标创建的择时策略相似，Amen（2016）分析了基于IAI指数和VIX指数形成的标普500指数择时策略，并且和简单持有这个指数得到的投资收益进行了比较。其背后的思想是：当IAI指数或VIX指数高企时，投资者就抛掉标普500指数，并且持有现金；而当这两个指数处于低点也就意味着投资者对未来感到乐观的时候就持有标普500指数。图1.31给出了三种投资策略的累计收益。从中可以看到，风险调整收益率最低的策略就是简单持有标普500指数，而基于IAI和VIX指数的择时策略投资绩效都要优于前者。同时在所有三种策略中，基于IAI的择时具有相对更高的风险调整收益和更低的最大回撤，这就表明相比从期权市场价格中倒算出来的VIX指数，IAI指数用来衡量投资者恐惧情绪具有额外的价值。

图1.31　标普500指数与IAI和VIX指数的投资绩效

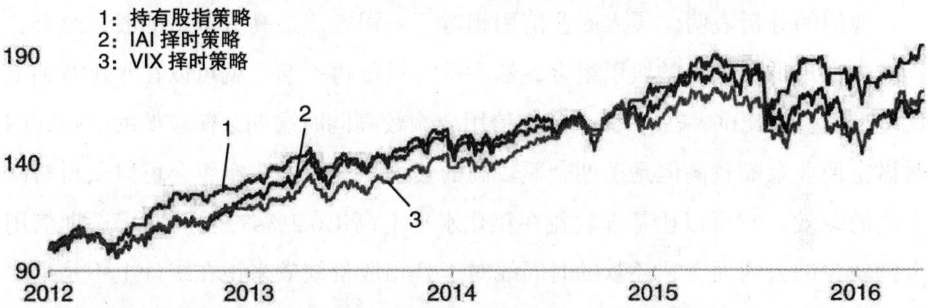

1：持有股指策略
2：IAI 择时策略
3：VIX 择时策略

项目	收益率	波动率	信息比率	最大回撤
持有股指	12.7%	14.8%	0.86	−21.6%
基于IAI的择时	15.5%	11.8%	1.32	−16.7%
基于VIX的择时	13.0%	12.4%	1.05	−16.2%

资料来源：Denev/Amen（2020）。

七、商业洞察数据

在本章的最后，我们介绍两个基于商业洞察（business insight）数据的用例，它们改编自Eagle Alpha（2018）。[60]第一个用例使用的商业洞察数据集包括美国上市公司每月的应收账款信息，除了应收账款金额，还包括预期的商业信用金额数据。考虑到商业信用在公司融资中大致占有四分之一的比例，所以这些数据可以对公司的经营绩效和前景提供有价值的判断。不能给上游供应商支付货款就是公司存在不良绩效的信号，因为无法付款则意味着未来和商业伙伴再进行交易就存在着困难。

Hirshleifer et al.（2020）研究了公司商业信用相对公司资产的比例、逾期商业信用金额以及股价表现之间的关系。结果表明商业信用高并且能够按时还清信用余额的公司在短期内股价表现良好。在这项研究中，作者分析了超过5700家有商业信用的上市公司在2001年到2017年之间的数据。每个月，所有公司根据商业信用相对于公司资产的比率分成五分位组，同时根据逾期商业信用占比分成高、中、低三组，接下来观察每家公司随后一个月的股价表现。

他们的分析表明，买入商业信用相对于公司资产最高分位组的股票组合，同时做空最低分位组的股票组合，然后进行月度再平衡，就可以在年化基础上比基准收益高出6%~7%。买入商业信用余额较高同时逾期余额较低的公司，同时做空商业余额较高但是逾期余额较高的公司，这样的多空组合可以获得略微更高的绩效，它可以比基准收益在年化水平上高出6.2%~7.3%。对于逾期信用金额较少的公司而言，还款的时间线对于公司股价绩效来说在统计上不是重要的影响因素。做多逾期余额高的公司，同时做空逾期余额少的公司，只能比市场基准高出3%~4%。

Eagle Alpha（2018）中第二个用例中的另类数据集包括了以下三类数据：
（1）公司的商业信用金额以及逾期金额数量；
（2）用户的点击模式（click patter）；
（3）信用评分（credit score）。
公司的商业信用数据并没有直接进入到投资分析，而是商业信用的提供者作为这个数据集的使用者或者贡献者会针对某个特定公司提出问题，或者对公司进行研究。这个用户的点击模式就考虑了这个数据集中有关商业信用数据的用户

60　它们分别是Eagle Alpha（2018）中的用例1和用例2。

对公司询问的次数以及研究的深度，据此数据集所涉公司每个月就得到了一个点击模式评分。而这个数据服务商同时也自创了一套信用评分体系，用来评估每家公司在未来12个月内破产的可能性。

这个用例分析了公司的点击模式评分、公司信用评分以及公司股价三者从2001年到2017年之间的关系。首先是按照每月点击模式得分的百分比变化对上市公司划分为五分位，然后在每个五分位组中，再按照信用评分划分为高、中、低三组。这样分组过后，表现最好的股票是点击模式得分较高同时信用得分最低的股票。这个结论看起来和直觉很不相符，不过它表明了人们更为关注的是扩大信贷规模，而不是关注信贷质量。

现在构造一个市场中性组合，其中做多那些点击模式得分升幅很大并且信用评分低的公司股票，同时做空那些点击模式得分涨幅很小以及信用评分低的公司股票，同时每月重新排序并且对股票组合进行再平衡，这样的多空组合得到的投资业绩比市场指数每年会超出12%。需要特别指出的是，在我们根据上述两个指标进行先后排序所形成的分组中，信用评分最低同时点击模式得分增长最小的公司表现是最差的。

第二章

股票主观投资

一、针对主观投资的另类数据

量化基金经理是最早另类数据的使用者，后来采用主观和基本面方法投资的对冲基金经理也开始接受另类数据。主观和基本面投资向着基本面量化（quantamental）方向的转变就反映了这种趋势。基本面量化的兴起和发展意味着以前对于数据科学了解有限的基金经理需要了解量化分析的基本原理。这其中一个关键的挑战就是将数据驱动方法中所强调的广度思想和基本面投资理念中强调的深度思想相互融合。就此而言，Grinold（1989）在《主动管理的基本定理》这一经典文献中用下面的公式指出了广度和深度之间的区别：

$$IR = IC \times \sqrt{N}$$

这个公式中，采用主动管理的基金经理利用获得的信息比率（information ratio/IR）就度量了经过风险调整后的投资收益，它是两个指标的乘积：

（1）信息系数（information coefficient/IC），这个指标刻画了基金经理的预测和后市收益之间的相关性，因此这个指标衡量了基金经理的技能（skill）；

（2）不相关的投资标的数量N，它刻画了基金经理的投资宽度（breadth）。

简单来说，偏向主观投资的基金经理会专注于信息系数，而偏向量化策略的经理则更重视广度。量化策略可以应用到很多资产类型中，但是就其中某个特定交易而言投资盈利的概率并不大。与之相比，强调基本面的基金经理可以通过深入研究个股的方式获得更高的信息系数，但是相关的方法很难在不同资产类型中进行拓展。这样对于采用主观方法的投资经理而言，他们就需要在不增加投资标的的情况下加深对目标公司的了解。通常每个基金经理和分析师会自行判断另类数据能否实现这个目标。在这种情况下，他们不需要获取覆盖面很广的另类数据，也不需要实时接收这些数据，只是以报告形式获取就可以了。这可以看作是另类数据最为简单的应用方法。

主观投资团队采用的更复杂方式是通过用户界面（user interface/UI）来获取

数据。这些用户界面可以提供可视化的另类数据，方便投资经理对股票进行筛选，并且获取涉及投资标的的警示。比如，主观投资经理可以将投资候选标的输入到这样的工具中，从而获取到近期在社交媒体中发现的问题，进而对股票持仓进行调整。当然主观投资经理也可以通过这些用户界面中的数据寻找交易思路。现在这些用户界面工具可以很好地适应和满足主观投资经理以及基本面分析师的工作流程。

最后，一些主观投资团队开始通过内部专人来管理和数据供应商的关系，并且在内部搭建数据科学的工具箱，这不仅包括可视化从另类数据中获取的洞见，而且也包括开发量化模型，从而可以利用新的数据集对股票进行打分和排名。多年以来，采用量化方式的资管团队一直通过传统的数据集来这样做，但是对于主观投资领域，这样的作法还是比较新颖的。

接下来我们将介绍一些用于主观投资的另类数据用例。

二、卫星图像数据

这一节我们将介绍两个卫星图像数据在股票主观投资应用中的案例。这两个用例都使用了基于卫星图像的汽车数量指标。第一个用例取材于Denev/Amen（2020），它使用汽车数量来预测公司的业绩，而第二个用例取材于Eagle Alpha（2018），这个案例的重点是预测公司股价的变动。

预测公司业绩

Denev/Amen（2020）讨论的例子使用了来自Geospatial Insigh（GI）这家卫星智能公司的RetailWatch数据集。GI可以访问250多颗在轨卫星，并从中搜集图像数据。这些卫星的图像分辨率很高，可以达到26~51cm，因此可以识别图像中的汽车。

通过卫星图像获得和零售商场相关的停车场车辆数据，进而分析这些零售商的经营业绩，这个想法最初应用在美国的零售企业中，比如沃尔玛。与之相比，Denev/Amen（2020）则分析了多个欧洲零售企业的经营绩效。这些零售企业的基本信息如表2.1所示。显然这套方法并不适合诸如亚马逊这样的线上零售商的绩效，对于后者而言，消费者的交易数据更为有用。

表2.1　欧洲零售企业信息

彭博代码	公司名称（英文）	公司名称（中文）	交易所代码	交易所	公司总部（国家）	指数成分股
AD NA	Ahold Delhaize	阿霍德·德尔海兹	AD	Euronext	荷兰	AEX
CA FP	Carrefour	家乐福	CA	Euronext	法国	CAC 40
CO FP	Casino Guichard–Perrachon（Casino Group）	佳喜乐	CO	Euronext	法国	CAC Mid60
COLR BB	Colruyt Group		COLR	Euronext	比利时	BEL 20
DC LN	Currys		DC	LSE	英国	FTSE 250
FNAC FP		法雅客	FNAC	Euronext	法国	CAC Mid60
KGF LN	Kingfisher	翠丰	KGF	LSE	英国	FTSE 100
MKS LN	Marks and Spencer	玛莎百货	MKS	LSE	英国	FTSE 250
MRW LN	Wm Morrison Supermarkets	莫里森超市	MRW	LSE	英国	
NXT LN	Next		NXT	LSE	英国	FTSE 100
SBRY LN	Sainsbury's	森宝利（英伯瑞）	SBRY	LSE	英国	FTSE 100
TSCO LN	Tesco	乐购（特易购）	TSCO/TCO	LSE/Euronext	英国	FTSE 100

注释：彭博代码表示在彭博金融信息平台上显示的证券代码；指数成分股表示该只公司股票所在的指数（截至2021年10月6日）。

GI公司的RetailWatch数据集通过如下的数据处理流程获得了一些线下零售商场附近停车场的汽车数量：

（1）从卫星图像中，通过地理围栏技术划定特定零售商场停车场的区域；

（2）对汽车位置的数据进行人工标注，进而通过卷积神经网络的训练来预测这些停车场内汽车的可能位置；

（3）在提取停车场位置信息后，构造每个停车场车辆计数指标。

上述流程是自动完成的，但是会加入人工检查和审核。

RetailWatch覆盖的零售企业有一些是上市公司，对于这些公司而言，原始数据会包含公司名称、股票的彭博代码以及商场停车场的名称和位置。每个观测值都会有一个时间戳，同时附有停车场的面积和车辆数量。Denev/Amen（2020）通过如下的方式计算基于车辆计数的指标：

（1）基于滚动窗口计算卫星拍摄的总面积和给定时段内的汽车数量；

（2）考虑到商场停车场的图像存在差异，因此计算汽车数量和拍摄的停车场总面积比率，以消除在某些时点收集到更多图像从而导致过度计数的问题；

（3）忽略不同商场之间的差异，而是把所有的观测值都汇总为一个变量。

根据当代会计研究的开山之作Ball/Brown（1968）的研究结果，股价往往会在公司财报发布后发生变动：如果财报数据好于预期，那么股价会上升，反之股价则会下跌。但是公司财报数据的问题就是发布频率低，企业一年最多发布四次财报，有时候会一年两次甚至是一年一次。另外公司财报数据的滞后性也比较严重。现在我们用停车场的汽车数量来指代公司盈余。[1]与公司定期正式发布的财报数据相比，显然汽车计数数据获得的频率会更高，同时获取的速度也会更快。这样如果汽车数量指标有助于提升对公司盈余的预测，那么我们就可以采用两种方式来交易股票。一种是采用主观方式，也就是当汽车数量预示公司盈余高于市场预期时就在盈余公告日前买入股票；另外一种是量化投资的方式，就是使用基于汽车计数的盈余预测作为构造截面上股票多空组合的因子。

在Denev/Amen（2020）分析的案例中，大多数零售商是每半年公布一次财报，这样他们计算了汽车数量的六个月滚动平均，以此匹配公司财报所对应的时段。因为汽车数量的数据可以在公司财报所对应时段期末立刻获得，这样在时间上就早于财报正式发布的日期。另外在公司发布财报之前，我们还可以获得市场上分析师对于公司盈余的平均预估，也就是所谓的盈余共识（earnings consensus）或市场共识（market consensus）。[2]当然获取盈余共识的时点不大可

1　为了解决数据的稀疏性质，Denev/Amen（2020）使用滚动均值的方式和公司的财报数据相匹配。

2　需要注意的是，分析师可能会在财报发布之前修正对公司盈余的看法。

能早于获取汽车数量的时点。

　　图2.1给出了玛莎百货（Marks and Spencer/MKS）的汽车计数指标、公司发布的实际每股盈余以及市场盈余共识时间序列，其中后面两组数据来自于彭博终端。图2.1表明汽车计数指标和实际的盈余公告以及市场预估有着密切的关系。

图2.1　玛莎百货的汽车计数和公司盈余

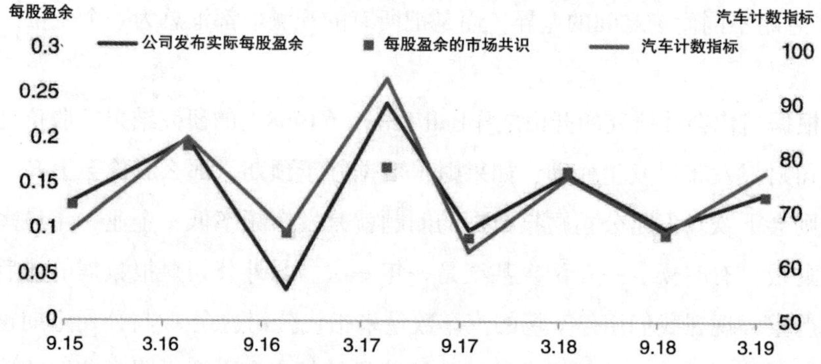

资料来源：Denev/Amen（2020）。

　　接下来Denev/Amen讨论了汽车计数指标和市场共识数据相比是否可以提供更多的见解。就此他们针对玛莎百货（MKS）、莫里森超市（MRW）和乐购（TSCO）这三家零售商分别做了三个简单的线性回归。在这些线性回归中因变量是公司发布的真实每股收益；第一个回归中使用的自变量只有市场共识数据；第二个回归中使用的自变量只是汽车计数指标；第三个回归则同时使用上述两个指标作为自变量。图2.2报告了这些回归的拟合优度（调整）。该图表明，对于这三家公司，和仅仅使用市场共识的数据相比，汽车数量数据有助于增加调整，因此在预测公司盈余方面汽车数量数据会有额外的信息含义。

图2.2 每股盈余相对于市场估计和汽车数量的回归: 2015.09-2019.03

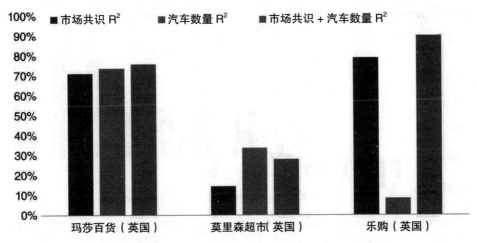

资料来源: Denev/Amen (2020)。

Denev/Amen分析的第三个问题是把基于卫星图像的汽车数量数据和新闻这种另类数据结合起来对每股盈余进行预测。和汽车数量一样,在公司财报对应的时段结束之后,我们就可以获得当期的新闻。Denev/Amen使用的新闻指标记录了针对每个公司彭博新闻社的新闻数量,同时还区分了正面新闻数量和负面新闻数量。通过计算在公司财报的报告期内正面新闻数量和负面新闻数量之差的滚动均值,他们就创建了一个新闻情绪指标。

和图2.2的分析类似,现在Denev/Amen针对表2.1中的每家欧洲零售商计算了三个以公司发布的真实盈余为因变量的线性回归。第一个线性回归以新闻情绪指标作为自变量,第二个线性回归以汽车计数指标作为自变量,第三个线性回归则以上述两个另类数据指标作为自变量,由此得到了图2.3的调整结果。

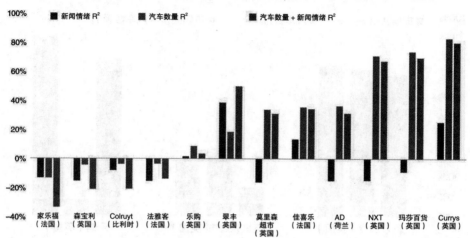

图2.3　每股盈余相对于汽车数量和新闻情绪的回归：2015.09—2019.03

资料来源：Denev/Amen（2020）。

对于少数像家乐福（CA）这样的公司而言，汽车计数和新闻情绪指标在预测公司盈余方面的调整R^2很低。当然这个实证结果可能是由于多数顾客不是开车而是乘坐公共交通工具到商店，也可能是新闻情绪指标相对比较中性，较少有极端数值出现，亦或是从这些数据中较难获取方向性信号。对于大多数公司来说，汽车计数回归中得到的调整R^2会比新闻指标回归中得到的调整R^2高，而且除了翠丰公司（KGF），新闻情绪指标在二元回归中并没有增加调整R^2。

总而言之，虽然上述分析很简单，但是也反映出基于卫星图像的汽车计数指标在预测公司基本面信息方面的应用前景。当然因为汽车数量的数据集还缺乏很长的历史资料，所以要得出强有力的统计结论还为时尚早，下面引自Eagle Alpha（2018）的用例也反映了这一点。

预测公司股价变动

这个卫星数据的用例改编自Eagle Alpha（2018）的用例，针对的是契普多墨西哥餐厅（Chipotle Mexican Grill/CMG）这家在美国纽交所上市的公司。[3]CMG是在美国、加拿大、英国、德国和法国专门营运制作墨西哥夹饼、麦西恩卷饼和墨西哥卷饼的一家快速休闲餐厅公司。

　　这个案例的数据集来自于一家卫星智能公司，从2010年到2016年之间它搜集并整理了超过100万张的停车场卫星图像，涉及1.5亿辆汽车。从这些卫星图像获取的数据可以用于分析累计的年汽车数量同比增长率，进而可以和股价的动态变化进行比较分析。

　　图2.4表明了卫星图像数据可以用于研究CMG公司在2014—2016年间出现的结构性拐点。从图中可以看出汽车数量在2014年末达到顶峰，然后就快速下降。这个判断要领先于华尔街的分析师，因为后者直到三个季度之后才开始对CMG的股价进行修正。

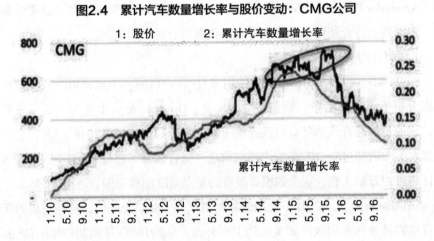

图2.4　累计汽车数量增长率与股价变动：CMG公司

资料来源：Ealge Alpha（2018）。

3　它是Eagle Alpha（2018）中的用例21。

三、位置数据

商务飞行数据

商务飞行位置数据可以帮助预测公司之间的交易活动。[4]Adams-Heard/Crowley（2019）基于Quandl的公司航空数据集讨论了一个具体例子。一架属于西方石油公司（Occidental Petroleum Corp.）的私人飞机在2019年4月下旬出现在巴菲特（Warren Buffett）旗下伯克希尔·哈撒韦公司（Berkshire Hathaway）总部，也就是内布拉斯加州的奥马哈。[5]当时一家咨询机构的分析师就指出虽然无法证实，但是这个信号表明西方石油公司可能在邀请巴菲特加入某项交易，同时为此提供现金支持。分析师所说的交易是西方石油公司收购阿纳达科石油公司（Anadarko Petroleum Corp.）。[6]后来事实证明巴菲特的确参与了这笔并购交易。下面我们将介绍两个基于商务飞行数据的公司并购案例。

1.预测并购交易 I

Strohmeier et al.（2018）通过使用来自OpenSky网络的数据以及其他一些元数据分析了飞行数据在并购交易中的含义。OpenSky是一个参与式的传感器网络，它通过快速查询的基础设施提供了航空飞行数据。截至2018年2月，它储存了来自五大洲超过5×10^{12}条空中通信信息，每日涵盖了超过5万架不同的飞机，总计超过27万架飞机，这个数据集覆盖的重点是欧洲和美国。

Strohmeier et al.（2018）使用的数据集覆盖了88架公务机，这些飞机的所有权可较容易地匹配到欧洲和美国的上市公司。从2016年1月到2017年6月之间，OpenSky表明每架飞机飞行的中位数是91次。在这个数据集中可以明确7起以欧洲公司为标的的并购案。出于比较的需要，Strohmeier et al.（2018）用31家公司的飞机作为对照组。表2.2总结了七起并购案例的公司飞行情况。对于每个并

4　我们在《另类数据：理论与实践》一书第七章第三小节中介绍了商务飞行数据。

5　西方石油公司是在美国纽交所（NYSE）上市公司，股票代码是OXY，伯克希尔·哈撒韦公司也是在纽交所上市的公司，股票代码是BRK。

6　阿纳达科石油公司在美国纽交所上市，股票代码是APC。

购案，Strohmeier等人计算了在并购前后一个月的飞行次数，以及在并购前两个月、并购前一年（不包括并购前两个月）和并购后六个月内的飞行次数平均值。同时他们把飞机的着陆机场定义为目标公司总部所在地100公里范围之内。

表2.2　飞向收购目标总部的公司航班次数

访问次数	月平均（12–2月前）	月平均：2月前	1个月前	1个月后	月平均（6个月后）	公告日前最后一次飞行领先天数	合并股价变动（%）
案例1（EU/EU）	0.11	1	0	2	0.67	50	6.71
案例2（EU/EU）	2.56	2.5	2	0	0.75	25	1.1
案例3（EU/EU）	0	1	2	4	1.56	20	1.96
案例4（US/EU）	0	2.5	3	0	0	8	1.83
案例5（US/EU）	0.11	0	0	0	0	325	0.2
案例6（US/EEA）	0.22	6	12	2	5	1	20.29
案例7（US/EU）	0.29	1	2	0	1	1	23.18
平均	0.47	2	3	1.14	1.28	61.43	7.9
控制组	0.14	0.33	0.40	0.42	0.34		

注：EU（European Union）表示欧盟，US表示美国，EEA（European Economic Area）表示欧洲经济区。

资料来源：Strohmeier et al.（2018）。

表2.2表明，拥有公务飞机的上市公司的确会在正式宣布并购之前飞往并购目标的总部所在地。同时这样的公务飞行最可能发生在正式公告前一到两个月，有两起案例甚至是在公告前一天进行公务飞行。另外在并购前一个月，访问并购目标的平均次数等于3，而不是收购标的的对照公司平均访问次数只有0.4。最后这些案例所涉及的上市公司在并购公告日平均股价变动为7.9%。这些结果表明公务飞机的飞行的确泄露了公司交易的信息。

当然在这个分析中存在着一些短板。首先样本时段较短，因而覆盖的并购案例也较少。同时每次公务飞行所访问的目标公司并非是确知的。因此，这一类公司飞行的数据最好和诸如公司新闻这样的另类数据结合起来，从而对公司事件形成更为完整的图像。这样做的好处就是可以减少飞行数据发生误报的可能性。

2.预测并购交易Ⅱ

这个预测并购交易的用例改编自Eagle Alpha（2018），它表明了飞踪

（JetTrack）这家服务商利用航空数据集来发现可能进行的公司购并交易。[7] 飞踪公司是一家头部的公司航空数据服务商，投资者可以基于公司飞行活动来识别公司之间的交易活动。这个数据集中包含航班的频次和位置，它涵盖了罗素3000指数成分股公司以及150家私募股权公司。

全食超市（Whole Foods Market/WFM）是一家在美国纳斯达克上市的食品超市连锁公司，专门销售有机食品，它的总部在得克萨斯州的奥斯汀，同时在美国、加拿大和英国设有分店。

2017年4月中旬全食超市的股价暴跌，这个时候投资者很可能出于减少损失的考虑而放弃在这只股票上的仓位。而私募基金Jana Partner则在这个时点选择购入全食超市的股票。当时Jana Partner持有全食股份超过8%，成为公司的第二大股东。考虑到全食超市的营收不断下滑，Jana竭力推动后者进行重组，其中亚马逊就是一个潜在的收购方。当时市场消息人士透露，亚马逊曾于2016年秋天考虑收购全食超市，但是双方未达成协议。2017年6月14日，全食超市首席执行官John Mackey猛烈抨击Jana是个"贪婪的混蛋"，仅仅两天之后，Jana的愿望就变成了现实。全球巨头亚马逊和全食超市达成协议，前者以137亿美元收购后者，这成为亚马逊有史以来最大的一笔并购案。Jana从这笔并购案中获利超过3.01亿美元，相当于每个交易日净赚超过600万美元。

我们能否在事前找到这宗并购案的蛛丝马迹呢？飞踪公司的数据就提供了这样的线索。图2.5是飞踪上有关亚马逊和全食超市两家公司的航程信息，其中的图A表明了亚马逊飞往奥斯汀也就是全食超市公司总部所在地的航班信息，而图B则表明了全食超市飞往西雅图也就是亚马逊总部所在地的航班信息。从2017年初到4月中旬，图2.5A表明有两个亚马逊的公司航班飞往得克萨斯州的奥斯汀：

·1月9日：从新墨西哥州的圣达菲飞往得克萨斯州的奥斯汀。

·1月12日：从得克萨斯州的休斯顿飞往得克萨斯州的奥斯汀。

而4月中旬当Jana持有全食超市股份的消息在市场流传开来之后，亚马逊和全食超市的公司航班出现了互访的迹象：

7　它是Eagle Alpha（2018）中的用例14。

·4月30日：全食超市的航班飞往华盛顿州的西雅图；

·5月12日：亚马逊的航班飞往得克萨斯州的奥斯汀。

这样对于全食超市的投资者而言，即使无从了解Jana在中间牵线的并购案细节，但是飞踪公司的公司航班信息还是揭开了内幕的一角，从而让投资者意识到公司重大事件的发生。

图2.5　亚马逊和全食超市的公司航班信息

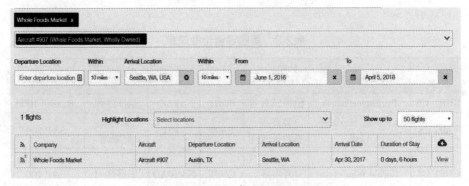

A. 亚马逊公司飞往得州奥斯汀的航班

B. 全食超市公司飞往西雅图的航班

资料来源：Eagle Alpha（2018）。

手机位置数据

我们在第一章第四小节中看到了手机位置数据在量化投资中的应用，下面将介绍一个类似的数据集在股票主观投资中的应用：预测公司业绩。这个例子改编自Denev/Amen（2020）。

这个案例使用的是Thasos的数据集。手机上的应用程序，无论是导航、天气预报还是和朋友家人的通信，都会根据经纬度坐标来记录手机位置。通常这种位置记录是被动式的，也就是说我们无需进行手机操作来完成这种定位。Thasos就是收集并且整理手机位置数据的服务商。Thasos通过把人工智能模型和地理围栏技术结合起来，从而将原始的手机位置坐标转换为有价值的信息。这里地理围栏就是通过在商场和停车场周围绘制边界框或者多边形，然后将顶点转换为经纬度坐标创建的。通过寻找手机和地理围栏坐标的交叉点，Thasos就确定了针对商场或者特定区域的到访次数。这样的访问信息，再结合其他方面的数据，就可以度量很多经济活动，包括进入大型购物中心的顾客数量以及在制造生产车间上的工作时间。

Denev/Amen（2020）使用Thasos的手机定位数据，分析了美国零售商场和餐厅的顾客访问量对于公司盈余的预测含义。他们使用的数据集是2016年到2018年的日数据，同时覆盖了麦当劳和沃尔玛等知名企业。表2.3给出了这个案例中涉及的美国零售商基本信息。

表2.3　美国零售企业信息

彭博代码	公司名称（英文）	公司名称（中文）	交易所代码	交易所	公司总部（州）	指数成分股
BURL US	Burlington Stores	伯灵顿百货	BURL	NYSE	新泽西州	Russell 1000
CMG US	Chipotle Mexican Grill	契普多墨西哥餐厅	CMG	NYSE	加利福尼亚州	S&P 500
COST US	Costco Wholesale	开市客	COST	NASDAQ	华盛顿州	S&P 500 S&P 100 NASDAQ 100
DIN US	Dine Brands Global			NYSE	加利福尼亚州	S&P 600
DRI US	Darden Restaurants	达登餐厅	DRI	NYSE	佛罗里达州	S&P 500
EAT US	Brinker International			NYSE	得克萨斯州	S&P 600

续表

彭博代码	公司名称（英文）	公司名称（中文）	交易所代码	交易所	公司总部（州）	指数成分股
MCD US	McDonald's	麦当劳	MCD	NYSE	伊利诺伊州	S&P 500 S&P 100 DJIA
NDLS US	Noodles & Company		NDLS	NASDAQ	科罗拉多州	Russell 2000
PLAY US	Dave & Buster's	戴宝氏	PLAY	NASDAQ	得克萨斯州	S&P 600
SBUX US	Starbucks	星巴克	SBUX	NASDAQ	华盛顿州	S&P 500 S&P 100 NASDAQ 100
TGT US	Target	塔吉特	TGT	NYSE	明尼苏达州	S&P 500 S&P 100
TJX US	The TJX Companies		TJX	NYSE	马萨诸塞州	S&P 500
WBA US	Walgreens Boots Alliance	沃尔格林联合博姿	WBA	NASDAQ	伊利诺伊州	S&P 500 S&P 100 NASDAQ 100
WMT US	Walmart	沃尔玛	WMT	NYSE	阿肯色州	S&P 500 S&P 100 DJIA
YUM US	Yum! Brand	百盛餐饮	YUM	NYSE	肯塔基州	S&P 500

注释：彭博代码表示在彭博金融信息平台上显示的证券代码；指数成分股表示该只公司股票所在的指数（截至2021年10月6日）。

表2.3中的所有公司都有公布季报。这样Denev/Amen（2020）就基于Thasos数据集构建了一个客流分数（footfall score），后者是公司季报所对应时段的日观测值季度平均。考虑到各家公司季末的时点各不相同，所以需要对原始的Thasos数据进行标准化处理以消除其中可能存在的偏误。另外，Thasos的数据集获取的资料只是商场顾客的一小部分，因此还需要对原始数据进行更进一步的预处理，以消除在年龄或者收入等方面的偏误。

图2.6针对沃尔玛公司对比了客流分数、公司发布的每股盈余以及市场对公司盈余的共识三者之间的关系。从中可以看出客流分数和市场共识以及真实的盈余是高度相关的，相关系数分别达到了85%和98%。因此对于沃尔玛公司来

说，基于手机位置的客流量对于估计公司每股盈余而言是有用的。

图2.6　沃尔玛的客流量和公司盈余

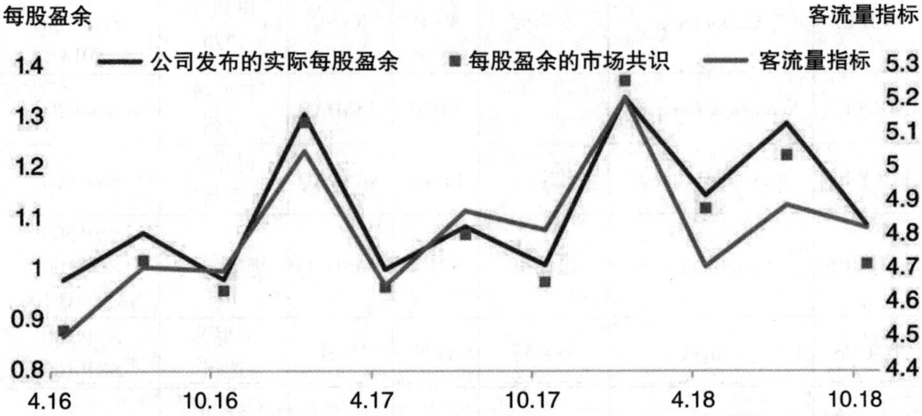

资料来源：Denev/Amen（2020）。

接下来，仿照卫星图像数据在欧洲零售商的应用案例，Denev/Amen（2020）就针对表2.3中的每个美国零售公司做了三个以真实每股盈余为自变量的回归。这三个回归的解释变量分别是针对公司每股盈余的市场共识、基于Thasos得到的客流分数以及这两个变量的组合。图2.7报告了这15家公司在三个回归中得到的调整R^2。对于达登餐厅（DRI）这样的公司来说，市场预估显示出很高的调整R^2，这就表明市场分析师们在预测公司盈余方面表现很好。就此而言，我们可以认为很多分析师在形成对公司基本面信息预测时使用到了各种另类数据。同时我们会看到，当同时考虑客流指标和市场共识时，前者对于调整R^2的影响不大。当然这个故事和前面在基于卫星图像的车辆计数案例中看到的一样，市场分析师们很大可能会在公司财报正式发布之前较短时间内更新预判，而基于手机定位得到的客流量基本上在公司季报对应的季末就可以得到，而这要比正式发布财报要领先很多时日。

图2.7 每股盈余相对于市场共识和客流量的回归

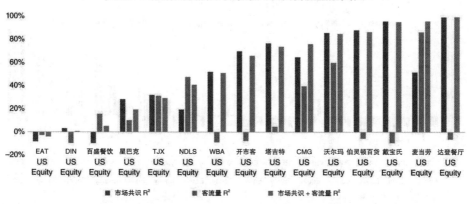

资料来源：Denev/Amen（2020）。

最后，Denev/Amen（2020）把手机位置这种另类数据和其他两种文本数据结合起来进行了分析。第一个文本数据源是在"二、卫星图像数据"案例中看到的，就是彭博社的新闻。以此为基础，通过计算在公司财报的报告期内正面新闻数量和负面新闻数量差额的滚动均值，这样就得到新闻情绪指标。第二个文本数据源是推特的推文，与之类似，计算在报告期内正面推文数量和负面推文数量差额的滚动均值，由此就得到了推文情绪指标。现在以公司报告的每股盈余为自变量，由此针对每个公司就可以进行如下的五个以不同另类数据指标为解释的变量回归：

（1）新闻情绪；

（2）客流指标；

（3）推文情绪；

（4）客流指标和新闻情绪；

（5）客流指标、新闻情绪和推文情绪。

图2.8报告了针对表2.3中所有公司的上述五组回归调整R^2。从中可以看出，对于沃尔玛（WMT）和麦当劳（MCD）等公司来说，回归的调整R^2表明公司发布的每股盈余和客流指标之间存在着很强的关系，而且在回归中增加新闻情绪和推文情绪指标并不能增进调整R^2的数值。同时对于有些公司而言，使用不同的另类数据得到的调整R^2并不显著。

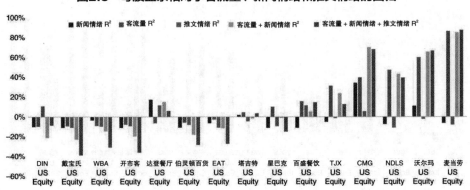

图2.8　每股盈余相对于客流量、新闻情绪和推文情绪的回归

资料来源：Denev/Amen（2020）。

当然，如果我们要从这些观测值中构建一个可交易的投资策略，那么我们就不能进行全样本的回归，而是需要使用滚动回归的方式来估计模型系数。另外，如果要给每股盈余构建模型，更好的做法是使用另类数据来扩充传统的模型，而不是单独使用不同种类的另类数据。

四、消费相关数据

电邮收据数据

现在我们介绍基于电邮收据的另类数据用例。首先是两个Eagle Alpha（2018）介绍的用例，[8] 然后介绍两个基于Quandl电邮收据数据集的用例。Eagle Alpha（2018）的两个用例使用的数据集都来自于和Eagle Alpha签有合伙协议的数据服务商。后者收集了来自200万活跃买家的匿名购物数据，涉及美国25个行业超过600家的公司。这个数据集并没有做实体映射，也就是没有对应到股票代

8　它们分别是Eagle Alpha（2018）中的用例15和用例29。

码上。它的数据服务是从2013年开始，同时滞后7天以周的频率发布。

数据服务商将多种不同形式的非结构化电子邮件数据转换为结构化并且可以分析的消费者交易数据集。这个数据集的细粒程度很高，因为它包括了物品以及存货单位（SKU）级别的交易数据。这些数据分成53个产品类别。

1.预判盈余公告日股价变动方向

在第一个用例中，Eagle Alpha的数据分析团队讨论了从2017年7月以来根据电邮收据发布的10份公司季度预测报告，如表2.4所示。在每个报告中，Eagle Alpha都构建了基于电邮收据数据的个股预测模型，然后发布报告表明Eagle Alpha的预测相对于市场预期是过高、过低还是一致的。在这十份报告中，我们可以看到有八份报告从事后结果来看是正确的，而报告C和D事后被证明判断错误了。而且最后一列的股价波动数值表明电邮数据中包含可以带来超额收益的信号。

表2.4 电邮数据回测结果

编号	公司	报告日期	历史MAPE[*]	Eagle Alpha预测	结果	盈余公告的股价波动
A	Chipotle Mexican Grill	2017.07.13	3.7%	过高	过高	−2.3%
B	Paypal	2017.07.13	1.6%	过低	过低	2.3%
C	Square	2017.07.13	1.4%	一致	过低	−4.7%
D	Papa John's Int'l	2017.07.14	1.4%	过低	过高	9.6%
E	Starbucks	2017.07.14	5.8%	过高	过高	−9.2%
F	Grubhub	2017.10.16	2.6%	过低	过低	11.2%
G	Mindbody	2017.10.17	1.1%	过低	过低	2.2%
H	Papa John's Int'l	2017.10.18	2.0%	一致	一致	−8.5%
L	Paypal	2017.10.19	1.4%	过低	过低	5.5%
M	Square	2017.10.19	2.4%	过低	过低	3.4%

注释[*]：MAPE表示平均绝对百分比误差（mean absolute percentage error），它是季度预测误差的平均值。

资料来源：Eagle Alpha（2018）。

2.预测支付公司的卖家数量

美国纽交所上市公司Square是一家支付服务商，它允许用户通过手机在Square设备上刷卡或者手动输入的方式使用信用卡。这家公司开发的移动应用可以在iOS和Android系统的手机和平板电脑上使用，目前在美国、加拿大、澳大利亚和日本等国家提供服务。

2017年5月Square公司举办了一个分析师会议，其间详细介绍了公司增长战略：一方面是争取扩大市场份额，获取更大的商户也就是卖家使用Square的设备；其次是稳定住现有的商家。

年度总支付量（gross payment volume/GPV）这个指标高于12.5万美元的用户就是大型卖家。2017年第二季度，Square公司报告的营收要比预期更高。调整后的收入年度同比增长从第一季度的39%增加到第二季度的41%。

Eagle Alpha的数据分析报告使用电邮收据的数据说明了Square公司服务的卖家数量以及卖家销售金额变化的历史趋势。与之相比，Square公司并没有在自己的公司财报中披露这些和卖家相关的指标。对电邮收据的数据分析表明，自2016年第一季度以来，卖家数量的同比增长率一直在下跌，这就导致Square公司在此期间收入同比增长率放缓，如图2.9所示。然而在第2017年第二季度，使用Square平台的卖家数量从一季度的15%增加到17%，图2.10的卖家指数（Seller Index）也说明了这一点：卖家数量从2016年全年平均的325上升到396。

图2.9　公司收入、卖家数量和单位卖家销售金额年度增长率

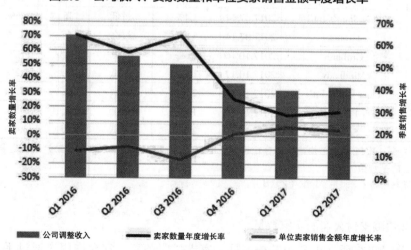

资料来源：Eagle Alpha（2018）。

图2.10　卖家指数

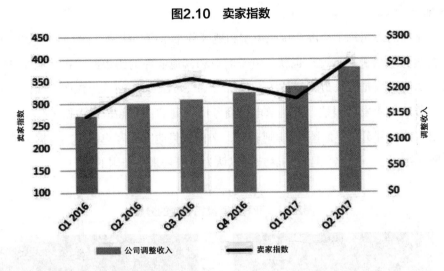

资料来源：Eagle Alpha（2018）。

电邮收据的数据说明卖家的平均年度销售金额在2016年按照同比是下降的。但是2016年第四季度卖家平均支出金额的变化率转跌为升，由此就改善了2017上半年的收入增长率。卖家数量的增长以及每个卖家销售金额的增加都表明公司的增长战略发挥了功效，而这对于公司长期的基本面而言就是一个积极信号。2017年11月8日Square发布了第三季度的业绩优异，并且把全年的收入从9.25亿~9.35亿美元调升至9.63亿~9.66亿美元。

3.预测公司季度销售额

这个用例引自De Rossi et al.（2019），其中使用了Quandl的电邮收据数据。[9] 这个数据集存在着数据回填的现象，也就是当某个新用户在某个时点新加入时，他过往电邮收件箱中的电子账单也会纳入到数据集中。为了解决这个问题，De Rossi等人就抛掉了那些回填的电子收据数据。

这个案例要分析的问题就是基于Quandl的电邮收据数据来预测亚马逊公司的季度销售额。在Quandl的这个另类数据集中，亚马逊公司是观测值最多的公司。同时亚马逊也是一家复杂的公司，需要结合基本面和定量的方法对它进行

9　我们在《另类数据：理论与实践》一书第七章第六小节中介绍了这个数据集。

分析。

　　亚马逊公司每个季度会按照类型和地区公布季度销售额。图2.11A报告了两大类业务的销售额占比，也就是电子商业和其他业务的销售额，在其他业务中很重要的一块是亚马逊云科技（Amazon Web Services/AWS）。该图表明，尽管云服务这一块发展很快，但是从电子商务中得到的销售额依然占据了公司销售额很大的一部分。[10] 而图2.11B则表明，来自北美地区的客户销售额占据了销售总额一半以上，而北美地区的客户可以认为主要是来自美国的客户。

图2.11　亚马逊季度销售额的分解

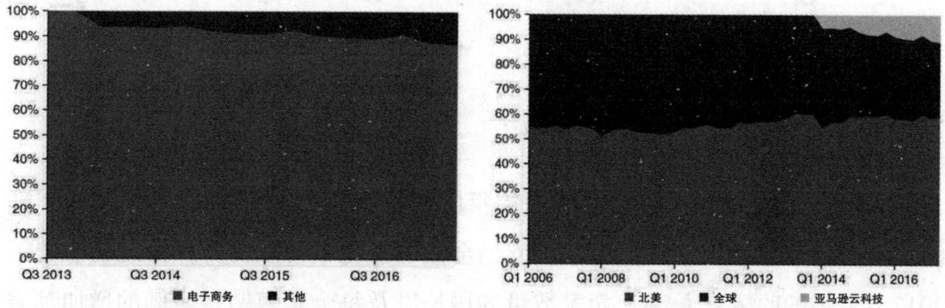

A. 不同类型的销售额　　　　　　　　B. 不同地区的销售额

资料来源：De Rossi et al.（2019）。

　　但是，我们不能认为就预测亚马逊季度销售额来说，只需要关注来自美国的电子商务销售额就可以了。首先，Quandl的电邮数据样本可能存在着选择偏误（selection bias），因为无法确定Quandl的客户样本表征了美国人口分布情况。其次，尽管没有通过电商平台入账的销售额和美国以外的销售额占比都比较小，但是这些业务的增长率可能会很不一样，由此让季度销售额的预测产生偏差。就此De Rossi et al.（2019）计算了北美、北美以外的地区以及AWS业务销售额在第一到第四季度同比增长率在总销售额增长率中的贡献度，如图2.12所示。其中的每一张图，条形图的总高度表示亚马逊公司在相应季度的销售额

10　2016年后亚马逊公司把电商销售定义为来自零售产品、第三方零售卖家服务以及零售订阅服务三个部分的销售额总和。

同比增长率，而每个板块的贡献度则等于它们各自销售额的相对权重和季度增长率的乘积。图2.12表明，AWS业务对于亚马逊公司销售额的总体增长率贡献依然较小，特别是在第一和第四季度，但是对于第二季度和第三季度的预测则变得越来越重要。北美和世界其他地区电商销售额对总体增长率的贡献很大，而且在多数情况下前者的贡献比重更大。图2.13表明，专注于Quandl收集的美国电邮收据数据不会引发很大的偏误，但是忽略AWS业务的销售增长在未来进行预测时可能就变得越来越不可靠了。

图2.12 亚马逊销售额不同季度同比增长率

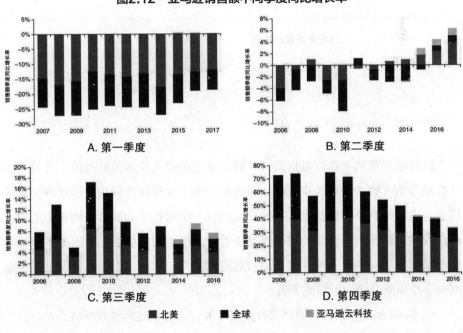

资料来源：De Rossi et al.（2019）。

为了预测亚马逊公司的季度销售额，De Rossi et al.（2019）使用了Quandl的电邮收据数据以及公司管理层预测数据。[11] 图2.13表明的是预测的时间线。第t

---

11 管理层预测的英文是management gudiance或者earning guidance，它是上市公司发布对于近期公司经营业绩的预测报告，它有助于金融分析师和股票市场对公司进行估值。

季度的真实销售额是在$t+1$季中公布，同时管理层在$t+1$的季中公布针对该季度的财务预测。而电邮收据数据是每周更新一次，这样电邮收据数据记录的第t季度交易信息在每个季度后的几天内就可以得到了，因此我们就可以在每个季度结束以后很快生成对于当季的预测。此外，因为每周数据更新一次，所以随着新数据的出现，我们就可以在每个季中的时点生成即时预测。

图2.13　季度销售额预测的时间线

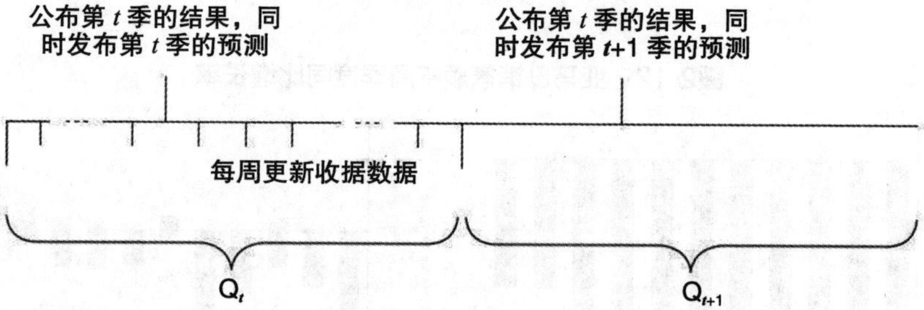

资料来源：De Rossi et al.（2019）。

就管理层预测和电邮数据而言，前者会给出收入预测值的范围，进而可以计算最近季度收入的增长率范围；后者则记录了在季度之间用户样本的交易量信息，进而得到季间增长率。我们可以把后一个增长率和前者的增长率范围进行比较，进而预判销售额的增长率是接近管理层预测范围的上限还是下限。如果电邮收据记录的增长率在管理层预测范围之外，那么可以简单地设定销售额增长率是预测范围的上限或下限。

De Rossi et al.（2019）通过贝叶斯统计的方法把上述两种数据结合在一起，进而形成对销售增长率的预测。举例来说，在2016年第三季度，管理层预测亚马逊的销售额介于310亿美元到335亿美元之间，这样相比于第二季度的304亿美元而言，季间增长率就是介于2%和10.2%之间。如果Quandl得到的电邮收据记录显示亚马逊用户在第三季度比第二季度多花了3.6%，那么就可以使用3.6%作为增长率的估计值。当然3.6%相对靠近2%的管理层预测下限。而如果Quandl的数据显示的增长率达到了12.5%，那么可以认为亚马逊的销售增长率很可能处于管理层预测范围的上限，这个时候可以使用10.2%作为增长率的估计值。通过这个简单的例子可以看出，管理层预测数据是先验信息，而电邮收据的信息则体现了对于先验信息的贝叶斯调整，进而形成销售增长率的后验分布。图2.14就描述了这个信念更新的机制。图中表明先验分布仅仅使用了管理层预测的增长率范围，比如介于2%和10.2%之间，而电邮收据数据则表明销售增长率分布的众数是3.6%。

图2.14　亚马逊销售额增长率预测的贝叶斯分析

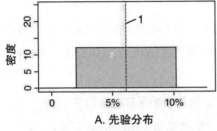
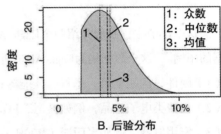

A. 先验分布　　　　　　　　　　　　　　B. 后验分布

资料来源：De Rossi et al.（2019）。

　　为了比较从管理层预测数据和电邮收据数据中得到的销售增长率，De Rossi et al.（2019）还使用了从I/B/E/S得到的分析师平均估计值，后者可以代表市场共识。这个数据可以在每个季末的一周之后得到。在这个时间点上，Quandl已经把上一季度客户交易的数据处理完毕，并且添加到数据集中。因此这个时候我们可以同时得到电邮收据和分析师预估代表的市场共识这两种预测。表2.5对比了几种方法的预测绩效。从中可以看出，就平均绝对误差（mean absolute error/MAE）这个指标来看，基于电邮收据的预测要好于市场共识的预测，但是从均方根误差（root mean square error/RMSE）来看，市场共识的预测绩效会更好。De Rossi等人就指出这是由于样本早期时段上少数异常值导致的。第三列给出的是命中率（hit rate）指标，它表示在样本时段上电邮收据数据可以改进市场共识的次数。结果表明，在2/3的时段上电邮收据数据可以做到这一点。最后一行把在市场共识以及电邮数据和管理层预测这两个方法得到的结果取简单平均，结果表明平均绝对误差和均方根误差会进一步下跌，同时命中率提升到3/4的水平。

表2.5　销售增长率预测绩效

预测指标	平均绝对误差	均方根误差	命中率
（1）市场共识	1.76%	2.11%	
（2）电邮收据+管理层预测	1.64%	2.34%	66.7%
（1）和（2）的组合	1.21%	1.47%	75.0%

资料来源：De Rossi et al.（2019）。

商品价格数据

这个小节中，我们介绍两个Eagle Alpha（2018）基于大型零售商网站价格数据的用例。[12]这个数据集为Eagle Alpha所有，涵盖超过100个品牌和公司，包括：

（1）硬件，例如苹果、思科、佳能等；

（2）消费类电子产品，例如索尼、LG电子、哈曼音响（Harman）；

（3）家用电器，例如惠而浦（Whirlpool）、伊莱克斯（Electrolux）等；

（4）休闲产品，例如美泰玩具（Mattel）、孩之宝玩具（Hasbro）等。

目前这个数据集涉及的是美国消费市场上运营的美国公司，而且可以映射到公司的股票代码上。数据集的历史是从2013年开始，数据搜集和发布的频率包括日、周和月，滞后时间是1天。这个数据集覆盖的品牌和公司还在不断增加。

Eagle Alpha的这个数据集在消费品销售的方向性预判上很有价值，尤其是在主要产品发布的前后。截至2018年，Eagle Alpha发布了21份基于网络爬取价格数据的消费股季度报告，其中有13份报告的预测后来证明是准确的，这样命中率（hit rate）大约是62%。

随着线上零售的发展，类似亚马逊和百思买这样的线上零售平台的数据就更适合用于调查消费者的情绪。2017年亚马逊已经占据全美电子商务销售额的44%。这样凭借平均售价（average selling prices/ASP）、月销售量以及价格下降频率等指标，投资者就可以深入了解相关产品和公司的竞争环境以及销售情况。

12　它们分别是Eagle Alpha（2018）中的用例26和用例25。

1.预测公司销售业绩

第一个用例讨论的是美国Fitbit公司。这是一家美国消费电子产品的生产商，主要产品包括活动追踪器、智能手表和无线可穿戴智能产品等，这家公司在纽交所上市，股票代码是FIT。

这家公司在2015年6月17日上市，当时是席卷全球可穿戴设备热潮的领头人。上市首日公司股价从20美元上涨了近50%。接下来的数周里，得益于人们持续看好健身穿戴市场的发展，这样Fitbit股价持续上涨。但是当公司股价在8月达到51美元的高峰时故事开始出现了变化。Fitbit的成功催生了一批竞争对手，这其中包括其他的初创公司以及苹果、三星和小米等公司的竞争，这样公司股价就从2015年8月的51美元高点下跌到2017年7月的5美元。

2017年7月份市场对于Fitbit公司并不看好。当苹果这样的大公司开始进入市场时，Fitbit不仅开发了健身跟踪产品，而且还开发了智能手表。Fitbit发布了有竞争力的产品，但是华尔街认为这些产品并不是足够好。当时投资者认为Fitbit在第二季度每股会亏损15美分，因为市场认为Fitbit的收入会下跌42%。

不过很多投资者并不知道的是Fitbit基本面正在发生变化，但是传统数据无法捕捉到这个事实，而Eagle Alpha从网络电商平台上抓取到的价格数据则体现了这一点。图2.15给出了在亚马逊（Amazon）和百思买（Best Buy）这两个电商平台上的产品和价格信息。

图2.15　网络抓取的价格数据

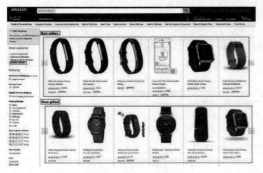

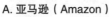

A. 亚马逊（Amazon）　　　　　B. 百思买（Best Buy）

资料来源：Zyte team（2018）。

通过跟踪这些电商平台上的销售数据，Eagle Alpha推断出Fitbit的可穿戴健身手表的数量稳定下来，这就表明竞争对手的数量不会再增加了。接着如图2.16A所示，尽管受到了来自Garmin和三星公司的竞争，但是Fitbit在2017年第一季度恢复了在畅销品市场的份额，同时在第二季度还继续维持着这一比率。同时图2.16B中Fitbit健身手表综合排名第一的天数也表明了类似的结果。

更为重要的是，图2.17表明Fitbit在维系市场份额的同时并没有降低平均售价。结合传统的公司财报数据，网络抓取的产品和价格数据表明Fitbit在2017年第一和第二季度的销售改善，同时平均售价没有下跌。这些销售趋势的变化并没有体现在2017年第一季度报告的收入中，因为当时在渠道商那里还有过多的库存。Fitbit的管理层曾经在第一季度财报电话会议中指出一季度的库存减少了30%，由此表明第二季度渠道商面临的压力会得到很大程度的缓解。

图2.16　健身穿戴畅销品市场份额和平均售价（2015年第四季度至2017年第二季度）

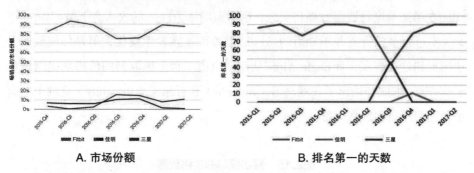

A. 市场份额　　　　　　　　　　B. 排名第一的天数

资料来源：Zyte team（2018），Eagle Alpha（2018）。

图2.17　健身穿戴设备的平均售价

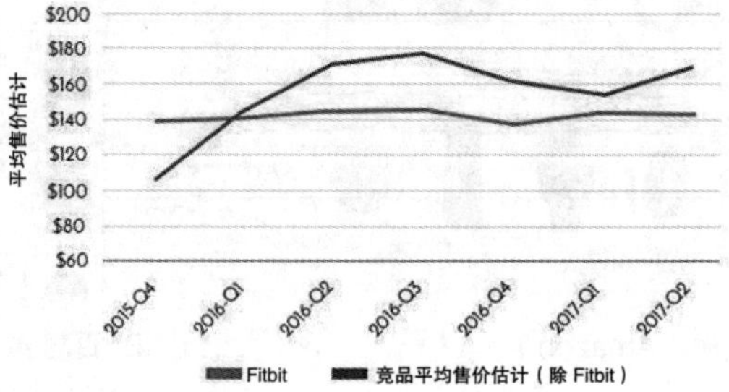

资料来源：Zyte team（2018）。

综合传统的财报数据和电商平台的另类数据，Eagle Alpha就得出了一个和当时市场共识不一致的判断。如前所述，市场认为在2017年第二季度公司的收入会继续下跌，每股会损失0.15美元。Eagle Alpha认为Fitbit在第二季度的销售业绩会和第一季度报告的相似，但是考虑到第二季度渠道商存货的减少，第二季度的收入将会超过第一季度，从而改善公司股价。Eagle Alpha对自己的分析判断很是自信，因此就在Fitbit公布第二季度财报之前的一个月，也就是7月4日发布了自己的分析报告。

2017年8月2日，Fitbit发布了第二季度报告，结果正如Eagle Alpha事前分析所预测的那样，公司收入为3.533亿美元，高于市场预期的3.392亿美元，由此每股只损失了0.08美元，几乎是预期亏损0.15美元的一半。高于预期的收入马上刺激了公司股价，在一天之内从5.08美元上涨到5.84美元，两个月后攀升到6.98美元。

2.预测公司基本面情况

第二个用例涉及美国加利福尼亚州的GoPro公司，这家公司专门研制和生产供极限运动使用的高清运动相机，以及开发相关的移动应用程序和视频剪辑软件。这家公司在纳斯达克市场上市，股票代码是GPRO。

GoPro公司一度是股票市场的宠儿，自从2014年6月IPO上市以来，公司股价一路上升，并且在2014年10月14日飙升到98.47美元的历史高点。当时投资者对这家公司充满了信心，认为这家公司的创新相机和无人机等产品可以成为新型生活方式的要件。

Ealge Alpha在2015年10月21日发布了第一份关于GoPro公司的商品价格数据分析报告，结果表明这一年第三季度的收入可能会疲软。因为来自网络爬取的数据表明对公司产品的需求在下降，同时向低端产品的转移也影响到平均售价。而当时有68%的股票分析师建议投资者继续买入这只股票。事后证明Eagle Alpha准确预判了这家公司无法实现第三季度的目标。GoPro公司报告第三季度盈利4亿美元，这比预期少了3000万美元。公司预计第四季度收入将在5亿美元到5.5亿美元之间，同比下降17%。网络爬取的价格数据之所以有效是因为它捕捉到GoPro把Hero 4的价格从399美元调整至299美元这个信息。

在第三季度财报电话会议上，公司首席执行官Nicholas Woodman指出了这个季度业绩不佳的一个原因是调降Hero 4的价格，而之所以调整价格则是因为相机的质量有问题。这次电话会议充分反映了Eagle Alpha数据分析报告中的观点，也就是GoPro在面对低价竞争的市场环境存在着定价错误的问题，以及对于高价相机需求弱化的问题。

随着极限运动相机平均售价的变化，GoPro公司的命运也就随之起伏。在2014年第四季度和2015年初，高端极限运动相机的平均售价达到历史高点，因此GoPro公司股价创历史高点，投资者情绪在不断增强。从2014年11月到2015年3月之间，平均售价持续上升，而产品数量则维持稳定，图2.18就说明了这一点。另类数据很好地抓取到这个市场饱和的模式，由此就让投资者可以在传统数据预示公司风险之前看到这一点。

图2.18　运动相机的平均售价和产品数量

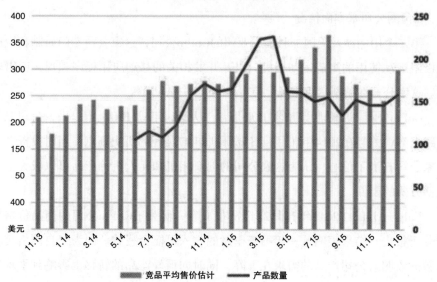

资料来源：Zyte team（2019）。

图2.19表明，从2013年第四季度到2015年第四季度，可穿戴运动相机的高端、中端和低端市场经历了一波从区分到收敛的过程，最终三个市场的份额大致相当。通过从网络上抓取的大量价格数据，Eagle Alpha抓住了这个消费者偏好变化的趋势，并且在2016年2月9日发布的报告中进一步指出了GoPro面对的价

格压力，以及在低端相机上的增长无法弥补中高端产品价格和市场份额收缩带来的损失。这样GoPro公司产品需求就存在着压力，而且平均售价这个指标依然表现不佳。到了2016年第三季度，Eagle Alpha的分析表明运动相机市场的关键元素趋于稳定，但是压力依然存在。

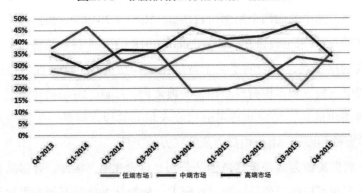

图2.19　根据价格区分的畅销产品份额

资料来源：Eagle Alpha（2018）。

Eagle Alpha对GoPro公司基本面做出的负面判断也反映在公司股价上，图2.20表明了GoPro股价和标准普尔500指数在报告期内的表现，从中可以明显看出股价的低迷表现。2016年11月，公司裁员15%，同时解雇了从微软聘请来的公司总裁Anthony Bates。

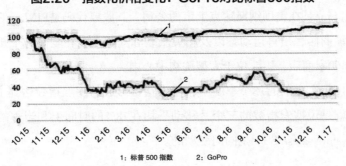

图2.20　指数化价格变化：GoPro对比标普500指数

资料来源：Eagle Alpha（2018）。

五、投资者关注数据

线上搜索数据

这个小节中我们介绍三个基于谷歌趋势（Google Trends）的线上搜索数据集应用案例，其中前面两个用例引自Eagle Alpha（2018），最后一个用例出自Citi（2017），后来也收录在Eagle Alpha（2018）中。[13]谷歌趋势是基于谷歌搜索的公共网络工具，它表明了某个特定搜索词在世界不同地区的总搜索量中的输入频率。根据和零售商产品相关的搜索词，Eagle Alpha构建了公司搜索指标。需要指出的是，寻找和特定公司收入相关的搜索词是一个繁琐复杂的过程，其中要使用Eagle Alpha内部以及第三方的工具。

这个数据集覆盖的是全球范围的公司，涉及B2B、零售、奢侈品和酒店等行业。数据集可以映射到公司股票代码上，同时从2006年开始提供数据。数据以日、周和月的频率进行搜集，同时每月发布一次，滞后期是1~3天。通过观察搜索指数的三个月和一个月移动平均的交叉点，我们就可以看到在零售、奢侈品和餐饮等行业内公司收入增长的拐点。

截至2018年，Eagle Alpha数据分析团队基于谷歌搜索数据针对消费类公司发布了49份季度报告，其中有37份报告对后市的判断被证明是正确的，这样命中率就高达76%。

1.预测同店销售额 I

Finish Line是在美国纳斯达克上市的公司，其股票代码是FINL。它是一家美国零售连锁商店，出售运动鞋以及相关服装和配饰。它在全美47个州以及波多黎各设有660家商店，主要位于大型购物中心内。

在2016年底之前的18个季度中，搜索指数形成的拐点指标达到了78%的命中率，也就是说搜索指数的三个月移动平均在78%的时间上和当季的同店销售额（same-store sales/SSS）是同向变动的。

13　它们分别是Eagle Alpha（2018）中的用例30、用例31和用例32。

2016年12月5日，Eagle Alpha基于谷歌趋势数据发布了FINL的报告，图2.21表明在2016年8月公司发布季度报告之前搜索指数已经显示了上升趋势，而8月份发布的季度公告则证实了这一点。但是这个指数在2016年11月份针对第三季度则出现了方向性的变化，因此Eagle Alpha的分析师预测这个季度的业绩可能会表现不佳。分析师在报告中明确指出："近几个月来，FINL搜索指数出现了大幅下降趋势，这表明FINL同店销售额的增长面临着风险，亦或管理层对于（明年）2月份的季度前景看法可能会令人失望"。

图2.21　FINL的搜索指数

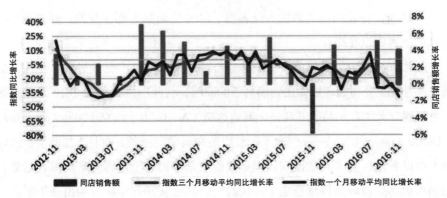

资料来源：Eagle Alpha（2018）。

2016年12月21日FINL发布了三季度报告，结果表明这个季度业绩表现疲软，并且认为下个季度的表现也不会很好。公司首席执行官Sam Sato就说："我们对三季度的销售和盈余低于预期感到失望。" 当时管理层预期三季度的同店销售额增长会超过4%，但是实际上只增加了0.7%，而这个数字在2017年2月发布的季报中进一步下跌到-4.5%。

这个案例表明搜索指数在公司财报正式发布之前准确预估到FINL同店销售额发生的问题。因为公司的基本面发生了变化，自从公司财报正式发布之后，股价出现了明显的下跌。

2.预测同店销售额Ⅱ

除了前面的FINL公司，Eagle Alpha还讨论了谷歌搜索数据针对另外一家美国体育用品公司Foot Locker的业绩含义。Foot Locker是运动服和鞋类的零售商，它在全球28个国家和地区开展业务，它是纽约证券交易所上市公司，其股票代码是FL。

2016年12月，Eagle Alpha使用谷歌趋势数据发布了针对体育零售商FINL和FL的报告，其中表明了对FINL公司同店销售额增长的忧虑。2017年2月，Eagle Alpha再次发布报告，其中表明针对FL公司搜索数据的信号正在恶化，从而业绩可能达不到公司的预期。但是FL公司对一季度的同店销售额给出了积极的信号。到2017年4月，公司提前预报一季度的业绩表现不好，把同店销售额的增长率从5%下调到2%。而在正式发布的季报中，公司的同店销售额只增加了0.5%。这样，谷歌的搜索数据不仅表明了FINL公司基本面在变差，同时也表明了FL的基本面也在恶化。

这两家体育用品公司的负面趋势让Eagle Alpha对这个行业进行了更深入的调查，寻找让公司管理层做出错误判断的原因。就此Eagle Alpha利用谷歌趋势数据为全球三大体育用品服务商——阿迪达斯（Adidas）、耐克（Nike）和安德玛（Under Armour/UN）——创建了运动服装和运动鞋指数，如图2.22所示。从该图中可以看出，基于谷歌搜索数据形成的三家公司三个月移动平均综合指数在2016年初达到高峰后持续稳定了一段时间，然后从2016年中开始出现下滑。而在公司个体层面，耐克的三个月移动平均指数在2016年初首先开始下跌，然后安德玛和阿迪达斯的三个月移动平均指数分别在2016年中和2016年末开始下跌。

图2.22　全球三大体育用品品牌的搜索指数

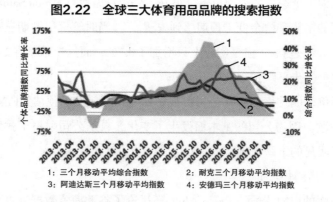

1：三个月移动平均综合指数　　　　2：耐克三个月移动平均指数
3：阿迪达斯三个月移动平均指数　　4：安德玛三个月移动平均指数

资料来源：Eagle Alpha（2018）。

Eagle Alpha的行业趋势分析表明，FINL和FL公司的问题更多是来自行业变化，而不是公司层面。这两家公司基于搜索数据的信号在2017年6月依然表现不佳，这表明同店销售额会进一步恶化。后来这两家公司的季报都很不好，因此股价大跌。从2016年12月到2017年9月，两家公司的股价分别下跌了65%和55%。直到2018年，投资者才开始意识到零售商的负面业绩对阿迪达斯和耐克的影响，而来自谷歌的搜索数据则表明整个行业的逆风是显而易见的。

3.预测同店销售额Ⅲ

这个案例摘自Citi（2017）的《寻找alpha：大数据》的报告，相关的公司是博柏利（Burberry）。博柏利是全球知名的奢侈品和时尚用品公司，经营的产品包括女装、男装、童装、化妆品、香水、家居用品等，它是在伦敦证券交易所上市的公司，股票代码是BRBY。

从图2.23中可以看出，搜索指数的一个月和三个月移动平均同比增长率的交点是同店销售同比增长率变化的主要拐点。与此同时，来自彭博社的数据显示，分析师们对于同店销售额的预测方面是很差的，因为这些分析师报告和公司财报报告的真实数据相关性只有20%。但是基于Eagle Alpha针对博柏利的搜索指数，无论是一个月还是三个月移动平均同比增长率都和公司真实数据可以达到或超过70%的相关性，这是一个很明显的提升。不仅如此，搜索数据还具有及时性，因为在季末就可以获得这类数据，而官方的真实数据至少要在季末后的三周内公布。相对于公司财报数据，搜索数据集带来的更大的相关性和更快的及时性就让它们具有很大的商业价值。此外图2.24表明了同店销售额对于股票价格的影响，特别是其中的意外成分（surprise component）。换句话说，市场会对销售额正面或者负面意外做出反应。

图2.23　博柏利同店销售额和Eagle Alpha（EA）搜索指数

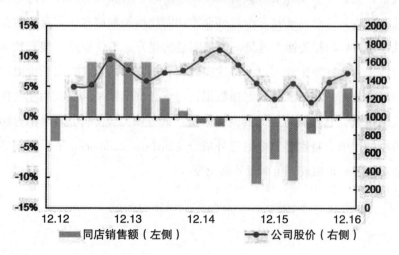

资料来源：Citi（2017）。

图2.24　博柏利同店销售额和公司股价

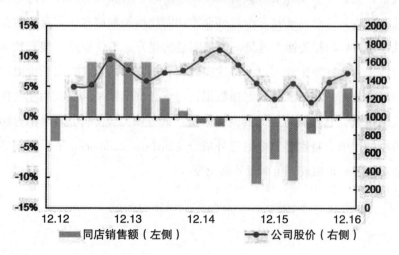

资料来源：Citi（2017）。

　　这个案例说明，使用谷歌趋势数据可以更好地预测销售拐点，这样相比于大多数投资者，充分利用谷歌趋势数据的投资者就可以更快并且更准确地采取行动。

就业数据+线上搜索数据

这个小节我们将介绍两个同时使用就业数据和线上搜索数据的应用案例，它们改编自Eagle Alpha（2018）的另类数据用例集。[14]这里的就业数据来自就业数据用例中的招聘岗位（job listing）数据集，这个数据集整合了超过3万个公司网站每天400万个工作岗位的就业信息。线上搜索数据则是前面介绍的谷歌趋势数据。

1.预测同店销售额Ⅳ

当前的用例所涉及的公司是本章"二、卫星图像数据"用例中的契普多墨西哥餐厅（CMG）。2017年10月16日，Eagle Alpha结合就业和线上搜索数据发布了针对CMG公司的报告。图2.25报告了这家公司招聘岗位一个月和三个月移动平均同比增长率和同店销售额同比增长率的变化情况。从历史数据来看，招聘岗位的增长率是收入增长率出现拐点的重要信号，例如同店销售额在2015年增速放缓，以及在2016年中到达底部的情况。就2017年的情况来看，招聘岗位的增长率在第二季度开始下降，这表明公司绩效增长的长期动能开始停滞了。

图2.25　CMG的招聘岗位增长率和同店销售额增长率

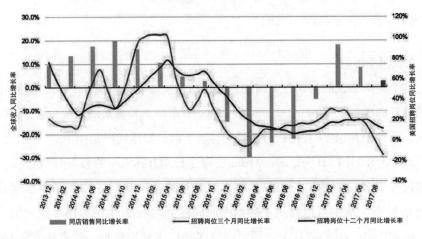

资料来源：Eagle Alpha（2018）。

14　它们分别是Eagle Alpha（2018）中的用例22和用例27。

CMG公司的线上搜索数据反映了相似的故事。图2.26显示了CMG公司搜索指数的变化。从中可以看出，在2017年6月搜索指数同比增长率为0%，然后在7月随着一个月和三个月指数移动平均值交叉而变为负数。根据Eagle Alpha的报告，搜索词反映到公司财报数字中大概需要一个季度的时间。2017年10月25日，CMG公司发布财报表明第三季度表现不佳，同时降低了对于全年业绩的预期，由此证明了就业数据和线上搜索数据对于公司基本面信息的领先效应。

图2.26　CMG的搜索指数增长率和同店销售额增长率

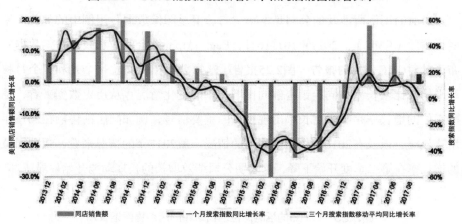

资料来源：Eagle Alpha（2018）。

2.预测季度收入

这个案例涉及的公司是美国的软件产品开发商和销售商HubSpot，在中小企业的软件即服务（Software as a Service/SaaS）市场上具有垄断地位。它于2006年成立，并且于2014年8月在纽约证券交易所上市，股票代码是HUBS。

2017年10月11日，Eagle Alpha发布了针对HubSpot的数据分析报告。图2.27报告了公司招聘岗位三个月和十二个月移动平均同比增长率和季度收入同比增长率。从中可以看出上述两个时间序列的相关性在2016年底发生了分离，因此Eagle Alpha就认为，招聘岗位在2017年加速增加，这意味着HubSpot的管理层对于公司未来前景看好，由此对随后几个季度中收入增长持有正面看法。

图2.27　HubSpot的招聘岗位增长率和季度收入增长率

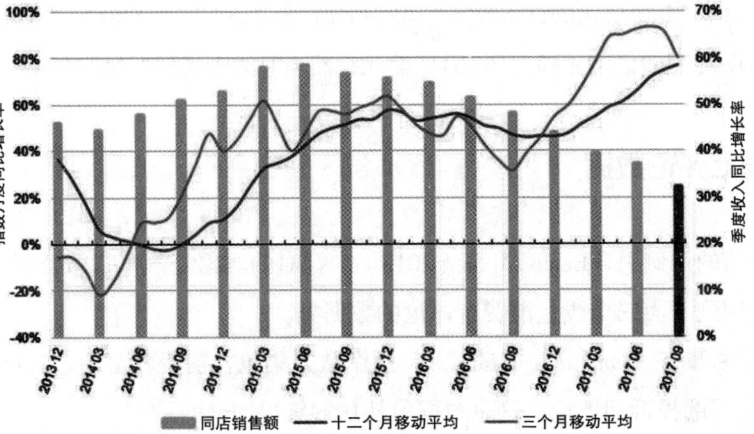

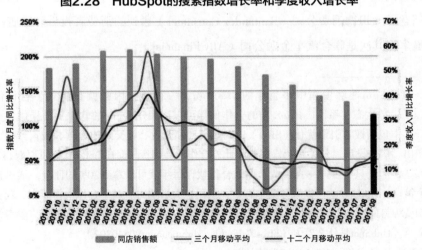

资料来源：Eagle Alpha（2018）。

　　图2.28给出了基于HubSpot特定词语的谷歌趋势数据得到的搜索指数变化率。图中表明了类似的趋势：这个指标在2016年底触底，同时三个月移动平均增长率超越了十二个月移动平均增长率。Eagle Alpha认为这是一个具有正向含义的拐点，但是它还需要几个季度才能够反映在公司的基本面信息中。

图2.28　HubSpot的搜索指数增长率和季度收入增长率

资料来源：Eagle Alpha（2018）。

2017年11月3日，Hubspot 报告当年的第三季度业绩比预期来得好，收入同比增长了38%，其中公司的订阅收入（subscription revenue）增长了40%。[15] 这样公司就把全年收入从3.7亿美元提升到3.71亿美元，而当时的市场预期是3.6794亿美元。

线上评论数据

当前的用例引自Eagle Alpha（2018），针对的对象是汽车贷款公司。[16] 这个用例使用到下面三个线上消费者评论的数据集。

（1）消费事务（consumer affairs）：这个数据集包含消费者对超过3,300家美国公司的投诉和评论，这个数据集从1999年1月开始。[17]

（2）商业促进局（Better Business Bureau/BBB）：这个机构的功能是解决消费者和企业之间的纠纷，从而在两者之间建立互信。这个机构会收集和提供企业的评级，其数据集从2012年1月开始。

（3）消费者金融保护局（Consumer Finance Protection Bureau/CFPB）：这是美国政府的一个监管部门，它有一个消费者投诉金融服务公司的数据集供用户访问，其数据集从2011年1月开始。

2015年10月13日，Eagle Alpha的数据分析团队基于上述数据集发表了一份有关美国汽车贷款机构的研究报告，其中强调了这些机构在客户服务方面提供的问题。桑坦德消费公司（Santander Consumer）遇到的消费者投诉和审查的问题最多，其次是联合汽车金融公司（Ally Financial）：

15　HubSpot能够占领中小企业的B端市场，一个核心因素就是建立了合作伙伴（Partner）生态关系网。HubSpot的合作伙伴可以运用HubSpot的软件工具提供多种服务，其中包括搜索引擎优化（SEO）、网站设计和开发、社交媒体运营、线索产出、内容产出、广告设计、公关和销售服务。此外合作伙伴销售一套HubSpot软件可以获得20%的佣金，而且只要客户一直续费，那么合作伙伴每年就可以拿到20%的佣金。通过执行这个策略，HubSpot就可以服务更多客户，从而扩大影响力。对于合作伙伴而言，现在项目制变为订阅制，由此获得了持续的现金流。有关HubSpot的运营策略读者可以参考知乎的文章《HubSpot是什么？》（https://zhuanlan.zhihu.com/p/90540307）。

16　它是Eagle Alpha（2018）中的用例38。

17　这个数据集的网页是：www.consumeraffairs.com。

· 在消费者金融保护局数据集中存在的消费者投诉次数最多；

· 在商业促进局数据集中存在的消费者投诉最多；

· 在消费事务数据中得到的差评次数最多。

　　图2.29报告了2015年消费者金融保护局收到的有关车辆贷款和租车服务方面的投诉次数，涉及12家汽车贷款服务机构，表2.6给出了这些贷款服务机构的基本情况。图2.29清楚地表明了桑坦德消费公司和联合汽车金融公司的问题。

图2.29　2015年CFPB的汽车贷款和租车服务投诉次数

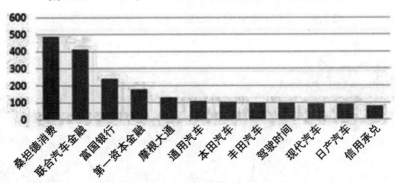

资料来源：Eagle Alpha（2018）。

表2.6　12家汽车贷款机构基本信息

公司名称（英文）	公司名称（中文）	股票代码	交易场所
Santander Consumer	桑坦德消费	SC	NYSE
Ally Financial	联合汽车金融	ALLY	NYSE
Wells Fargo	富国银行	WFC	NYSE
Capital One	第一资本金融	COF	NYSE
JP Morgan Chase	摩根大通	JPM	NYSE
General Motors	通用汽车	GM	NYSE
Honda Motors	本田汽车	HMC	NYSE
Toyota	丰田汽车	TM	NYSE
DriveTime	驾驶时间		
Hyundai Motor	现代汽车	HYMTF	OTCMKTS
Nissan	日产汽车	NSANY	OTCMKTS
Credit Acceptance	信用承兑	CACC	NASDAQ

　　在上述汽车贷款机构的报告发布九个月后，桑坦德消费者公司的股价下跌了45%。当时市场正在抛售汽车贷款机构的股票，因为美国的汽车销售处于一个周期性的峰值状态。但是图2.30表明，桑坦德消费公司股价的跌幅超出了汽车贷款机构的股票。虽然桑坦德消费公司的业务遭遇到的困境并不直接和差评相关，但是差评和投诉是一个"矿井金丝雀"式的信号。[18]这些数据表明有关公司服务质量的评价是有价值的，而且它们的确会影响到公司的运营和利润，进而影响到公司股价。

图2.30　2015年10月13日后一些汽车贷款机构的股价

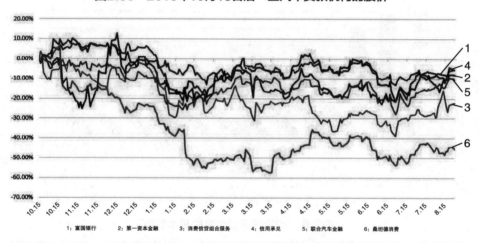

资料来源：Eagle Alpha（2018）。[19]

18　矿井金丝雀（canary in the coalmine）是一个隐喻。17世纪，英国矿井工人发现，金丝雀对瓦斯这种气体十分敏感。空气中哪怕有极其微量的瓦斯，金丝雀也会停止歌唱；而当瓦斯含量超过一定限度时，虽然鲁钝的人类毫无察觉，金丝雀却早已毒发身亡。当时在采矿设备相对简陋的条件下，工人们每次下井都会带上一只金丝雀作为"瓦斯检测指标"，以便在危险状况下紧急撤离。

19　图中的消费者信贷组合服务（Consumer Portfolio Services）是在纳斯达克上市的公司，股票代码CPSS，它没有在图2.29和表2.6中列出。

社交媒体数据

这一节我们介绍两个来自Eagle Alpha（2018）的用例。[20] 这两个用例都用到社交媒体的数据，后者是通过和推特、脸书、优兔（Youtube）和图奇（Twitch）之间的公开互动创建的。使用者可以直接访问这些数据，亦或通过第三方平台来获取这些数据。直到2018年，Eagle Alpha的数据分析团队发布了15篇基于社交媒体数据的季度报告，结果表明其中的11份报告预测准确，因此命中率达到了73%。

1.评估用户关注度

第一个用例分析的对象是游戏厂商动视暴雪（Activision Blizard）开发的《守望先锋》。动视暴雪是总部位于美国加利福尼亚州的一家电子游戏开发商，其股票在纳斯达克市场进行交易，股票代码是AVTI。

2016年6月3日，Eagle Alpha发布了针对动视暴雪发行的游戏《守望先锋》（Overwatch）的分析报告。这份报告讨论了这款游戏成为爆款的可能性，就此报告基于社交媒体的数据把《守望先锋》与《全境封锁》（The Division）、《黑色行动3》（Black Ops III）和《辐射4》（Fallout 4）这三款游戏进行了对比。结果表明，与上述三款游戏相比，《守望先锋》在推特上获得的关注度更高，同时推文标题中的强烈正面情绪也表明了消费者的正面反映。

表2.7列出了上述四款游戏的基本信息，图2.31则给出了这些游戏在发布第一周的推文次数。从中可以看出，《守望先锋》发行的首周总计得到了超过120万条推文的关注，而其他三款游戏的推文量则要少很多：《黑色行动3》的推文量是100万条；《辐射4》的推文量是84万条；《全境封锁》的推文量则只有72万条。

---

20 它们分别是Eagle Alpha（2018）中的用例34和用例36。

表2.7　四款游戏资料

游戏名称（英文）	游戏名称（中文）	发行公司（英文）	发行公司（中文）	股票代码	交易场所	游戏类型	首次发布日期
Overwatch	守望先锋	Activision Blizzard	动视暴雪	ATVI	NASDAQ	团队动作游戏	2016.5.24
The Dividsion	全境封锁	Ubisoft	育碧	UBSFY	OTCMKTS	第三人称射击游戏	2016.3.8
Black Ops III	黑色行动3	Activision Blizzard	动视暴雪	ATVI	NASDAQ	第一人称射击游戏	2015.8.19
Fallout 4	辐射4	Bethesda	贝塞斯达			角色扮演游戏	2015.11.10

图2.31　四款游戏发布首周的推文数量

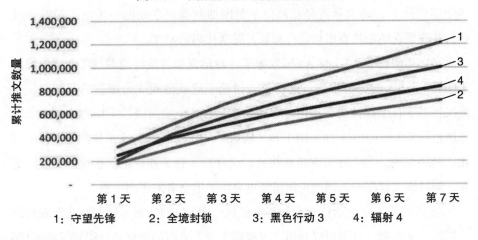

1：守望先锋　　2：全境封锁　　3：黑色行动3　　4：辐射4

资料来源：Eagle Alpha（2018）。

除了社交媒体数据，这个用例还使用了Eagle Alpha的网络查询（Web Queries）工具。这个工具可以让客户获取超过9000万个网络来源，这些网络来源包括博客、图像和视频网站、论坛、评论网站、社交媒体和新闻网站等。网络查询工具可以用来分析消费者对于《守望先锋》和其他三款游戏的评论和情绪。图2.32就报告了这四款游戏在第一周的统计数字，它也说明了《守望先锋》具有优良的表现。

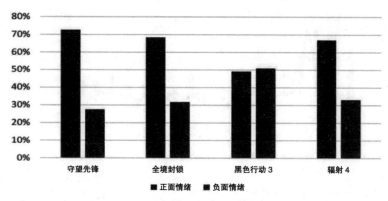

图2.32　一些游戏发行首周的推文情绪

资料来源：Eagle Alpha（2018）。

在游戏发行三周之后的6月14日，动视暴雪报告称《守望先锋》已经拥有1000万名玩家。与之相比，《全境封锁》在发行两个月后才拥有了950万名玩家。到了2016年8月，《守望先锋》的玩家数突破了1500万，这比动视暴雪历史上发行的其他所有游戏达到这个数字的时间都要快。而在2017年1月，公司宣布《守望先锋》的玩家数量进一步突破了2500万，从而达到了新的里程碑。

2.预测销售额

第二个用例分析的是露露乐蒙（Lululemon）公司的销售增长率。露露乐蒙是一家加拿大的体育装备和用品生产商，它在纳斯达克市场进行交易，股票代码是LULU。2015年在天猫上开设了旗舰店，2016年开始在中国内地建立线下商店。

除了社交媒体数据，这个用例还同时使用到前面介绍的基于谷歌趋势的线上搜索数据以及第四小节介绍的商品价格数据，同时也应用了Eagle Alpha的网络查询工具。

自从2016年初以来，露露乐蒙的同店销售额同比增长率一直在减少，第二季度的数据尤其难看。但是Eagle Alpha在2016年11月22日发布的报告中认为，图2.33中第三季度的搜索数据表明同店销售额在前两个季度的减速势头已经在第三季度得到了遏制。

图2.33　露露乐蒙的同店销售额增长率和搜索指数增长率

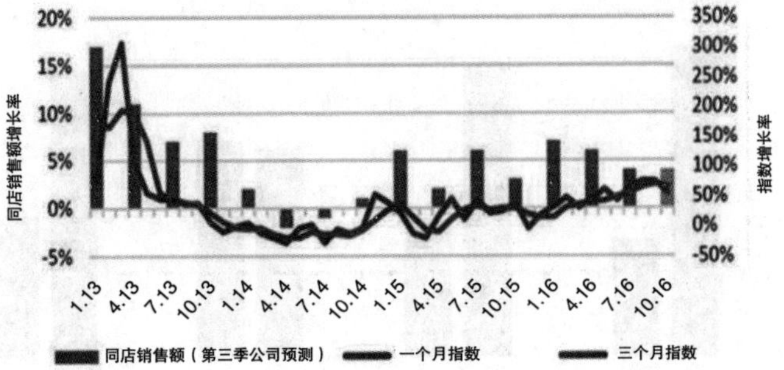

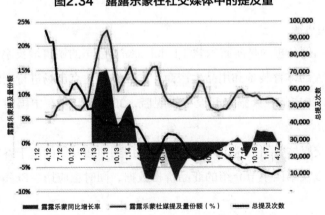

资料来源：Eagle Alpha（2018）。

　　来自社交媒体的数据显示，运动休闲产业经历了一波持续的压力，但是图2.34表明在2016年第二季度，露露乐蒙自从2014年以来第一次在论坛和博客等社媒中的份额同比增长率变正，这表明其竞争地位正在提升。最后，如图2.35所示，商品价格数据集表明露露乐蒙在2016年第三季度的平均售价增长率为13%，这是2015年第一季度以来最大幅度的提升。[21]

图2.34　露露乐蒙在社交媒体中的提及量

资料来源：Eagle Alpha（2018）。

21　图2.35中的Nordstrom是一家美国高档时装零售商，其中文名是诺德斯特龙，它在纽约证券交易所上市交易，股票代码是JWN。

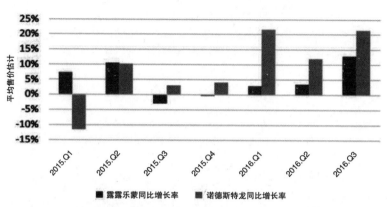

图2.35 露露乐蒙的平均售价增长率

资料来源：Eagle Alpha（2018）。

根据上述另类数据的分析，Eagle Alpha最终的结论是，市场普遍预期露露乐蒙在2016年第三季度收入同比增长13%，这略微低于在2016年第二季度公司报告的14%。这个销售额增长率看起来是可以实现的。2016年12月7日，露露乐蒙发布的公告显示第三季度销售额同比增加了13%，这和Eagle Alpha报告的预期完全相符。

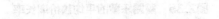

第三章

利率和汇率

从资产类型上看，除了近些年兴起的数字货币以及一些另类资产（alternative asset），金融资产可以分为股票、债券、汇率和大宗商品四大类，而债券又可以进一步分为利率和信用两大部类。在这些资产类型中，利率、汇率和大宗商品都会受到宏观经济的影响，因此这些资产也被称作是宏观资产（macro-assets）。对于宏观资产的交易者而言，另类数据可以改进相关经济变量的实时预测以及未来走势的预测，可以了解市场情绪的变动以及提升对市场波动率的估计。

在本章中我们将讨论另类数据在利率和汇率投资中的应用，而在后面两章中我们将讨论另类数据在大宗商品和重要宏观经济变量预测中的应用。

一、文本数据

推特推文

美国一个重要的宏观经济指标是由劳工统计局（Bureau of Labor Statistics/BLS）在每个月第一个周五美东时间早上8点30分发布的《就业形势报告》（Empolyment Situation Report）。这个报告会发布上个月美国就业市场的统计数据。从美国官方公布的统计指标来看，就业市场的数据往往是首先发布的经济硬数据。[1]在此之前，很多涉及宏观经济的数据往往通过调查形成软数据，例如

1　在劳工统计局发布《就业形势报告》之前，私人咨询机构ADP研究所（ADR Research Institute）也会编辑就业报告，但是市场对于ADP的就业报告关注度比较低。

PMI指数。[2]

参照BLS（2019），《就业形势报告》公布的数据分为两部分：第一部分是针对大约6万户家庭进行的家庭调查（household survey）以及针对14.2万家企业进行的机构调查（establishment survey）。在这些统计数据中，金融市场最为关注的是家庭调查中的全国失业率以及机构调查中的非农就业数据（nonfarm payroll/NFP）。金融市场对非农就业人数的预期一般是通过针对金融机构工作的经济学家进行调查形成的，比如金融信息服务商彭博社做的调查。如名称所示，非农就业不包括务农人口，因为从事农业工作往往存在着较为明显的季节效应，[3]此外政府工作人员、私人雇员以及非营利组织的工作人员也不包括在内。《就业形势报告》还会发布对先前预估数据的修订以及很多其他涉及就业的统计数据，包括平均工作时间等。同时这份报告中的数据很多时候具有比较好的细粒度，也就是可以针对不同的州和不同的行业发布数据。

官方公布的实际非农就业和市场预期（或者说市场共识）之间通常存在着差额，类似于盈余意外，我们可以把它称为非农就业意外。从历史上看，非农就业意外的变化和美国国债收益率以及美元汇率之间往往存在着密切的关系。这背后的经济解释是：当美国就业数据表现良好时，联邦公开市场委员会（FOMC）就很肯定持有紧缩态度，国债收益率随之就可能攀升；而当就业数据很差的时候，FOMC就会采取相反的立场，国债收益率相对就会下滑。通常情况下，美元也会做出类似的反应，从而和美国国债收益率同向变动。当然从历史上看也存在着反例，比如在金融危机发生之后，美元会在就业数据很差的情况下走强。之所以产生这个现象是因为美元是全球最重要的储备货币，这样当金融危机发生之后，全球投资者会出现大量持有美元的避险（flight-to-safety）交易行为。图3.1表明了从2011年到2016年，非农就业意外变化和就业形势发布一分钟之后美元/日元汇率变动之间的关系。从中可以看到，当就业意外非常高的时候汇率市场的反应呈现非线性特征。换句话说，当就业意外大幅上

2　我们在《另类数据：理论与实践》一书第七章第四小节中介绍了PMI指数。

3　从历史上看，农业就业的统计数据是由美国农业部通过农业普查（Census of Agriculture）进行收集的。

升的时候，美元/日元汇率往往会上升更高；而当就业意外出现大幅下跌时，这个汇率往往会下跌更大的幅度。

图3.1　非农就业非预期变动与美元/日元汇率的变化率

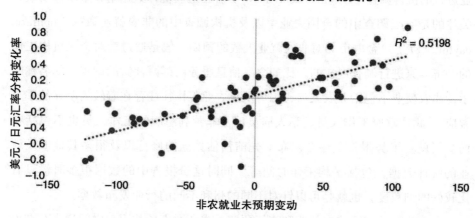

资料来源：Denev/Amen（2020）。

上述分析表明，如果我们能够比市场预期更好地预测非农就业的实际变动，那么在就业形势报告发布之前在金融市场建仓，在市场对非农就业数据做出反应之后平仓，就可以获取交易利润。具体而言，当我们形成的更准确预测比市场预期来得高时就买入美元，反之就卖出美元。

Denev/Amen（2020）尝试使用推特推文的数据来预测非农就业人数，其方法类似于我们在第一章中Azar/Lo（2016）中介绍的案例，就是从推文中筛选出和劳工市场相关的推文，然后处理这些推文形成一个额外指标，进而纳入有关非农就业的预测模型中。图3.2给出了融入推特数据的增强版非农就业预测、官方首次公布的非农就业数据以及彭博社针对经济学家调查后形成的市场预期三组时间序列。因为我们可以用高频的方式访问推特数据，这样基于模型的即时预测就可以每天进行。从图3.2可以看出，在某些特定的时点，比如2014年初，基于模型的即时预测可以很好地跟踪真实非农就业数据，而彭博社的调查数据则与官方公布的数据相距甚远。

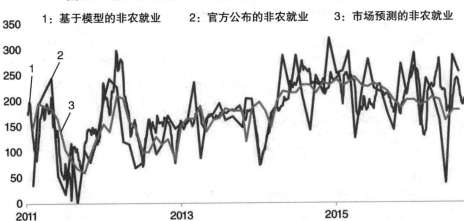

图3.2　非农就业数据：基于推特的预测、市场预期和官方数据

资料来源：Denev/Amen（2020）。

当然仅仅根据这个事实还难以判断能否从模型生成的信号中获利。就此Denev/Amen（2020）对前面描述的简单策略进行了回测检验：

· 当模型预测高于市场预期时买入美元；

· 当模型预测低于市场预期时卖出美元。

上述策略要求在官方数据发布之前的几分钟内进入交易，然后在数据发布之后的几分钟退出交易。[4]图3.3报告了美元针对日元和欧元这两个币种上的交易绩效，结果表明美元/日元和欧元/美元的年化平均收益率分别是119个和59个基点，而把这两种汇率资产通过等权重形成组合则可以获取88个基点的年化收益率。当然需要指出的是，Denev/Amen（2020）分析的样本时段比较短，其中只有68个数据点。另外这里讨论的交易策略在执行过程中存在着流动性风险，因此要获取回测中的收益存在着不小的难度。

4　需要指出的是，目前这个比市场预期更"聪明"的想法也不是利用某种延迟优势，或者说并不是努力成为第一个抢跑的人。因为要在就业形势报告公布后即刻交易往往要面对流动性的问题，此时需要很复杂和昂贵的技术系统才能完成这种延迟套利。

图3.3　围绕非农就业公告的欧元/美元和美元/日元的日内交易绩效

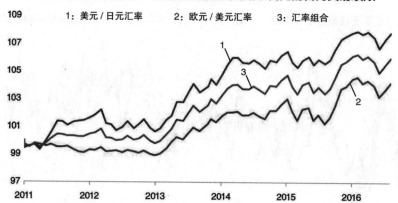

资料来源：Denev/Amen（2020）。

彭博新闻

在第一章中我们讨论了如何从财经新闻中生成情绪指标，进而进行股票量化交易。Amen（2018）讨论了相似的问题，只不过应用场景从股票市场转变为外汇市场。具体来说，Amen分析了从2009年到2017年的彭博新闻（Bloomberg News/BN），从中给发达经济体的货币创建情绪分数，然后基于这些情绪分数进行外汇的方向交易。

需要强调的是，彭博新闻数据集本身是一个已经结构化的数据集，因此它简化了数据收集过程。这个数据集是由每天汇总的压缩XML文件构成的。每篇新闻报道都可以表示为一个XML记录，其中包含下面的字段：

·新闻报道的时间戳；

·新闻报道的标题；

·新闻报道的正文；

·与新闻相关的可交易资产代码（例如%EUR表示欧元/美元汇率）；

·与新闻相关的主题标签（例如FED表示和美联储相关的报道）。

Amen（2018）分析了十国集团（Group of 10/G10）成员国的货币，[5] 这些货币是欧元（euro/EUR）、英镑（British pound/GBP）、澳元（Austrailian dollar/AUD）、新西兰元（New Zealand dollar/NZD）、美元（US dollar/USD）、加元（Canadian dollar/CAD）、挪威克朗（Norweigian krone/NOK）、瑞典克朗（Swedish krone/SEK）以及日元（Japnese yen/JPY）等九种货币。[6] 为了快速获取和这些货币相关的新闻，Amen采用了一系列的过滤规则。首先他筛选出英文撰写的新闻，其次是首次发表的新闻报道，[7] 接着是通过彭博新闻的资产标签进行过滤，[8] 然后是对这些经济体的经济新闻进行筛选，[9] 最后是对相关的金融监管机构（比如FED和ECB）进行筛选。图3.4以范例的形式表明了彭博终端上显示的和欧元/美元汇率相关的新闻。图3.5则给出了九种货币从2009年到2017年之间日平均新闻数量，其中清楚地表明欧元和美元的新闻数量是最多的。

5　十国集团指的是参与一般借款协定（General Agreement to Borrow）的国家组成的团体。GAB成立于1962年，内容主要为由当时国际货币基金（IMF）的八国政府及德国、瑞典的两国央行共同筹募一笔60亿美元信用额度的紧急基金，为IMF与G10各国间的常备信（Stand-by Credit），当IMF的会员处理紧急事件而资源不足时，可向G10各国依市场利率借入此基金。之后瑞士于1964年加入，但G10的名称仍维持不变。目前G10的会员国包括比利时、荷兰、加拿大、瑞典、法国、德国、英国、意大利、美国和日本。

6　在这些货币发行人中，挪威和新西兰都不是G10成员国。同时因为瑞士法郎（Swiss Franc/CHF）是一种管制较为严格的货币，所以Amen的分析就没有把它纳入其中。

7　在彭博新闻中，一篇报道可以多次更新，有些时候新闻报道的内容会更新，而有些时候新闻报道的某个元数据会更新。

8　这些货币在彭博上的代码分别是%EUR、%GBP、%AUD、%NZD、%USD、%CAD、%NOK、%SEK和%JPY。

9　根据经济体筛选出的经济新闻报道，不见得都会涉及货币。但是经济新闻会影响到对货币政策的预期，而后者是汇率变动的关键要素。当然也可以筛选其他可能会影响到货币的新闻，比如类似中美关系这样的地缘政治新闻。

图3.4　彭博新闻作为来源的欧元/美元汇率新闻

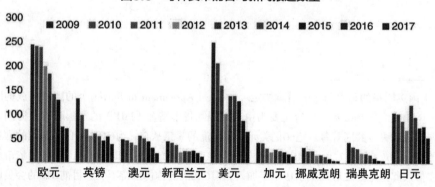

资料来源：Amen（2018）。

图3.5　每种货币的日均新闻报道数量

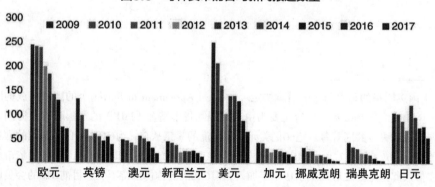

资料来源：Denev/Amen（2020）。

接下来Amen（2018）对每篇文章应用自然语言处理技术，从而确定其情绪分数（sentiment score）。需要注意的是，考虑到外汇市场的报价习惯，所以有时候要对情绪分数进行反转。例如现在要获取有关日元的情绪分数。外汇市场上的报价方式是美元/日元，也就是1美元兑换日元的比率，因此针对美元/日元的新闻情绪分数在应用到日元的时候就需要做反转处理。在确定每篇新闻报道的情绪分数之后，作者再以美国东部时间下午5点为分界点，计算每一种在过去一天内所有新闻文章情绪分数的加权平均值，这样就得出每种货币的日情绪分数。然后对每日情绪分数d_t做如下的标准化处理：

$$Z_t = \frac{d_t - \mu_t}{\sigma_t}$$

其中μ_t和σ_t是通过一个滚动的时间窗口计算得到的情绪分数均值和标准差。这样得到的Z_t就是每日标准化的情绪分数。

现在已经针对所有货币得到了日标准化情绪分数，考虑到任何一个汇率都涉及两种货币或者说是货币对（currency pair），[10]这样在计算汇率的新闻情绪分数时可以求取两种货币的情绪分数差额。以美元/日元汇率为例，其新闻情绪分数就是美元的情绪分数减去日元的情绪分数。图3.6表明了美元/日元新闻情绪分数和这个汇率每周变化率的时间序列。

图3.6 新闻情绪分数和汇率周变化率：美元/日元

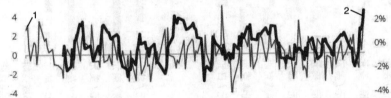

左侧坐标轴：美元/日元新闻情绪分数（用线1表示） 右侧坐标轴：美元/日元汇率的周变化率（用线2表示）

资料来源：Amen（2018）。

---

10 货币对就是外汇市场上一种货币单位相对另外一种货币单位的二元报价（dyadic quotation），俗称外汇交易汇率。它由两个ISO货币代码（ISO 4217）加上一个分隔符表示，有时候会省略掉分隔符。这里的货币代码是用三个大写字母来表示一种货币。以GBP/USD（或者GBPUSD）为例，其中第一个代码表示基础货币或交易货币（base currency/transaction currency），第二个代码表示对应货币或报价货币（counter currency/quote currency）。全世界交易最广泛的货币对就是欧元兑美元，表示为EUR/USD，当它的报价为1.2500就意味着1欧元兑换1.2500美元。这里欧元（EUR）是基础货币，而美元（USD）则是报价货币，它意味着1欧元可以换成1.25美元。交易最为活跃的货币对称为主要货币（majors），包括欧元、美元、日元、英镑、澳元、加元等。有关货币对的介绍可以参考维基百科https://en.wikipedia.org/wiki/Currency_pair以及百度百科https://baike.baidu.com/item/%E8%B4%A7%E5%B8%81%E5%AF%B9/7171635?fr=aladdin。

接下来Amen（2018）分析了一个简单的新闻动量交易规则：对于某个汇率而言，当市场情绪为正面时买入，而当市场情绪转为负面的时候卖出。图3.7对比了这个新闻策略和基于价格数据的趋势跟踪策略的投资绩效。图3.7A给出两个交易策略在不同汇率上的信息比率，也就是风险调整收益率。从中可以看出新闻策略是有利可图的，而趋势跟踪策略则往往表现不佳。图3.7B表明了这两种策略收益率之间的相关性，从中可以看到两者之间并不存在一致的趋势，这样对趋势跟踪策略而言，如果把新闻策略纳入其中就会获得分散化的好处。

图3.7　新闻与趋势策略：信息比率和相关系数

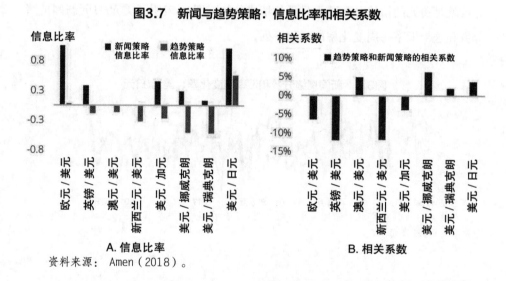

A. 信息比率　　　　　　　　　　　　　　B. 相关系数

资料来源： Amen（2018）。

图3.7报告了针对不同汇率的新闻和趋势跟踪策略的绩效。现在可以针对这些汇率构造一篮子组合，图3.8给出了这两种策略在货币篮子上的投资绩效。和图3.7A相似，货币篮子的新闻策略明显好于趋势策略，两者的风险调整收益率分别是0.6和−0.3。图3.9则报告了两个货币篮子的交易策略年同比收益率，从中可以看出，在大多数年份中，新闻策略的绩效都强于趋势策略。唯一明显的例外是2010年，当时新闻策略的绩效严重落后于趋势策略。

图3.8 新闻和趋势策略：货币篮子

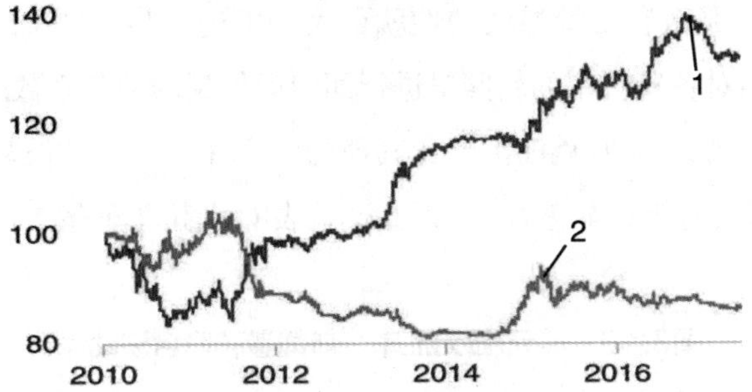

1：新闻策略绩效　2：趋势策略绩效

项目	收益率	波动率	信息比率	最大回撤
新闻策略	4.2%	6.6%	0.6	−16.9%
趋势策略	−1.5%	5.8%	−0.3	−22.3%

资料来源：Amen（2018）。

图3.9 新闻和趋势策略：货币篮子的年同比收益率

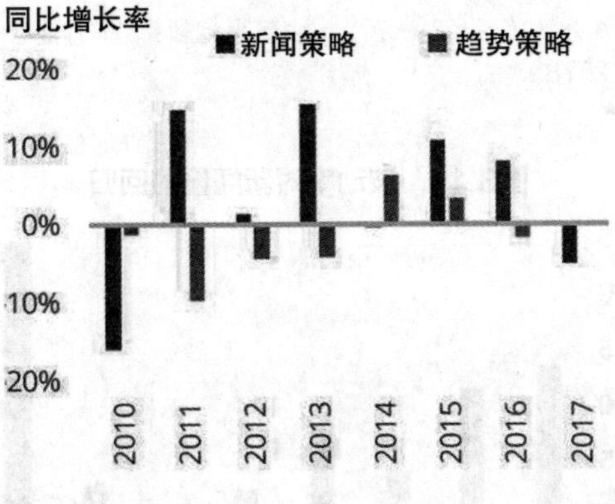

资料来源：Amen（2018）。

新闻数据不仅可以进行方向性的交易，而且还可以帮助了解外汇市场的波动率。Amen（2018）也分析了这方面的问题。就此来说，作者并没有使用前面应用的新闻情绪指数，而是使用了用新闻文章数量定义的新闻量（news volume）这个指标。图3.10给出了美元/日元汇率的新闻量和这个汇率1个月隐含波动率从2014年到2017年的时间序列。从中可以清楚地看到，新闻量和波动率之间存在着某种关系。这种关系是符合经济直觉的：如果关于某种资产的新闻报道数量越多，那么它的价格波动性就更大。更进一步，图3.11则报告了不同汇率的波动率相对各自汇率的新闻量进行回归后得到的回归系数t–统计量。我们可以看到，除了美元/挪威克朗汇率，其他的汇率在新闻量和波动率之间的回归系数t–统计量都具有统计显著性，[11]因此这就表明两者之间存在着密切关系。

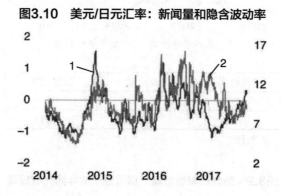

图3.10　美元/日元汇率：新闻量和隐含波动率

左侧坐标轴：新闻量分数（用线1表示）　　右侧坐标轴：1个月隐含波动率（用线2表示）
资料来源：Amen（2018）。

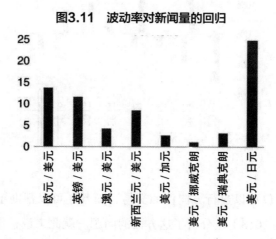

图3.11　波动率对新闻量的回归

资料来源：Amen（2018）。

11　美元/挪威克朗的回归系数值是0.27，除此以外，所有其他汇率的回归系数值远小于0.05。

美联储的联邦公开市场委员会（FOMC）和欧洲央行（ECB）都会定期召开会议。在这些经济事件发生之前，投资者不会知道事件的结果，但是会知道发生的具体事件。因此在这些交易之前，期权市场中的波动率交易者就会抬升隐含波动率，因为他们预判这些事件会抬升实际波动率。这个附加的波动率可以称为事件波动率增量（event volatility add-on），同时可以用隔夜外汇期权的隐含波动率来表示。对于像央行会议这样的事件来说，事件波动率增量通常是很大的；但是对于一些影响较小的事件来说，波动率增量就可以忽略不计。图3.12报告了四组有关欧元/美元汇率隔夜波动率的时间序列：

（1）FOMC开会前一天的汇率隔夜期权隐含波动率，这样期权将在FOMC会后到期；
（2）通过一个简单的模型得出的欧元/美元隔夜波动率增量；
（3）FOMC会议期间的实现波动率；
（4）波动率溢价（volatility risk premium/VRP），即隐含波动率和实现波动率之间的差额。

从中可以看出，在FOMC开会期间隐含波动率几乎总是比实际波动率来得大，这个结果并不奇怪，因为做空波动率的投资者需要从出售"保险"中得到风险补偿。通常而言，当黑天鹅事件发生的时候买入期权是有利可图的，但是这一类事件发生的时点以及特性都是完全不能预测的。类似FOMC会议这样的事件不能算是黑天鹅事件，因为这些事件发生的时点至少是知道的。波动率增量通常是4个点左右，换句话说，欧元/美元汇率的隔夜隐含波动率在FOMC开会之前大约抬升4个点。

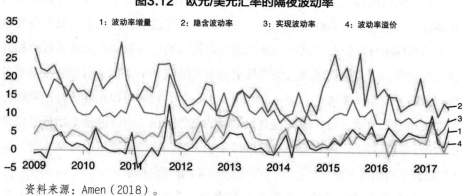

图3.12　欧元/美元汇率的隔夜波动率

1：波动率增量　　2：隐含波动率　　3：实现波动率　　4：波动率溢价

资料来源：Amen（2018）。

　　现在财经新闻对汇率的隔夜波动率会产生什么影响呢？为了分析这个问题，Amen（2018）以欧元/美元汇率为例使用了FOMC开会之前数天的标准化新闻量。图3.13给出了上述指标和汇率隔夜隐含波动率的事件序列，从中可以看出FOMC开会前的新闻量和期权市场的交易者报出的隐含波动率之间存在着关系。从直觉上看这个结果符合逻辑：如果人们在FOMC某次会议之前议论纷纷，这就表明金融市场对重大政策变化抱有期望，由此波动率就会抬升；反之，如果在开会之前不见太多讨论，那么FOMC会议对市场的影响就会比较平缓。

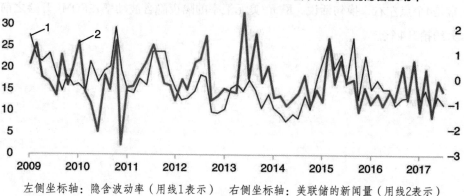

图3.13　欧元/美元汇率的隔夜波动率：FOMC会议新闻量的隐含波动率

左侧坐标轴：隐含波动率（用线1表示）　　右侧坐标轴：美联储的新闻量（用线2表示）
资料来源：Amen（2018）。

　　图3.14用散点图的形式说明了欧元/美元汇率隔夜波动率和FOMC/ECB会议新闻量之间的关系，其中的第一行和第二行分别刻画的是汇率隔夜波动率和美联储（欧洲央行）会议之前新闻量的散点图；第一列、第二列和第三列则分别刻画了波动率增量、隔夜隐含波动率和隔夜实际波动率与两家中央银行开会之前新闻量的散点图。图中也给出了新闻量相对波动率指标进行回归的拟合优度R^2。除了图D之外，R^2都没有小到忽略不计的地步。这就表明，在给类似央行会议这样的重大财经事件产生的波动率进行建模时，财经新闻的数量是一个有益的补充变量。

图3.14　欧元/美元汇率隔夜波动率：FOMC会议和ECB会议

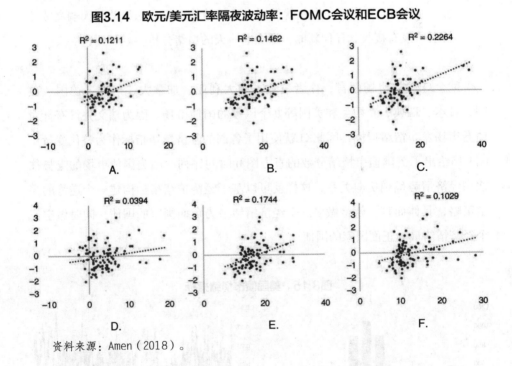

资料来源：Amen（2018）。

财经新闻

　　在第一章中我们讨论了数个有关瑞文（RavenPack）这家金融文本信息服务商的用例。现在我们将讨论摩根大通分析师Kolanovic/Krishnamachari（KL, 2017）基于瑞文的新闻情绪指标在全球债券市场和全球外汇市场中的应用。

作为分析的第一步,我们需要把新闻流转化为日情绪指标,这个计算流程和我们在第一章财经新闻小节中看到的流程是一样的,具体来说就是:

(1)首先,实体识别,找到某日特定于某个"实体名称"(ENTITY_TYPE)的所有事件,在当前分析的案例中,实体名称等于货币和国家名称,同时使用美国东部时间下午4点作为每日的时间分界线,因为在这个时点纽约市场就收盘了。

(2)其次,以瑞文公司开发的事件关联性得分(ERS)作为过滤器,排除掉关联性得分低于75分的事件。

(3)最后,对每天过滤后得到的所有事件计算瑞文公司开发的"事件情绪得分"(ESS)平均值,由此就得到当日的情绪指标。如果某些天瑞文的分析引擎没有接收到任何新闻,那么前一天的情绪分析会顺延到这一天。

就全球债券市场而言,作者覆盖了澳大利亚、加拿大、丹麦、德国、英国、日本、瑞典、新西兰和美国等九个国家的国债市场。因为瑞文并没有针对债券市场发布情绪指标,因此KL就使用了各国的经济情绪指标作为替代变量。图3.15给出了美国债市情绪分数的直方图和时间序列。因为国债市场的走势往往和经济情势呈现负向关系,这样就可以基于经济情绪指标构建一个逆势的多空策略,具体而言,就是做多三个经济情绪最为负面国家的国债,同时做空三个经济情绪最为正面国家的国债。

图3.15　美国债市情绪指标

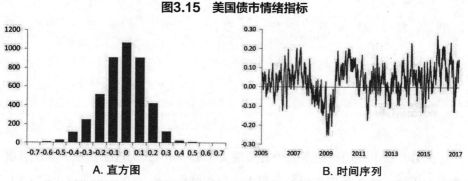

A. 直方图　　　　　　　　　　　B. 时间序列

资料来源: Kolanovic/Krishnamachari(2017)。

　　就全球外汇市场而言，作者分析了澳元、加元、瑞士法郎、丹麦克朗、欧元、英镑、日元、挪威克朗、新西兰元和瑞典克朗相对美元的汇率。作者使用了从瑞文原始新闻流生成的针对货币的情绪指标。[12] 和国债市场一样，KL设计了一个针对外汇市场的逆势多空策略，即做多情绪最为负面的三种货币，同时做空情绪最为正面的三种货币。

　　图3.16和表3.1报告了上述针对全球债市和汇市的多空策略的绩效。从图3.16A和表3.1A中可以看出，使用情绪指标作为信号，针对债市的情绪策略年化收益率通常为正（除了信号滞后期为最短1天的情形），同时夏普比率介于0到0.5之间。绩效最好的时间窗口是以前1个月的情绪指标平均值作为交易信号，由此可以得到0.45的夏普比率。同时表3.1A还说明情绪策略的绩效对于滞后情绪指数的时间窗口比较敏感。从图3.16B和表3.1B可以看出，针对汇市的情绪策略年化收益率也基本为正（除了信号滞后期为最长的3个月情形），同时夏普比率介于0到0.4之间。总体来看，情绪策略在全球债市和全球汇市的回测结果是比较正面的。

图3.16　全球债市和汇市的情绪策略绩效

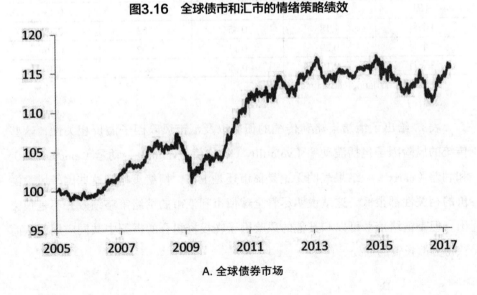

A. 全球债券市场

12　在设计针对货币的情绪指标中使用的新闻数据是"实体类型"（ENTITY_TYPE）标示为FX的数据点。

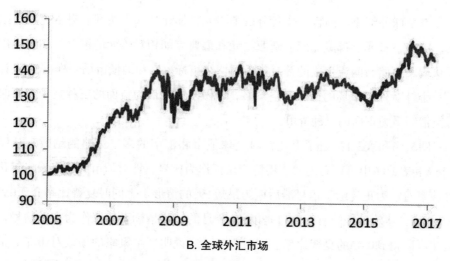

B. 全球外汇市场

资料来源：Kolanovic/Krishnamachari（2017）。

表3.1　全球债券和汇市的情绪策略绩效：使用不同滞后时段的情绪指标

时段	A.全球债券市场		B.全球外汇市场	
	收益率	夏普比率	收益率	夏普比率
1天	−0.26	−0.10	0.48	0.07
1周	0.03	0.01	3.24	0.43
1个月	1.18	0.45	2.53	0.32
2个月	0.29	0.11	1.32	0.16
3个月	0.12	0.05	−0.22	−0.03

资料来源：Kolanovic/Krishnamachari（2017）。

　　表3.2给出了情绪策略和传统的债市以及汇市风险因子溢价相关性，这些传统的风险因子包括波动率（volatility）、价值（value）、动量（momentum）和利差（carry）。结果表明无论是债市还是汇市，情绪策略和这些因子风险溢价的相关性都很低。这就说明尽管全球债市和汇市的情绪策略绩效并不是很突出，但是情绪信号可以和其他的风险因子在投资组合的框架中共同应用，从而获得分散投资的好处。

表3.2　情绪信号和常见风险溢价之间的相关系数

全球债券市场				
	波动率	价值	动量	持有	情绪
波动率	1.00				
价值	−0.04	1.00			
动量	0.00	0.63	1.00		
利差	−0.04	0.49	0.44	1.00	
情绪	−0.03	0.04	0.03	0.10	1.00
全球外汇市场				
	波动率	价值	动量	持有	情绪
波动率	1.00				
价值	−0.02	1.00			
动量	−0.06	−0.06	1.00		
利差	0.22	0.08	0.01	1.00	
情绪	−0.03	−0.03	−0.02	−0.02	

资料来源：Kolanovic/Krishnamachari（2017）。

联储沟通

如果美联储变得强硬，行话说就是变得更加鹰派，这就意味着它可能会提升基准利率，那么我们就可以预期美国国债收益率曲线在短期的部分就会上升。反之，如果美联储的沟通对于未来经济增长更加悲观，同时预期通胀率会下跌，那么它就会持有相对鸽派的态度，此时就可以预期短期收益率会下跌。从某种意义上看，市场投资者会把国债的收益率看作是货币政策预期的变量。这些年来美联储数轮的量化宽松都对国债收益率曲线产生了重大影响。因此，就市场参与者而言，了解美联储对于经济形势以及未来货币政策的看法就至关重要了。当然美联储和众人一样，不可能完美地预见未来。但是，它有权改变货币政策，从而影响未来的经济发展。

在第一章中我们讨论了Cuemacro基于联储沟通文本形成的情绪指标，这些指标和美国国债收益率具有什么关系呢？图3.17给出了Cuemacro联储沟通指数和10年期国债收益率变化的时间序列。联储沟通指数仅仅使用沟通文本作为原始数据来源，所以它并没有用到全部"联储讲话"的信息，但是也涵盖了其中绝大部分，特别是各种声明、新闻发布会、会议纪要以及诸多的演讲。

图3.17　联储沟通指数和美国10年期国债收益率的月度变化：2015—2017

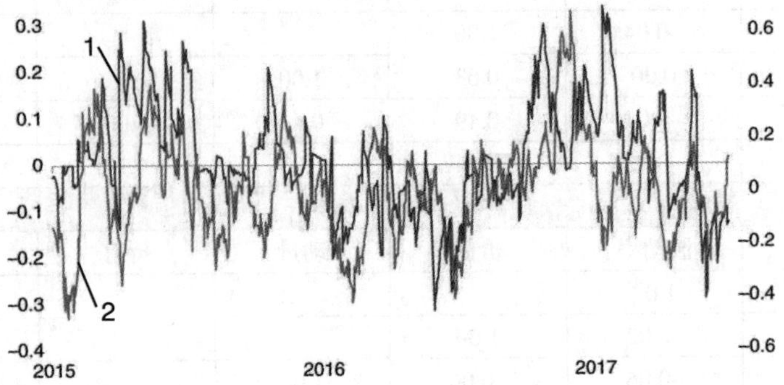

左侧坐标轴：联储沟通指数（用线1表示）　　右侧坐标轴：10年期国债收益率月度变化（用线2表示）

资料来源：Denev/Amen（2020）。

从图3.17可以看到，多数情况下，这两个时间序列存在着关系。如果使用2013年到2019年的数据，联储沟通指数和美国10年期国债收益率的月变化之间的相关系数约为11%；而如果对两者进行线性回归，那么截距系数的t-统计量高达4.8，与之对应的p值是1.2×10^{-6}，这表明两者之间存在统计上显著的关系。

联储沟通指数和国债收益率走势之间也会出现显著差异。比如2016年11月，当时10年期国债收益率大幅上升，而沟通指数的走势则完全相反。当时特朗普在总统大选中获胜，再加上对再通胀（reflation）的担心，金融市场对美联储基本信息的反应就被压倒了。这也说明导致金融市场的变动有诸多原因，不会始终只有单一原因会影响市场。

音频转录文本

前面我们讨论了美联储沟通文本和国债市场收益率之间的关系。在美联储沟通中，每次定期的FOMC会议声明以及随后的新闻发布会都是重要的沟通方式。从1994年开始，FOMC会议结束之后通常会在美国东部时间下午2点发布政策声明，向公众声明美联储的（货币）政策决定。2011年4月，时任美联储主席Ben Bernakke开始每年在四次FOMC会后举办新闻发布会。[13] 而2019年以后，所有FOMC会议之后都举行新闻发布会。FOMC会后的政策声明以及新闻发布会总体目标是增加美联储行动的透明度，减少市场的过度反应。[14]

　　FOMC的政策声明是简单的文本文件，而新闻发布会则是以视频或者音频形式存在的。Gómez-Cram/Grotteria（2021）分析了这些视频中的音频，其中原始视频文件来源于美联储的网站。[15] 他们借用深度学习的技术将视频中的音频转录为文本，然后针对音频发生的时点给文本打上时间戳，进而实时研究新闻发布会对于包括债市、股市和汇市的影响。

　　作为一个例证，作者特别讨论了2019年7月31日的FOMC会议。在当天FOMC会议结束前，市场预期联邦基金目标利率下跌35个基点，但是实际降息只有25个基点，这低于市场预期。与此同时，尽管投资者期待未来的货币政策会继续放松，但是联储会后发布的声明中有一句话给这种预期添加了不确定性："委员会在考虑未来联邦基金利率目标区间的未来路径"。在会后进行的新闻发布会上，美联储主席Jerome Powell被在场记者反复提问声明中这句话的含义。当时Powell回答说："我们正在考虑联邦基金利率目标区间的未来路径。……委员会的确认为这是对政策的周期中段调整（mid-cycle adjustment）。"而《美国市场》（US Markets）编辑Andrew Cinko马上指出："周期中段调整意见表明未来不会继续降息。"现场直播的彭博社当时就援引了这一句话。图3.18就描述了债市（用12个月联邦基金利率期货的隐含利率衡

13　美联储在FOMC会后举办新闻发布会的最初目的是应对金融危机和经济衰退。当经济形势需要更多政策刺激但是政策利率已经处于有效下限的时候，美联储和外界清晰的沟通就变得尤为重要。比如2013年7月，时任里士满储备银行的行长Jeffrey Lacker就指出，FOMC会后召开新闻发布会的一个关键目标是澄清政策声明中的变化："如果我们不召开新闻发布会，……市场参与者很有可能会感到困惑。"

14　现任美国财长，同时也是上一任美联储主席Janet Yellen是当年研究建立新闻发布会制度的小组委员会负责人。在2011年3月FOMC会议上，她曾经指出："我们使命的一个关键因素是考虑这样一种方法：既可以确保公众理解委员会的共识，又了解各个参与者的不同观点"，并且"目的是让市场价格消化所有的新闻。"

15　相关网址是www.federalreserve.gov/monetarypolicy/fomccalendars.htm。

量）、股市（用标普500指数ETF的价格）以及汇市（用欧元/美元汇率）的变动。图中表明，当发布会上每次提及"周期中段调整"那句话时，市场的一些投资者就在进行交易，同时市场价格会按照和声明发布时的方向进行调整。注意图中的黑色垂直粗虚线表示FOMC发布声明的时间，也就是14点，阴影区域表示FOMC新闻发布会的时间，它从14点30分开始持续了大约45分钟，而黑色虚线则显示了Powell主席数次提到"周期中段政策调整"的时间。

图3.18　金融市场价格变化：2019年7月31日FOMC会议

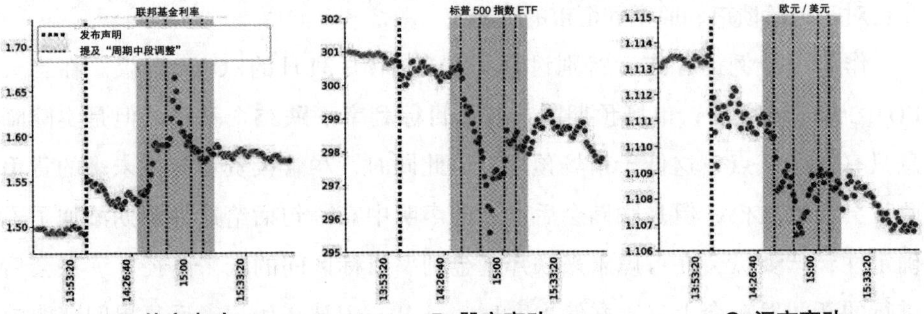

A. 债市变动　　　　　　　B. 股市变动　　　　　　　C. 汇市变动

资料来源：Gómez-Cram/Grotteria（2021）。

为了衡量FOMC会议声明和发布会相关词语对金融市场的影响，作者尝试解决了两个重要问题。首先就是将会后新闻发布会的音频文件转换为可解释的文本，同时在文字上加上时间戳，以反映音频的实时场景。作者采用的方法是将整个音频以大约3秒为间隔分成不同的帧，然后使用Hannun et al.（2014）通过深度学习创建的概率字符模型将它们转换为可读文本。其次就是提取FOMC前后政策声明中出现的变化，其中包括添加和删除的句子或者单词，由此识别声明中的新闻。通常而言，美联储的观察家们会分析声明的变化，从中提出有关利率和经济前景的看法。

在金融市场方面，Gómez-Cram/Grotteria使用了来自债券市场、股票市场和汇率市场的金融工具。就债券市场而言，他们使用了在芝加哥商品交易所（CME）交易的联邦基金利率期货和欧洲美元期货这两个品种。联邦基金利率期货最长合约期限是两年，而欧洲美元期货的期限最长可以达到七年。在每个时点，联邦基金利率期货有超过20个到期月份，而欧洲美元期货的到期月份则超过了30个。这两个利率期货合约的价格和投资者对于货币政策的预期以及联邦基金目标利率密切相关。在股票市场方面，作者使用了标普500指数及其成分股。就此而言，根据Fama-French的30个行业定义，他们把标普500指数成分股构造形成30个行业投资组合，同时在FOMC会议当天上午10点在投资组合中的每只股票上投资1美元，然后观察投资组合在当天的表现。最后就汇率市场而言，作者分析了其中货币相对美元的即期汇率，这些货币分别是澳元、欧元、英镑、新西兰元、瑞士法郎、日元和加元。

Gómez-Cram/Grotteria首先注意到在FOMC会议声明发布时段的价格变化和新闻发布会时段的价格变化具有持续性，前者等于声明发布前10分钟到声明发布后20分钟的价格变化，后者等于新闻发布会开始到结束这段时间的价格变化。这是两个独立的同时在时间上并不连续的时间窗口计算的资产价格变化。第一个价格变化围绕FOMC声明发布前后的30分钟窗口，声明发布时间通常是美国东部时间14点。[16]而第二个价格变化涉及的是新闻发布会时间窗口，它通常是从美国东部时间14点30分开始，平均时长为55分钟。

为了说明这一点，作者对债市、股市和汇市进行了如下的回归：

$$\triangle p_{i,t}^{\text{PC}} = a_k + \lambda_k \triangle p_{i,t}^{\text{ST}} + \varepsilon_{it}$$

其中$p_{i,t}^{\text{PC}}$是资产i在t日FOMC新闻发布会期间的价格变化，$p_{i,t}^{\text{ST}}$表示资产i在t日FOMC声明发布前后的价格变化。这两个指标的上标"PC"和"ST"分别表示新闻发布会（press conference/PC）和会议声明（statement/SC），同时资产属于某个资产类型k。这里的资产类型包括两组不同期限的联邦基金利率期货和欧洲美元期货以及股票和外汇等六个资产类型。表3.3报告了这六个回归的截距和斜率系数。从中可以看到，FOMC形成的发布会冲击和声明冲击之间存在着统计上显著的正向关系。除了联邦基金利率期货，其他所有资产类型的结果都非常明显。

---

16 作者使用彭博社报道FOMC声明的时点作为声明公布的准确时点，这沿用了Gürkaynak et al.（2005）、Flemming/Piazzesi（2005）以及Nakamura/Steinsson（2018）等文献的做法。

表3.3　发布会冲击对声明冲击的回归

项目	联邦基金利率期货		欧洲美元期货		股票	外汇
	1m—6m	9m—15m	6m—12m	24m—70m		
α	−0.05 （−0.41）	0.16 （0.54）	−0.03 （−0.11）	0.14 （0.28）	−4.30 （−0.51）	−5.18 （−1.51）
λ	0.17 （1.99）	0.17 （1.47）	0.19 （3.87）	0.33 （2.77）	0.41 （2.59）	0.25 （3.10）

注释：括号里给出的是t-统计量，其中在计算标准误差时在日期-时间层面上使用了双重聚类（double clusering）的方法。

资料来源：Gómez-Cram/Grotteria（2021）。

更进一步，Gómez-Cram/Grotteria对比了两个交易策略。第一个交易策略是市场择时，其思想是使用FOMC会议声明发布前后的半小时资产收益率作为交易信号：对于每种类型的资产，如果其价格在声明发布时上涨，那么就在新闻发布会开始时持有多头仓位，然后在新闻发布会结束的时候平仓。反之，当价格在声明发布时下跌，那么就在发布会开始时建立空头仓位，然后持有仓位到发布会结束。这个简单的择时策略不需要任何参数估计。与这个策略进行对比的就是简单持有策略，也就是无论FOMC发布的声明显示了什么信息都持有资产。图3.19比较了三种资产的主动择时和被动持有策略的平均累计日内收益率，这三种资产分别是60个月欧洲美元期货、标普500指数ETF和欧元/美元汇率。其中的横轴表示发布会开始后的时间（以分钟度量）。图中的实线跟踪了市场择时策略的收益率；而虚线则跟踪了被动持有策略的收益率。对于这三种资产来说，当新闻发布会进入到第10分钟也就是问答环节开始的时候，市场择时的相对优良绩效开始出现，其中标普500指数ETF看起来反应最为迅速，同时它的累计收益率在问答环节开始20分钟后稳定下来。而对于另外两种资产而言，从第10分钟开始直到最后，累计收益率一直呈现稳定增长的模式。

图3.19　投资策略：简单持有对比市场择时

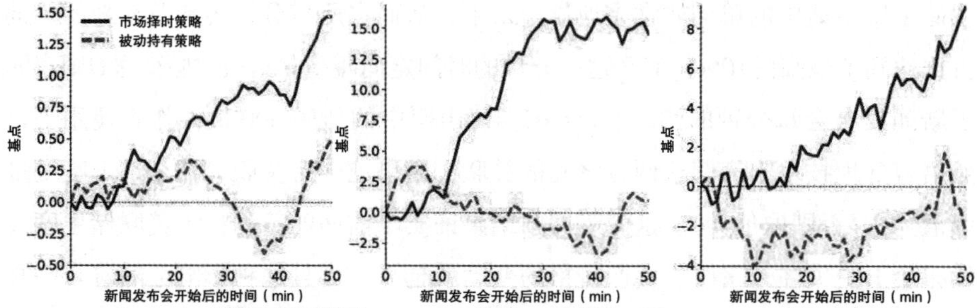

市场择时策略
被动持有策略

基点

新闻发布会开始后的时间（min）
A. 60 个月欧洲美元期货

基点

新闻发布会开始后的时间（min）
B. 标普 500 指数 ETF

基点

新闻发布会开始后的时间（min）
C. 欧元 / 美元汇率

资料来源：Gómez–Cram/Grotteria（2021）。

在上面的分析中，我们可以看到对于到期日更长的中期利率期货而言，FOMC的声明冲击和发布会冲击存在着明显的自相关性，而对于短期利率期货来说，这种效应就不是很明显。利率市场的这个特征表明FOMC会议对于未来利率变动产生的前瞻性引导具有重要的作用。因此作者就提出新闻发布会上美联储主席讲话所涉及的时间定向和资产价格的变动有关。换句话说，如果美联储主席在新闻发布会上更多地讨论未来，也就是说提供信号表明美联储会未来打算在什么条件下做什么事情，那么金融市场很可能会做出反应。反之，如果美联储主席的讲话更多地定位是在当前和过去，那么这些讲话中的资讯就不大可能导致市场变动。Gómez–Cram/Grotteria针对上述问题讨论了下面两组回归：

$$|\triangle p_{i,t}| = a_k + \sum_{j=1}^{3} b_{Sj,k} I_{Sj,t-1} + \varepsilon_{it};$$

$$|\triangle p_{i,t}| = a_k + \sum_{j=1}^{3} b_{Sj,k} I_{Sj,t-1} + b_{D,k} D_{t-1} + \sum_{j=1}^{3} b_{SjD,k} I_{Sj,t-1} + \varepsilon_{it}。$$

在这两个回归中，时间下标t表示FOMC新闻发布会以分钟划分的时段，这样因变量中的$|\triangle p_{i,t}|$表示资产类型k中资产i价格在发布会每分钟变化率的绝对值。自变量中的$I_{S,t}$和D_t则是两个哑变量，前者表明了每分钟内美联储主席讲话的时间定向，后者表明了每分钟美联储主席讲话和FOMC声明中信息的关联性。就时间定向哑变量来说，作者根据Pennebaker et al.（2015）构建的《语言查询和字数统计2015》（Liguistic Inquire and Word Count/LIWC），计算了美联储主席发言时词语属于未来（$j=1$）、现在（$j=2$）和过去（$j=3$）的占比。当某分钟的讲

话上述三类单词占比排在前10%时则取值为1，否则取值为0。比如某分钟内美联储主席讲话中的单词非常多地讨论未来，从而在所有分钟内涉及未来的单词占比达到了最高的10%，那么这一分钟的时间定向哑变量$I_{s1}=1$。哑变量D则表明了新闻发布会每分钟的沟通和FOMC会议声明中的新闻关联性。作者使用了自然语言处理技术来表明这两者之间的关联，如果证明有关联，那么这个哑变量取值为1，否则取值为0。这两组回归结果证实了前面的猜测：当美联储主席在发布会上更关注未来时，资产价格的变动就越大，而且这种影响会随着合约月份的延长而增加。而且美联储主席讲话的时间定向效应压倒了声明关联效应，也就是说当美联储主席讲话谈及FOMC会议声明时，资产价格的变动主要集中在美联储主席高度关注未来的分钟时段内。

二、投资者关注数据

点击量

在上一节的推文案例中，我们讨论了美国就业报告中非农就业数据对于金融市场特别是汇率的影响。现在我们讨论一个影响非农就业和利率市场之间关系的另类数据案例。

在万维网上每一个信息资源都有统一并且唯一的地址，这个地址就是所谓的"统一资源定位器"（Uniform Resource Locator/URL）。从2008年以来，Bitly公司提供了短URL链接（Short URL/SURL）和读者跟踪系统服务。什么是SURL呢？举例来说，下面是一篇华尔街文章的URL：https://blogs.wsj.com/economics/2016/01/07/why-december-private-payrolls-arent-a-great-predictor-of-the-jobs-report/，与之对应的SURL就是：http://on.wsj.com/2oJQ2py。换句话说，

这两个链接会指向同一篇文章。[17] 使用SURL有两方面的原因。首先，SURL要比原始的URL链接更容易在推特这样的社交媒体和彭博终端这些信息平台上共享。其次，Bitly向SURL的创建者提供读者跟踪服务，例如在特定SURL上的点击次数、点击者的地理位置等信息。像彭博和华尔街日报这样的新闻服务商都有订购这样的服务，同时还购买了所谓的"品牌短域名"（branded short domain）服务。例如《华尔街日报》的品牌短域名就是http://on.wsj.com，这样每个指向《华尔街日报》文章的SURL都可以从这个地址开始。

Benamar et al.（2021）就以Bitly公司提供的点击量数据为基础分析了美国国债期货市场对于非农就业意外（NFP surprise）反应的影响。如前所述，非农就业意外反映了官方公布的实际非农就业和市场预期（或者说市场共识）之间的差异。Benamar等人分析的数据集约有10万亿字节（TB）的规模，包含了超过100亿次点击量。为了减少复杂性，他们使用种子URL来自动搜索非农就业相关的文章。具体而言，他们收集了所有URL中包含"就业报告"、"就业名单"（payroll）、"失业率"或"失业"这些关键词的SURL，然后把在这些SURL上的点击量称为非农就业点击量（NFP clicks），下面简称为NFP点击量。

我们知道，披露非农就业数据的就业报告是一个定期的经济事件，显然某些时点的就业报告会更为重要。那如何衡量这种重要性呢？一种简单的方式就是计算在就业报告正式发布之前的相关新闻报道数量。瑞文（RavenPack）就有提供这样的数据。但是在Benamar等人看来，官宣之前的新闻报道数量体现了信息的"供给"，提供这些信息并不意味着投资者会关注它们。与之不同，Bitly提供的SURL点击量则体现了相关文章的阅览量，由此就体现了信息的"需求"。衡量投资者关注度的指标有很多，但是和其他指标相比，点击量指标的频率会更高。[18] [19]

图3.20报告了在非农就业数据公告日从上午4点到下午5点（美国东部时

17　这篇文章的标题是"Why December private payrolls aren't a great predictor of the jobs Report"，它于2015年12月就业报告正式公布之前发表。

18　作为对比，谷歌趋势指数只能每周或者每天获取一次。

19　我们在《另类数据：理论与实践》一书第七章第五小节中介绍了诸多衡量投资者关注度的指标。

间）的每分钟平均的NFP点击量。从中可以看出，这个指标在非农就业数据官宣之前逐渐增加，然后在官宣时间8点30分之后急剧上升，然后缓慢下降。

图3.20　非农就业公告日的NFP点击量

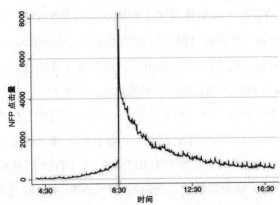

注释：垂直线表示美国东部时间上午8:30发布非农就业数据的时间。
资料来源：Benamar et al.（2021）。

考虑到非农就业数据对利率市场的影响，Benamer等人认为对非农就业公告的信息需求可以刻画利率市场的不确定性。他们同时还考虑了诸多衡量金融市场不确定性指标。[20]鉴于这些指标在宏观资产投资中的重要性，我们这里把它们罗列如下：

· 谷歌趋势指数（Google）：基于"非农就业"（nonfarm payroll）为关键词的谷歌趋势指数，它可以看作是另外一个衡量信息需求的指标。
· 作为信息供应的新闻报道数量（Supply）：在给定时期内瑞文数据集中和特定公告相关的新闻报道数量。
· 利率市场的不确定性指标（Mkt）：它等于1年期利率互换期权（swaption）的隐含波动率。
· 基于新闻的不确定指数（News）：它等于Husted et al.（HRS，2020）创建的不

20　Bloom（2014）和Datta et al.（2017）详细讨论各种衡量不确定性的指标。

确定指数。[21]

· 基于专家预测误差（Error）：它等于非农就业公告和专家预测中位数之间差额的绝对值，这里专家预测是彭博社实时发布的专家预测数据。[22]

· 基于实现波动率（Vol）：它等于基于2年期国债期货收益率得到的利率实现波动率。[23]

· 基于专家预测的分散度（Disp）：它等于使用彭博社专家预测标准差除以预测中位数的绝对值来度量这个指标。[24]

· 市场恐慌指数（VIX）：它等于标普500指数期权的隐含波动率。[25]

　　下面用Click表示给定时间内针对非农就业的SURL点击量，表3.4给出了上述指标之间在样本时段上的相关系数。它表明，除了专家预测分散度这个指标，点击量刻画的不确定性和其他不确定性指标均呈现出显著的正相关。考虑到专家预测分散度是否可以度量不确定性存在着一定争议，所以这个结果并不意外。总之表3.4表明点击量刻画的信息需求可以很好地刻画不确定性。

21　Baker/Bloom/Davis（BBD, 2016）和Husted/Rogers/Sun（HRS, 2020）新闻报道分别创建了衡量不确定性的指标，这些新闻报道都包含有不确定性、政府政策和货币政策相关的词语。HRS指数更加关注的是货币政策不确定性，而BBD指数则衡量了更广义的宏观经济政策不确定性。考虑到它们具有较高的相关系数，因此Benamar等人就选取了HRS的货币政策不确定指数。

22　Scotti（2016）就指出，不同宏观经济公告的专家预测误差平方的加权平均平方根可以很好地衡量宏观经济不确定性。这里的专家预测误差沿用了这个想法。

23　Berger et al.（2020）表明，因为GARCH效应，所以实现波动率的上升预示着未来预期波动率会上升。

24　一些早期的文章，比如Zarnowitz/Lambros（1987）、Hasbrouck（1985）和Hendershott（1985）把专家预测的截面分散度看作是不确定性的度量指标。但是近些年的一些文章，包括Rich/Tracy（2010, 2021）以及Abel et al.（2016）都指出专家预测的分散度并不能很好地表征不确定性。同时有些文献还认为这个指标表示了其他的含义，比如Diether et al.（2002）就认为它刻画了投资者之间的意见差异，而Imhoff/Lobo（1992）则认为它代表了公告中的噪声。

25　严格来说，VIX指数衡量的是股市风险和不确定性，但不是利率不确定性的度量指标。另外VIX指数是基于风险中性概率测度得到的，因此按照Bekaert/Hoerova（2014）的分析，它的变化可能源于股票指数实际条件方差（不确定性）和投资者风险厌恶程度。

续表

表3.4　各种不确定性指标的相关系数

指标	Click	Google	Supply	Mkt	News	VIX	Error	Disp
Click	1							
Google	0.46***	1						
Supply	0.38***	0.46***	1					
Mkt	0.38***	0.35**	−0.19	1				
News	0.32**	0.15	−0.15	0.55***	1			
VIX	0.22	0.22*	0.31**	0.44***	0.28*	1		
Error	0.25*	0.27*	0.14	0.11	0.06	0.10	1	
Disp	−0.15	0.05	0.14	−0.15	−0.18	−0.03	0.24*	1
Vol	0.36**	0.06	−0.46***	0.65***	0.52***	0.15	−0.00	−0.34**

注释："***"、"**"和"*"分别表示在1%、5%和10%水平上显著。
资料来源: Benamar et al.（2021）。

为了分析点击量数据对于国债期货市场相对非农就业数据敏感性的影响，Benamar等人做了如下的回归:

$$\triangle y_{\tau,t}^{m} = \alpha + \beta_S S_t + \varepsilon^{t}, \quad （1）$$

$$\triangle y_{\tau,t}^{m} = \alpha + \beta_S S_t + \beta_{S,BC} S_t \times BC_t + \beta_{BC} BC_t + \varepsilon_t, \quad （2）$$

$$\triangle y_{\tau,t}^{m} = \alpha + \beta_S S_t + \beta_{S,HBC} S_t \times HBC_t + \beta_{HBC} HBC_t + \varepsilon_t, \quad （3）$$

在上述回归中，因变量 $\triangle y_{\tau,t}^{m} = 100 \times (y_{\tau,t}^{m} - y_{\tau-30,t}^{m})$，其中 $y_{\tau,t}^{m}$ 表示到期日为 m（2年、5年或10年）的美国国债期货在 t 日时点 τ 收益率。因为非农就业公告是在美东时间早上8点半公布的，这样 $y_{\tau,t}^{m}$ 就定义了公告前后的收益率变动，其中 τ−30和 τ 分别表示上午8:29分初和8:59分末。自变量 S_t 表示在非农就业公告日 t 出现的NFP意外，也就是官方公布的实际数据和彭博社给出的专家预测中位数之间的差额，这样系数 β_S 就衡量了国债期货收益率对于NFP意外的敏感性。另外自变量 BC_t 和 HBC_t 表示在 t 日公告之前两个小时的信息需求，其中 BC 表示点击量（Bitly count），也就是在给定时段内NFP的点击次数，表示高点击量哑变量（High Bitly count），也就是当给定时段点击量超过样本时段中位数设定为1，否则为0。

表3.5报告了上述三个方程分别针对2年期、5年期和10年期的回归结果。方程（1）的回归结果证明了一个经久的结论，这就是利率变动对于NFP意外是非

常敏感的：以2年期国债期货为例，NFP意外增加一个标准差，那么2年期国债收益率将提升4.95个基点。给定平均修正久期等于1.71，这就意味着价格变动4.95 × 1.71=5.79个基点。[26] 同时方程（2）的回归结果表明，对于2年期、5年期和10年期的国债期货市场而言，点击次数每增加一个标准差，敏感度系数就会分别提升3个基点、3.5个基点和2.7个基点。相比基准回归方程（1）的结果，这意味着显著的影响。当方程（3）使用高点击量哑变量作为自变量时，我们得到了和方程（2）类似的结果。这样表3.6表明当点击量高的时候，国债期货价格对非农就业意外的反应就更为强烈，而当点击量指标低的时候，这种反应就比较平淡。

表3.5　信息需求对美国国债期货应对非农就业意外的影响

指标	2年期国债期货			5年期国债期货			10年期国债期货		
	（1）	（2）	（3）	（1）	（2）	（3）	（1）	（2）	（3）
β_S	4.953*** （0.606）	0.244 （0.674）	0.918 （0.607）	5.951*** （0.735）	2.978** （1.223）	3.636*** （1.230）	5.881*** （0.727）	4.514*** （1.437）	4.959*** （1.441）
$\beta_{S,BC}$		3.001*** （0.834）			3.521*** （1.140）			2.728** （1.211）	
β_{BC}		1.028* （0.593）			1.240 （0.798）			1.133 （0.769）	
$\beta_{S,HBC}$			4.213*** （1.244）			5.131*** （1.880）			4.046* （2.075）
β_{HBC}			0.393 （0.861）			0.705 （1.321）			0.836 （1.397）

注释：括号里的数值是标准误差，"***"、"*"和"*"分别表示在1%、5%和10%水平上显著。

资料来源：Benamar et al.（2021）。

线上关注度

目前我们已经看到诸多投资者对网络流量关注的投资分析案例。现在我们继续分析一个以网络流量数据为基础的另类数据案例。Predata是一家人工智能

26　这个结论接近于Balduzzi et al.（2001）得到的6个基点变动的结论。

和大数据领域的公司, 它由普林斯顿大学的工程师在2015年创建, 主要业务是从人们在全球的线上活动中挖掘出有价值的洞见。这家公司通过对匿名化的元数据分析, 构建了针对180多个国家在相关主题和议题的线上关注度指标, 从而给全球的地缘政治变化提供了更为完整的观景。[27]

　　作为一个例证, 图3.21绘制了Predata针对土耳其编制的地缘政治波动指数 (Predata geopolictial volatility index/PVIX) 时间序列, 并且把它和从美元/土耳其里拉汇率期权计算得到的1个月汇率隐含波动率进行了比较。从中可以看出地缘政治波动指数和汇率波动存在一定的联系: Predata指数发生跳跃时汇率隐含波动率也经常发生跳跃。当然这种关系并不是普遍存在的, 有些时候人们对地缘政治议题关注度的上升并不总是反映在金融市场上, 从另外一个角度来看, 这说明了金融市场并非总是纯粹由地缘政治因素驱动的, 它也会受到其他因素的影响。但是图3.21的确说明有必要深入分析金融市场和线上关注度之间的关系。

图3.21　地缘波动指数和汇率隐含波动率

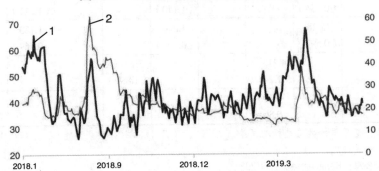

左侧坐标轴: 土耳其Predata地缘波动指数 (用线1表示)　　右侧坐标轴: 美元/土耳其里拉汇率1个月隐含波动率 (用线2表示)
资料来源: Denev/Amen (2020)。

Predata不仅提供地缘政治这样的线上关注度指标, 它还针对每个国家和地

27　2021年8月, 一家专注于全球政策和市场情报分析的信息服务公司FiscalNote宣布收购了Predata。相关新闻可以参考https://fiscalnote.com/press-room/fiscalnote-announces-acquisition-of-predata。

区的各种议题提供更精细的关注度指标，比如宏观经济、微观经济、外交政策或者军事等领域的关注度。当然Predata并不会跟踪所有国家和地区的每个领域关注度。比如对土耳其来说，恐怖主义就是一个得到很大关注的领域，因此Predata就编制有这个领域的关注度指数。与之相比，恐怖主义在韩国就不是一个重大议题，因此Predata针对韩国就没有编制这样的指数。

在编制各种关注度指数的时候，Predata不仅会用到基于各国官方语言的网络信息，而且也会用到基于英文的网络信息。图3.22报告了基于英语和葡萄牙语内容编制的巴西宏观经济关注度指数，这些数据做了标准化处理从而让其介于0和1之间。作为对比，图3.22中还有彭博社新闻中提及巴西的文章数据，根据前面对点击量案例的讨论，我们可以把新闻文章数量看作是信息供应的指标。图中的几个指标都做了20天简单移动平均（SMA）的处理，从而让曲线更为平滑。从中可以看出，基于英语和葡语的两个关注度指数存在着一定的差异，一个可能的解释就是英语更能吸引全球的关注，而葡萄牙语更多吸引的是巴西本地人的关注。另外作为信息供应指标，新闻报道数量和Predata的两个关注度指数既存在着关联，也有差异。正如我们在上个小节分析的点击量数据，度量信息供应和信息需求的指标具有不同的含义，不能因为有人写了文章就一定能引发人们的关注。

图3.22 巴西宏观经济关注指数和新闻报道数量

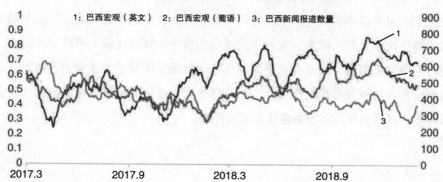

左侧坐标轴：Predata的巴西宏观经济关注指数　右侧坐标轴：彭博社新闻的巴西新闻报道数量

资料来源：Denev/Amen（2020）。

考虑到信息供应和信息需求指标之间的差异，Denev/Amen（2020）就分析了一个汇率市场的投资策略，其中涉及印尼盾（Indonesian rupiah/IDR）、印度卢比（Indian rupee/INR）、巴西雷亚尔（Brazilian real/BRL）、土耳其里拉（Turkish lira/TRY）、墨西哥比索（Mexican peso/MXN）和卢布（Russian ruble/RUB）这六种新兴市场国家的货币。首先作者构建了一个指标，就是针对这些国家计算Predata宏观经济关注度指数和该国新闻报道数量之间的比率。因为这个指标同时兼顾了信息供应和需求，这样它就可以针对某个国家可获取的新闻数量对关注度指标做标准化处理。基于这个标准化的关注度指数，Denev/Amen针对上述六种货币设计了如下的交易策略：

· 当关注度指数大于新闻数量，也就是标准化关注度比率高于其20天简单移动平均线的时候，相对美元买入该国货币；

· 当关注度指数小于新闻数量，也就是标准化关注度比率低于其20天简单移动平均线的时候，相对美元卖出该国货币。

这个策略背后的想法是去除纯粹由新闻供应形成的一部分关注度。这样当标准化的关注度指标很高时，很可能本地货币会看涨；相反，当某个国家的关注度较低的时候，那么本地货币就可能走低。图3.23显示了由上述六种货币形成的一篮子货币等权重组合在简单多头和关注度策略上的累计收益率，其中考虑了息差成本（carry cost）和交易成本。在2016年到2019年这个样本时段中，基于关注度的主动策略和简单多头策略的绩效相对而言是比较近似的。但是主动策略的信息比率要高出很多。此外主动策略的最大回撤也比多头策略要小很多，同时波动率也更低。因此当对新兴市场国家货币采用基于关注度的策略时，风险调整的收益率就要高出很多。这个结果表明，基于关注度指标形成的交易信号对于新兴市场货币市场来说具有应用价值。

图3.23 利用宏观经济"关注度"交易一篮子新兴市场货币

1：多头策略绩效   2：关注度策略绩效

项目	收益率	波动率	信息比率	最大回撤
多头策略	4.4%	7.8%	0.56	−16.5%
关注度策略	4.1%	4.3%	0.94	−3%

资料来源：Denev/Amen（2020）。

三、市场数据

市场交易量

外汇即期市场主要是通过场外市场进行交易的。这样很多交易是在作为客户的价格接受者和作为做市商的交易商以双边形式完成的。考虑到外汇即期市场非常分散，并且不存在集中交易和中央清算这样的基础设施，因此要获得这个市场的交易量数据就很困难。CLS集团（CLS Group）就解决了这方面的数据服务难题。CLS集团成立于2002年，某种程度上在外汇即期市场上它扮演了中央清算的角色，因为选择使用CLS结算服务的外汇交易公司极大地降低了相关的结算风险。目前通过CLS集团结算的货币对比率超过了市场50%。因此，作为日常结算业务的一部分，这家机构就收集了大量外汇即期交易的数据。过去几年，它开始提供外汇即期交易数据的服务。它提供的数据集包含有关外汇交易量和流量的信息。这些信息以小时为单位，从而是相对高频的外汇市场数据。CLS的日内小时订单流（intraday hourly order flow/IDHOF）数据集可以提供每小时的外汇流量数据，其发布滞后时间不超过一个小时。而小时订单流（hourly order flow/HOF）数据集包含了和IDHOF相似的数据，但是要滞后一天发布。CLS集团把流量数据根据公司、基金和非银金融账户之间拆分，同时还有一个买方类型，其中不仅包含了上述这些账户，还有非银做市商账户。Amen（2019）对这个数据集做了较为详细的讨论，并且基于外汇流量数据讨论了一些交易策略，下面我们介绍这篇文章。[28]

图3.24显示了2012年到2018年之间欧元/美元外汇交易的情况，其中图A表明了公司、基金、非银金融和买方等四类账户的日均交易量；而图B则给出日均净流量绝对值。从中可以看出，买方资金流是由大量双向流量构成的，因为日均绝对净流量相比日均交易量来说相对比较小。同时基金交易的绝对净流量相对它们的成交量比率较高，因此作为一个整体，基金表现出比较明显的羊群行为。

图3.24　欧元/美元外汇交易：2012—2018

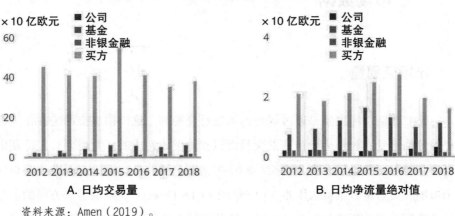

A. 日均交易量　　　　B. 日均净流量绝对值

资料来源：Amen（2019）。

Amen（2019）以各种不同货币对收益率为因变量，然后以与之对应的各种账户流量数据为自变量进行了多元回归。图3.25报告了回归系数 t–统计量，其中

28　近期开始有一些学术文章分析CLS集团的外汇市场数据集，这些文章包括Hasbrouck/Levich（2019）、Ranaldo/Somogyi（2021）以及Cespa et al.（2021）。

表明基金账户和非银金融账户的系数往往为正。这样从对外汇即期收益率的贡献度来说，基金和非银金融账户往往为正，而公司账户和买方账户总体的贡献度则是负的。但是这些回归中有一个特征就是常数项比较大，因此有很大一部分的汇率变动无法单独用流量数据来解释。

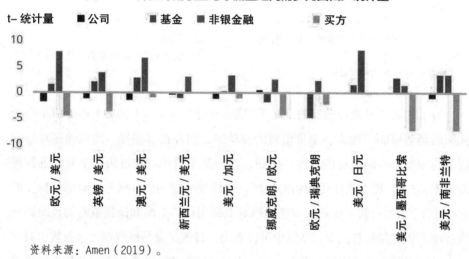

图3.25　外汇即期收益与净流量之间的多元回归t-统计量

资料来源：Amen（2019）。

考虑到基金账户的流量数据往往具有方向性，而且对外汇及其收益率有正向贡献，因此Amen就基于这个指标制定了如下交易规则：

·当基金流量明显为正时买入一种货币对，然后持有仓位一直到流量数据更加中性；

·当基金流量明显为负时卖出一种货币对，然后持有仓位一直到流量数据更加中性。

为了衡量基金账户的外汇流量，Amen创建了一个标准化分数以及表示触发交易的上下界，如图3.26所示。

图3.26　欧元/美元汇率指数与欧元/美元资金流得分

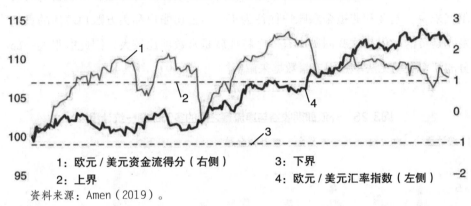

1：欧元 / 美元资金流得分（右侧）　　3：下界
2：上界　　4：欧元 / 美元汇率指数（左侧）

资料来源：Amen（2019）。

　　为了和基于日流量数据的交易策略进行对比，Amen（2019）还分析了一个常见的趋势策略。因为各个货币对的波动率之间存在着差异，所以他还对所有货币对施加10%的波动率目标。比如，如果某个货币对在过去一个月内的实现波动率是5%，那么就使用两倍的杠杆，这样就有望达到10%的波动率目标。图3.27报告了在G10和一些新兴市场货币对上采用趋势策略和流量策略的风险调整收益率，也就是信息比率。从图中可以看出，日流量交易规则在大多数货币对交易中是可以获利的，当然在美元/加元、欧元/瑞典克朗和美元/南非兰特上出现了亏损。同时除了欧元/瑞典克朗这个货币对以外，趋势跟踪策略也是可以获利的。

图3.27　趋势和日流量策略的信息比率

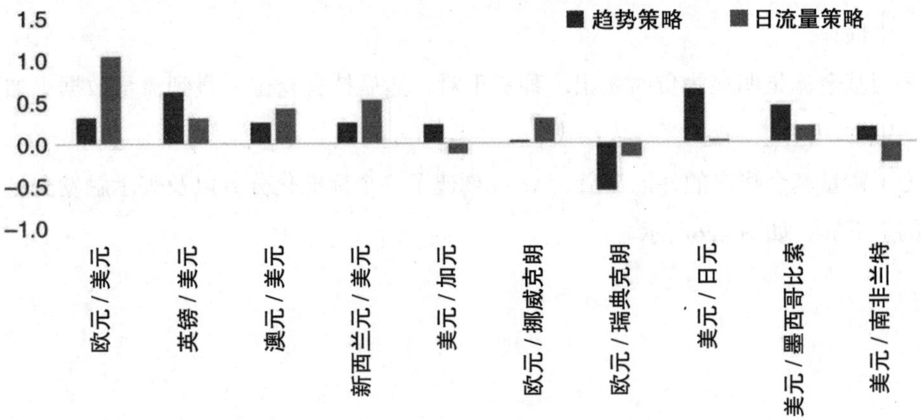

■ 趋势策略　■ 日流量策略

欧元 / 美元
英镑 / 美元
澳元 / 美元
新西兰元 / 美元
美元 / 加元
欧元 / 挪威克朗
欧元 / 瑞典克朗
美元 / 日元
美元 / 墨西哥比索
美元 / 南非兰特

资料来源：Amen（2019）。

　　Amen（2019）进一步分析了一篮子货币对应用趋势跟踪和日流量交易策略的绩效，同时他还考虑把这两个策略采用等权重形成组合绩效。图3.28报告了这三个交易策略的绩效。从中可以看出趋势跟踪策略的风险调整收益率是0.5，同时年化收益率是2%，与之相比，日流量策略的风险调整收益率和年化收益率都要更高。此外，当把这两个策略组合在一起的时候，3%的最大回撤就会同时低于趋势和日流量策略。这就表明对于那些在外汇市场上使用趋势跟踪策略的投资者来说，可以把基于CLS流量数据的交易策略纳入投资组合中，由此实现一定程度的分散化。

图3.28　趋势和日流量策略的投资绩效

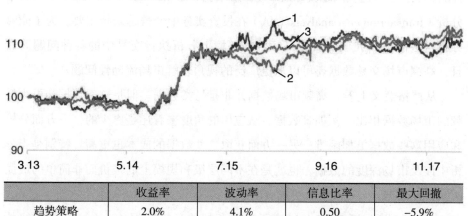

	收益率	波动率	信息比率	最大回撤
趋势策略	2.0%	4.1%	0.50	−5.9%
日流量策略	2.3%	3.6%	0.63	−4.6%
趋势+日流量策略	2.1%	2.9%	0.75	−3.0%

1：趋势策略　2：日流量策略　3：趋势+日流量策略
资料来源：Amen（2019）。

　　Amen（2019）还针对流动性更强的货币对讨论了基于小时流量的交易策略，这个交易策略的风险调整收益率可以达到0.92，这要高于我们上面看到的趋势策略和日流量交易策略。在这个小节中，我们重点讨论了如何使用流量数据来构造量化交易规则。和流量数据相比，交易量数据对于理解流动性和交易执行成本方面则更为重要。下个小节我们将使用另外一个另类数据集来量化市场流动性和交易成本。

高频数据

金融市场对另类数据的关注和需求主要来自如何用它们来提高交易策略的alpha。但是在寻求alpha的过程中，交易策略的执行成本会拖累投资绩效，从而影响获利能力。对于相对高频的交易策略而言，这一点更为重要。另外对于资金规模大的交易而言，执行成本也是很高的。因此从实务上看，投资者和交易员就需要了解交易成本的形成和构成、流动性如何随时间变化以及这些因素会怎样影响到交易绩效。是否一些流动性的提供者也就是做市商会比同行收取更多的费用？什么时候市场的流动性会出问题？我们能否理解某些特定事件对于流动性的影响？所有这些问题就导致市场微观结构（market microsctructure）交易成本分析（transaction cost analysis/TCA）在投资实务中变得越来越重要。为了能够分析这些问题，我们需要在高频数据环境下分析执行交易中的各种问题。而且，高频市场交易数据还可以从更广泛的视角理解市场流动性问题。

从严格意义上看，高频市场数据并非是另类数据。但是这类数据和更为低频的市场数据相比，例如日数据，从应用的角度来看还是更少的。一方面分析和应用这些数据更加困难；另一方面获取这些数据的成本也更高。特别是当分析中涉及市场深度的数据，也就是在不同层级和规模上的报价而非简单的最优买卖价差数据，上述问题就更加突出了。

Denev/Amen（2020）讨论了使用高频的分笔数据（tick data）了解外汇市场流动性的问题，应用的数据集来自于著名的数据服务商——路孚特（Refinitiv），分析的问题是2005年到2017年期间两个交易量最大的货币对（欧元/美元和美元/日元）的最优买入/卖出指示性报价（indicative quote）。所谓指示性报价，是指做市商在客户要求下给出的当前市场价格合理估计。因为这个报价并不能够得到执行，所以就称之为指示性报价。换句话说，当做市商给交易员提供指示性报价的时候，做市商没有义务按照这个报价进行成交。如果我们使用可执行的数据进行分析，那么就有可能得出不同的结论以及更小的价差。下面我们用基点形式的买卖价差作为市场流动性的简单指标。图3.29描述了日平均买卖价差，从中可以看出其峰值是在2016年6月24日，恰好是英国脱欧公投后一天。在公投即将到来的时候，价差开始扩大了。同样在2008—2009年的全球金融危机，特别是雷曼破产期间，价差同样出现了放大的情况。

图3.29 欧元/美元买卖价差

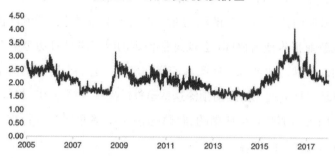

资料来源：Denev/Amen（2020）。

Denev/Amen（2020）还以伦敦时间为基准计算了一天之内欧元/美元以及美元/日元这两个货币对的每小时平均买卖价差，然后再在整个样本时段上求取均值，由此得到的结果如图3.30所示。从中可以看到，一天之内流动性最差的时段是纽约下午时间，因为纽约下午时间对应着伦敦晚上时间，此时价差最大。同时一天流动性最强的时段则是伦敦和纽约交易室都很活跃的时段。比较而言，亚洲市场时间上的流动性相对比较差。相对而言，日元/美元的买卖价差则在伦敦和亚洲交易时间上差异更小一些。考虑到在亚洲时间内日本本地账户会积极交易日元，这个结果也就不奇怪了。而对于欧元/美元货币对来说，亚洲交易时间和欧洲以及北美的交易时间并不重合，所以在后者市场开盘期间，美国和欧洲的投资者以及企业会在美元/欧元的货币对交易上更为活跃。

图3.30 欧元/美元和美元/日元买卖价差：基于伦敦时间

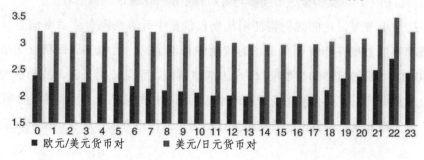

资料来源：Denev/Amen（2020）。

　　图3.30这样的流动性信息对于交易员来说是非常有用的，因为从中可以了解一天之中哪些时段具有更好的流动性。在实务中如果要预测流动性，我们还需要把非农就业报告或者FOMC会议这样预定的经济事件日历考虑在内。当然对于未计划的事件，比如说一些政客的突发声明，它们会对市场流动性造成很大影响，但是交易员就无法提前预测这些事件的发生。虽然图3.29和图3.30很简单，但是它们表明那些较少使用的高频数据是可以帮助减少执行交易过程中的成本对交易绩效的负面影响。

隐含波动率

　　英国脱欧是当代经济和金融史的大事件。2016年2月20日，时任英国首相戴维·卡梅伦（David Cameron）在下院宣布脱欧公投的日期是2016年6月23日。在公投之前，很多市场专家认为如果公投结果是脱欧，那么英镑将会大幅贬值，贬值幅度可能会超过20%。[29] 而路透社做的一项调查则显示，如果脱欧成功，英镑对美元汇率将下跌9%，而如果留欧成功，那么英镑兑美元汇率将上涨4%。[30] 这些数字都是市场专家和参与者的主观判断，那么站在事前，我们可否用量化的方式得到英镑汇率在脱欧公投中的表现呢？英国脱欧公投的结果事前不得而知，但是这个事件有一个特点，那就是公投日期是事先确定的。当存在发生时间已知的事件风险时，比如我们前面看到的美国就业报告和FOMC数据，以及总统大选这样的政治事件，那么相关联的期权市场就会把这些信念纳入交易价格中，以反映金融市场参与者对特定事件未来波动性的看法。

　　这个小节要讨论的案例将使用从期权价格中计算的隐含波动率信息。隐含波动率的数据在当前金融市场的应用中并不罕见，比如芝加哥期权交易所（CBOE）根据标普500指数期权构造的VIX指数，就是使用了隐含波动率的信息。通常而言，我们会使用隐含波动率作为期权标的资产未来波动率的替代变量，换句话说就是衡量未来波动率变化的指标。严格来说，期权价格形成的隐

29　相关报道可以参考彭博社记者Worrachate（2016）在6月2日发表的新闻报道。

30　相关报道参见Reuters（2016）。

含波动率可以看作是传统的数据源。但是当前讨论的案例可以看作是这种金融市场传统数据源的"另类应用",这就是Clark/Amen(2017)通过期权价格来判断脱欧公投结果出笼之后英镑即期汇率的概率分布情况。

通常我们把期权市场的价格变动看作是对标的资产未来走势的前瞻性预期指标。在这方面,Breeden/Litzenberg(1978)的经典文献就指出,如果能够获取所有行权价格的期权价格信息,那么就可以从中得出标的资产价格未来变动的风险中性概率分布。Malz(1997)把这个思想拓展到了外汇期权市场上。

首先Clark/Amen(2017)用《经济学人》(*The Economists*)做的民意调查和英镑汇率的数据来说明脱欧公投产生的可能影响,如图3.31所示。它表明在2016年脱欧公投之前,民意调查显示留欧派的民意倾向稍微领先脱欧派的倾向,但是当脱欧倾向超过留欧倾向时,英镑/美元即期汇率往往会急剧下跌,因此一旦脱欧公投成功,这将给英镑/美元汇率产生重大负面影响。

图3.31 英镑/美元即期汇率和脱欧民意调查:1月11日—6月23日(2016年)

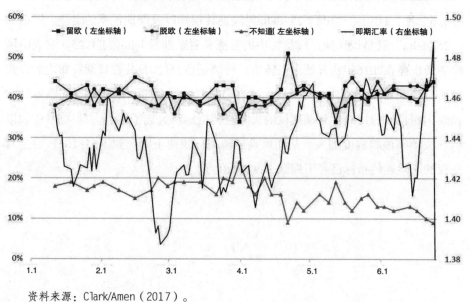

资料来源:Clark/Amen(2017)。

接着Clark/Amen(2017)分析了风险逆转(risk reversal)这个在外汇期权市场上常见的指标。风险逆转(risk reversal)是外汇市场常用的一个名词,它包含了两层具有关联的含义：一方面它表示一种特定的交易策略，另一方面它用来衡量期权市场对于标的货币未来走势的看法。作为期权策略，风险逆转的含义是指同时买入（卖出）虚值看涨期权和卖出（买入）虚值看跌期权，这两个期权具有相同的到期日和近乎相等的delta值。[31] 其次作为期权市场的一个指标，它表示delta相近的看涨和看跌期权相对价值，也就是看涨期权的隐含波动率减去看跌期权的隐含波动率。从期权定价公式来说，相同到期日的波动率应该是相等的，但是期权市场中因为供需关系的变动从而导致上述两个隐含波动率之间存在着差异，这种差异被称为波动率偏斜（volatility skew），这是所谓的波动率微笑（volatility smile）在外汇市场上的效应。偏斜程度越大就说明波动率差异越大。而这种差异是用风险逆转指标来衡量的。如果期权市场更加偏好美元看跌期权，那就表明这个市场是看空美元，反之则是看多美元。风险逆转指标可正可负，指标为正意味着看涨期权的隐含波动率大于delta值相似的看跌期权隐含波动率，这表明期权市场参与者更多地会认为这种货币会上涨，反之亦然。图3.32给出了在不同到期日（隔夜、1周、1个月、2个月、3个月、6个月、1年）的情况下25-delta风险逆转指标以及即期汇率的走势。所谓的"25-delta"就是说风险逆转指标中的看涨和看跌期权delta值是0.25。它表明风险逆转指标在2016年初开始由正转负，特别是在2月20日公投日期宣布之后，此时所有到期时长超过四个月（因而就在公投日之后到期）的期权都面临着脱欧风险，而且6个月和1年到期期权的风险逆转指标都远离了零点。自从5月中旬以后，波动率偏斜程度加大，从而风险逆转指标快速下降。到了6月10日，1个月期权的风险逆转指标已经下探到-7.9的低位了。

31　需要指出的是，看涨期权delta值往往为正，而看跌期权delta往往为负，因此这里说delta值相等是指delta绝对值相等。

图3.32 英镑/美元的风险逆转指标以及英镑/美元的即期汇率

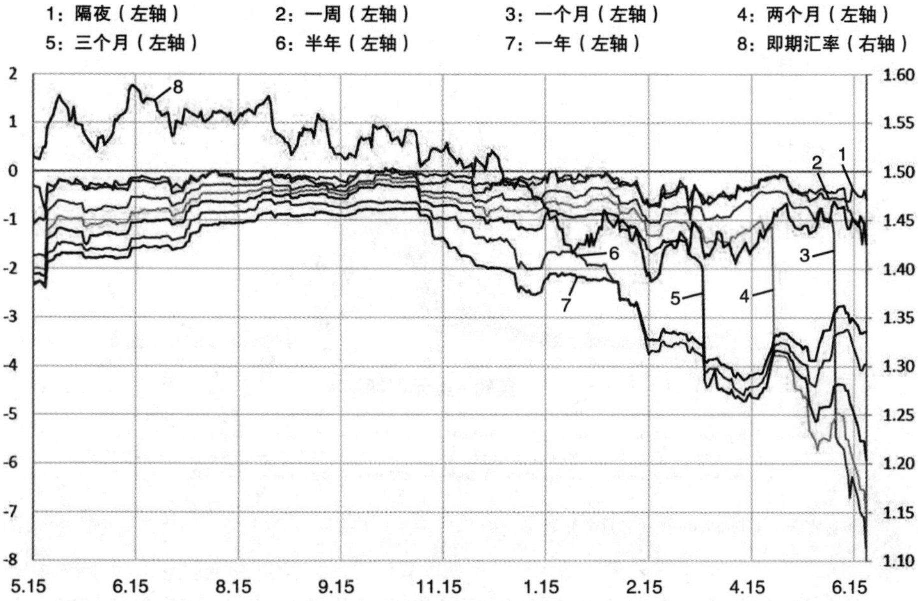

1：隔夜（左轴）	2：一周（左轴）	3：一个月（左轴）	4：两个月（左轴）
5：三个月（左轴）	6：半年（左轴）	7：一年（左轴）	8：即期汇率（右轴）

资料来源：Clark/Amen（2017）。

    通过英镑/美元汇率期权的隐含波动率，Clark/Amen 首先估计了直到6月13日的即期汇率隐含概率密度，其中的结论是市场估计脱欧公投成功将会导致英镑/美元汇率从6月10日的1.4390下降至1.10~1.30的区间，也就是10%~25%的跌幅，这是很剧烈的价格变动。图3.33给出了不同日期得到的英镑/美元即期汇率的隐含密度曲线。除了粗的密度曲线以外，图中所有其他不同日期（从5月1日到公投日当天的6月23日）的隐含密度曲线都是从当天的期权隐含波动率中计算得出的，其中期权的到期日刚好在公投日后到期。粗的密度曲线则表示6月24日（周五）针对6月27日（周一）得到的即期汇率隐含密度曲线。

图3.33　英国脱欧前后的英镑/美元即期汇率隐含密度

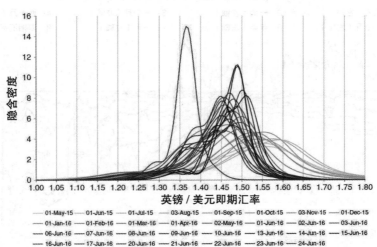

资料来源：Clark/Amen（2017）。

他们还构建了一个混合模型分析公投投票后英镑/美元汇率在两种情况下的表现，一种是留欧，另外一种是脱欧。通过2016年2月24到6月22日这四个月的数据对模型进行校准，结果表明当脱欧成功时英镑将会贬值4.5%，达到1英镑兑换1.37美元，这和公投后汇率是1.3622的结果是相当一致的。

四、其他数据

政府数据

1.外汇风险工具

汇率波动或者说货币波动往往比股票要小，但是汇率偶尔也会大幅波动，同时看到波动率中出现结构性的变动。当出现这种变动时，我们就认为发生了货币危机（currency crisis）。货币危机可以定义为针对某种货币发生的投机性攻击，由此导致对这种货币的大幅和快速抛售。对于投资者和风险管理者来说，了解货币危机发生的可能性以及特性是很重要的。一般情况下，在货币危机发生时各国央行会通过抛售外币来支持本币，同时提升国内利率，从而对做空本币的炒家们施加惩罚。有时候货币危机也会受到对外经济政策变动的影响，比如对资本账户进行管制。

Glick/Hutchinson（2011）对货币危机做了详细的分析。他们指出即使炒家发起的投机活动不成功，就像1998年索罗斯针对港币和港股发起的攻击，但是防范和抵制这些攻击的成本还是很高的，包括外汇储备的迅速减少、国内利率高企对实体经济造成的负面影响等。特别有名的例子包括1992年英镑被迫退出欧洲汇率机制（European Exchange Rate Mechanism/ERM）以及1997—1998年的亚洲金融危机。[32] 当全球发生金融危机的时候，一些货币也会出现大幅贬值，这时候投资者会纷纷转向像美元、欧元等避险货币。近些年来俄罗斯卢布、土耳其里拉都遇到过巨大贬值，尽管它们的问题更多是特异而非全球的因素。

Glick/Hutchinson（2011）对货币危机的文献进行了整理，其中包括有关货币危机模型的发展。总结来说，他们认为任何形式的预测都需要几个组成部分。首先对货币危机需要给出一个清晰的定义。也就是说，多大程度的汇率波动才能被看作是货币危机。接下来是挑选出那些和货币大幅贬值有关的变量，最后是构建一个可以联入可观测数据的统计模型。

针对上述问题，牛津经济研究院（Oxford Economics）的经济学家Sleptsova et al.（2019）的实证研究给出了一些可以用来估计货币危机可能性的共同因素。[33]首先是相对外币过高的利差以及过热的信贷。其次是双重赤字，也就是政府的预算赤字和经常账户的赤字。第三就是短期债务水平相对出口和外汇储备

---

32 欧洲汇率机制是欧洲共同体（欧盟前身）从1979年3月开始运作的货币体系，其目的是约束欧洲货币汇率变动和实现欧洲货币的稳定，这个制度为后来建立经济和货币联盟以及1999年1月推出统一货币"欧元"（Euro）打下了基础。在欧元诞生之后，欧洲汇率机制的政策转变为联系非欧元区欧盟国家货币和欧元之间的关系，从而提高这些非欧元货币的稳定性，并称为对潜在欧元区成员的评价机制。英镑曾经在1990年10月加入欧洲汇率机制，但是在1992年由于索罗斯大幅做空英镑，英国政府无力维持汇率下限，从而于当年9月宣布退出欧洲汇率机制。

33 牛津经济研究院是全球领先的独立经济预测和量化分析机构，它于1981年从牛津大学商学院中创立，至今已经有超过40年的历史。

来说过高。这些由政府公布的数据如何确定相对权重则取决于这样几个因素：基本的汇率制度，也就是采用自由浮动、有管理的浮动还是钉住汇率制。就此他们开发了一个外汇风险管理工具（FX Risk Tool），它是一个汇总了从政府宏观数据到市场数据大量不同数据源的另类数据集，涵盖了发达经济体和新兴市场总计166种货币。这个工具可以给这些货币进行风险评分，这些评分每个月更新一次，其刻度从1到10，其中10表示最容易遭受货币危机的影响。其中货币危机被定义为货币相对美元汇率发生了超过五年均值三个标准差以上的贬值。图3.34表明那些风险评分高的货币从历史上看发生了更多次的货币危机：风险评分为7到10的货币在未来两个季度内发生大幅贬值可能性有20%，同时在未来三年内发生大幅贬值的可能性高达70%。而在样本外分析中，2017年第四季度的外汇风险评分可以解释2018年新兴市场货币抛售中80%的贬值，如图3.35所示。

图3.34　货币危机平均频率：2000—2017

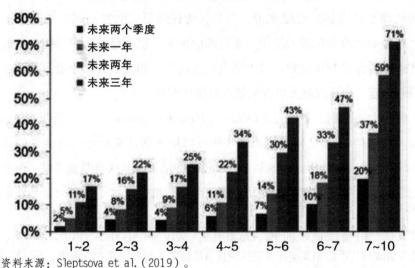

资料来源：Sleptsova et al.（2019）。

图3.35　新兴市场货币抛售和外汇风险评分

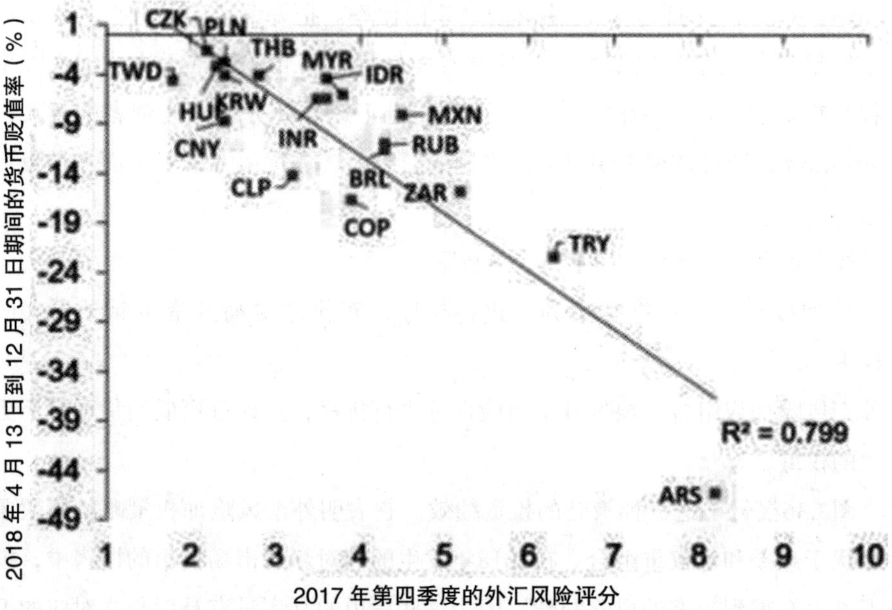

资料来源：Sleptsova et al.（2019）。[34]

从投资者的角度来看，能够预测货币危机的指标就可以帮助规避在这些货币上的风险敞口。例如在外汇息差套利中，我们可以减少那些被大幅抛售可能性高的货币权重，同时增加被抛售可能性低的货币权重。通常来说，在外汇息差套利中，我们希望买入收益率最高的货币，同时使用收益率最低的货币进行融资。但是收益率最高的货币往往也容易遭到抛售，因此就需要寻找收益率高但是抛售风险较小的货币。这个时候投资者就面临着在金融市场上收益和风险之间永恒的取舍。

从本质上看，我们可以将外汇风险工具给出的风险评分作为另外一种给货

34　图中涉及的货币包括阿根廷比索（ARS）、巴西雷亚尔（BRL）、智利比索（CLP）、哥伦比亚比索（COP）、人民币（CNY）、捷克克朗（CZK）、匈牙利福林（HUF）、印尼盾（IDR）、印度卢比（INR）、韩国韩元（KRW）、墨西哥比索（MXN）、马来西亚林吉特（MYR）、波兰兹罗提（PLN）、俄罗斯卢布（RUB）、泰国泰铢（THB）、土耳其里拉（TRY）、中国台湾新台币（TWD）、南非兰特（ZAR）。

币以及息差进行排序的标准。当前一种常见的排序方法就是分析每个货币对
（currency pair）的息差相对隐含波动率的比率。把外汇风险评分作为货币排
序指标纳入分析中可以增加额外的基本面信息，而后者通常无法体现在汇率
期权的市场隐含波动率报价中。为了分析外汇风险评分针对投资者的意义，
Sleptsova等人针对15种采用浮动汇率制的新兴经济体货币考虑了下面三种投资
策略，

· 等权重组合：在15种货币上持有等权重。

· 息差加权组合：根据货币利率进行排序，对排序更高的货币赋予更大的
　权重。

· 外汇风险加权组合：根据外汇风险评分进行排序，对评分更低的货币赋予更
　大的权重。

　　图3.36报告了这三种策略的投资绩效。它表明外汇风险加权策略的绩效要
明显优于息差和等权重组合。在2018年发生的针对新兴市场货币的抛售中，投
资者并没有得到足够的风险补偿，因为这些货币的利率没有补偿与之对应的汇
率风险。

图3.36　不同外汇投资策略的绩效

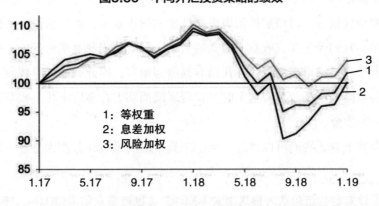

项目	收益率	波动率	信息比率	偏度	峰度
等权重	1.2%	7.4%	0.16	−1.31	2.6
息差加权	0.2%	9.4%	0.02	−1.81	5.1
风险加权	2.5%	5.7%	0.43	−0.54	−0.6

资料来源：Sleptsova et al.（2019）。

从投机的角度来看，外汇风险工具可以帮助做空那些最有可能发生货币危机的货币。当然在做空息差高的货币时存在着风险。从风控的角度来看，外汇风险评分可以称为预测波动率的额外因素，由此来提升风险价值（Value-at-Risk/VaR）的估计。一般来说，在估计VaR的过程中只考虑市场数据，这样使用更多的基本面数据就可以增加对于风险的认识。利用2000年到2018年的历史数据，Sleptsova等人计算了贬值概率的累积分布，如图3.37所示。如同所预期的那样，外汇风险评分越高，发生大幅贬值的概率就越高。同时表3.6给出了基于外汇风险评分的风险价值。举例来说，风险评分5~6的国家一年5%的风险价值是23.5%，这就意味着这种货币在未来一年中有5%的概率贬值幅度超过23.5%。从中也可以看到，随着外汇风险评分的上升，货币的风险价值也是上升的。

图3.37 贬值概率的累计分布

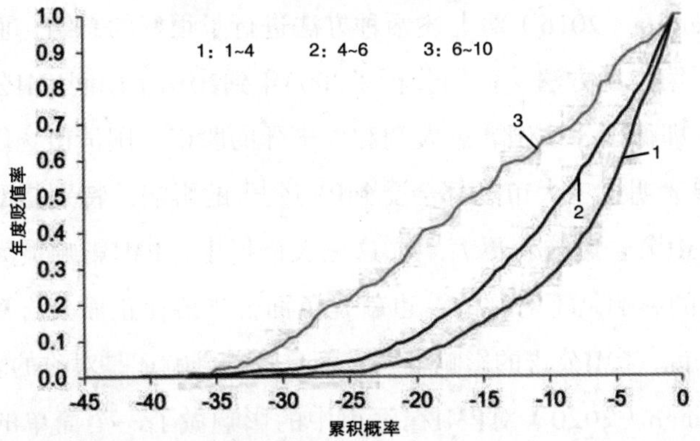

资料来源：Sleptsova et al.（2019）。

表3.6 外汇风险价值

外汇风险评分	风险价值		
	1%	5%	10%
1~2	−13.5	−12.5	−8.0
2~3	−18.0	−13.0	−11.5
3~4	−29.5	−22.0	−19.0
4~5	−33.5	−24.0	−20.5
5~6	−35.5	−23.5	−20.5
6~8	−37.0	−32.0	−30.0

资料来源：Sleptsova et al.（2019）。

调查数据

有一类调查数据很重要，这就是采购经理人指数（PMI）。在本节中我们分析它对金融市场的影响。

Gomes/Peraita（2016）指出，在衡量宏观经济指标对金融市场影响时一个突出的问题就是这两组数据通常是以不同的频率方式获取的。市场数据可以每天、每小时甚至是在更短的时间间隔上获取，但是宏观经济指标最多每月发布一次。这样在分析宏观经济信息和金融市场之间的关系时就会形成两种思路。第一种是使用低频数据进行回归，其中就要把金融市场变量汇总到更低频的时间尺度上。另一种方法就是进行事件研究，也就是分析在宏观经济信息发布之后金融市场的瞬即反应。比如我们可以分析在非农就业数据发布时的金融市场反应，如同前面的案例所示。

Gomes/Peraita（2016）对上述两种方法进行了很好的总结，而他们自己的研究则采用了第二种方法。他们分析了2003年到2014年期间PMI公告对欧元区四个主要国家即德国、法国、意大利和西班牙的股市、国债市场以及欧元汇率的影响。结果表明这三大市场都会受到PMI公告的影响，特别是欧洲债务危机期间负面的PMI公告影响就更大。在这三大市场中，PMI影响最大的是股票市场，同时PMI的影响是不对称的，也就是负面公告要比正面公告对股市影响更大。就债市来说，PMI公告的影响较弱，而且这种影响还是对称的。[35]

Denev/Amen（2020）对PMI在汇市中的影响做了一个简单的分析。使用2013年中到2019年中，作者计算了样本时段内英国PMI发布前后15分钟时段内每分钟英镑/美元汇率的绝对变化率。图3.38报告了在PMI发布前后的每分钟平均绝对变化率，从中可以清晰地看到，当PMI公告发布的时候，英镑/美元汇率的平均绝对收益率会出现明显的尖峰。但是这个尖峰很快就消失了，5分钟后市

35　Hanousek/Ko▌enda（2011）和Johnson/Watson（2011）分析了PMI对股市的影响。前者使用了PMI意外这个指标进行分析。和其他的"意外"指标一样，PMI意外就是其实际值和预期值之间的偏差。他们的结论非常符合直觉：负向的PMI意外会对股票市场产生负面影响，反之亦然。Johnson/Watson（2011）则发现，PMI的变动对于小盘股以及像贵金属、计算机技术、纺织品和汽车这些行业的股票影响比较大。

场就恢复到正常的波动水平。

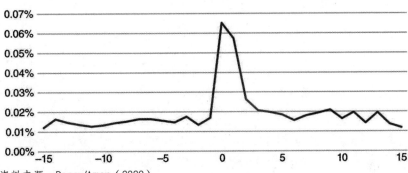

图3.38 英国PMI指数发布前后的英镑/美元汇率变动

资料来源：Denev/Amen（2020）。

第四章

大宗商品

2019年3月8日英国《金融时报》记者Meyer和Terazono发表了一篇题为《新作物数据服务商在美国政府关门后获利》的文章，这篇文章详细说明了从2018年底到2019年1月之间，因为白宫和国会在美墨边境墙修建预算问题上难以调和而导致联邦政府关门事件对于美国国家运输安全管理局和美国农业部（USDA）等多个业务领域产生的影响。其中谈到了美国农业部作物报告中断发布了很长一段时间，从而导致很多农产品的交易者对于政府报告的大豆、玉米和小麦等库存一无所知。这个时候，另类数据服务商介入并填补了这一空白，它们使用自己的数据收集和预测分析流程来生成有关农产品产量的预测分析。

前面章节中的案例表明，在股票交易中另类数据已经有了大规模的增长，比如通过分析推文来预测某只股票上的投资者情绪，进而判断价格走势；亦或是通过计算停车场的车辆数量来预测零售商的盈余意外；甚至是使用私人飞机的数据来预测并购活动；如此等等。但是在大宗商品领域，另类数据的应用还处于比较滞后的阶段。在本章中我们介绍另类数据在大宗商品领域内的一些应用案例。

一、文本数据

原油等能源类大宗商品在我们日常生活中扮演着重要角色，因为它们为全球大部分的运输系统提供燃料，同时也是工业企业的重要投入要素。它们的价格会根据自身的供需变化而做出反应，同时与经济周期联系密切，而且像国内生产总值、失业率这样的经济变量以及地缘政治或者自然灾害这些变量都会对其产生影响。

在第一章中我们介绍了几个基于瑞文（RavenPack）数据分析股票市场的案例，在本小节中我们将介绍基于这个数据集在能源期货市场上的应用。

Brandt/Gao（2019）利用瑞文数据分析了地缘政治和宏观经济事件以及情绪对于原油价格的影响。他们发现宏观基本面的新闻可以在月度时长上具有预测能力，地缘政治事件会对能源期货价格有很大影响，但是短期来看并没有预测性。和Brandt/Gao（2019）不同，瑞文的分析师Hafez/Lautizi（HL, 2019）分析了包括原油在内的四种能源类大宗商品，并且通过瑞文提供的事件检测（event detection）功能给这些商品建立预测模型，进而获取投资收益。在这个小节中我们将报告这个案例。

在作者撰写这篇文章的时候，瑞文建立的事件分类已经拓展到超过6800种不同的类型，它们可以让投资者针对不同资产类型和不同商品快速并且精准地确定影响市场的各种事件，比如大宗商品领域中的供给增加、进出口动态、库存变化等。

类似我们在第一章中看到的那样，瑞文通过自然语言处理技术，将传统新闻和社交媒体这样的非结构化数据集转化为可用于量化投资的结构化数据和指标，由此让投资者识别新闻中涉及的经济主体，并且将这些实体和最有可能影响其资产价格的事件联系起来。每个事件都存在三个指标，包括事件的情绪（ESS）、事件的新颖性（用事件相似性天数衡量/ESD）以及事件关联性（ERS）。[1] 在分析这些能源商品时，作者在事件新颖性方面只考虑ESD≥1，这样就去除了日内重复性的新闻事件，同时对事件关联性指标不做任何限制。[2] 通过对2005年1月到2017年12月之间近13年和大宗商品相关的事件进行分析，在原油上总计找到了103个事件类型；而在平均意义上大宗商品的事件类型只有34个。表4.1给出了四种能源类商品的基本事件信息。

1　关于这些指标可以参考第一章中"财经新闻"案例的讨论。

2　在涉及股票的研究中，瑞文分析师们的一系列白皮书Hafez/Koefeed（2017a, b）、Hafez/Guerrero-Colón（2016）以及Hafez/Lautizi（2016）中都对事件关联性指标做出了限定。

表4.1　四种能源类商品期货基本事件信息（2005.01—2017.12）

项目				每日事件				
商品	事件	事件天数	事件天数占比	均值	1/4分位数	中位数	3/4分位数	最大值
原油 Crude oil	316,959	4,721	99.4%	67	22	53	94	480
汽油 Gasoline	48,838	4,407	92.8%	11	3	7	15	147
燃料油 Heating oil	6,865	3,085	65.0%	2	1	2	3	46
天然气 Natural Gas	64,932	4,594	96.8%	14	6	12	19	99

资料来源：Hafez/Lautizi（2019）

考虑到事件类型的数量过多，这样自变量矩阵的维度就会变得很大，为了解决维度诅咒（curse of dimensionality）的问题，[3] 以及事件类别之间的非线性关系，HL就没有使用存在过度拟合的OLS回归方法，而是使用了几种不同的机器学习方法进行研究。[4] 另外考虑到表4.1中的四种能源期货价格波动率存在着较大的差异，这样为了避免在这个期货组合中过分强调波动率高的商品品种，因此作者就计算了波动率调整的收益率：

$$y_{t,n} = \frac{r_{n,t}}{\sigma_{n,t-1}} \times \sigma_{TA}$$

其中

$$r_{n,t} = \ln \frac{p_{n,t}}{p_{n,t-1}}, \quad \sigma_{t,n} = \frac{1}{m}\sum_{j=1}^{m}\left(r_{n,t-j+1} - \frac{1}{m}\sum_{j=1}^{m}r_{n,t-j+1}\right)^2, \quad \sigma_{TA} = \frac{20}{\sqrt{252}}$$

这里 $P_{n,t}$ 表示第 n 种能源期货在时点 t 的收盘价，计算标准差时时间窗口取 $m=21$ 表示过往一个月的实现波动率，[5] 而 $\sigma_{TA} = \dfrac{20}{\sqrt{252}}$ 表示设定的年化目标波动率是20%。

3　Donobo（2000）提出了维度诅咒的问题。

4　在之前针对股票的研究中，Hafez/Koefeed（2017a,b）使用了OLS技术分析了瑞文的事件情绪评分和股票收益率之间的关系。

5　注意这里使用的是交易天数，而非日历天数，因此 $m=21$ 大体上等于一个月实现波动率。同时作者并没有对参数 m 进行优化。

在应用机器学习算法方法时，作者使用了如下五种不同的模型，同时使用十重交叉验证（cross-validation）的方式对这些模型的超参数进行优化：

·弹性网络回归（elastic net regression/ELNET）；

·k-近邻回归（k-nearest neighbor regression/KNN）；

·人工神经网络（artificial neural network/ANN）；

·随机森林（random forest/RF）；

·高斯梯度增强树（gradient boosted trees with Gaussian loss function/GBN）。

期货收益率具有如下的预测形式：

$$y_{n,t} = f(x_{n,t-1}) + e_{n,t}$$

其中函数形式f取决于上述不同的模型，而$y_{n,t}$是预测变量（特征变量）向量。由此我们看到所有的模型都是用了相同的输入变量，其中目标变量是波动率调整的对数收益率，而特征变量则是一组连续变量的矩阵。这里特征变量体现了事件类型n在时点t对商品n产生的影响：

$$x_{n,t}^j = \begin{cases} \overline{ERS}_{n,t}^j & \text{如果商品}n\text{在时点}t\text{记录了事件类型}j \\ 0 & \text{其他情形} \end{cases}$$

$$\overline{ERS}_{t,n}^j = \frac{1}{I} \sum_{i=1}^{I} ERS_{n,t,i}^j$$

其中$i=1, \cdots, I$表示属于事件类型的事件次数。上式表明，特征变量将通过事件关联性来确定，这样如果某个事件特别相关，比如出现在标题中，那么其权重也就越大。交易策略将根据上式得到的预测收益率进行构建：预测收益率的正负符号决定了交易的多头和空头方向，而收益率的相对大小则决定了四种能源期货的组合权重。某个特定交易日的预测收益率进行标准化处理，从而确保组合的总风险敞口等于1，[6] 同时四种不同期货品种的净敞口介于-1到1之间。

表4.2给出了各种模型组合的绩效指标，除了最后一列集成模型（ensembel model）以外，其中每一行中为黑色的数值表示五个机器学习模型中在这个绩效

---

6 因此这个能源期货组合不是一个我们常见的多空组合。

指标上表现最好的模型。A组报告了样本内分析的结果。从中可以看到各个模型之间的投资绩效存在较大的差异。但是除了随机森林这种非线性模型之外，其他的非线性模型相对于弹性网络回归这种线性模型的绩效都更好。特别是梯度增强树（GBN）和人工神经网络模型，它们得到的信息比率分别达到了2.40和2.39。B组报告了样本外的绩效指标。结果表明随机森林（RF）模型的绩效最好，其信息比率达到了0.85，同时年化收益率为13.1%。次好的模型是k–近邻（KNN）模型，其信息比率是0.83，同时14.1%的波动率是最小的。接下来是梯度增强树模型；而作为线性模型的弹性网络是次差的。这就表明对事件特征变量和大宗商品收益率之间的非线性关系进行建模的确可以获得相对更好的投资绩效。

表4.2　各种模型组合的投资绩效

	ELNET	KNN	ANN	RF	GBN	Ensemble
A.样本内绩效						
年化收益率	17.6%	19.9%	34.6%	7.3%	37.3%	
年化波动率	15.6%	14.3%	14.5%	15.1%	15.5%	
信息比率	1.13	1.39	2.39	0.48	2.40	
命中率	53.5%	54.5%	57.8%	51.7%	56.0%	
最大回撤	22.4%	17.2%	16.34%	35.9%	17.9%	
B.样本外绩效						
年化收益率	8.5%	11.7%	4.0%	13.1%	12.3%	9.8%
年化波动率	15.8%	14.1%	14.7%	15.4%	16.2%	15.0%
信息比率	0.54	0.83	0.27	0.85	0.76	0.65
命中率	51.4%	51.7%	50.6%	52.6%	51.3%	51.1%
最大回撤	36.2%	19.1%	45.1%	30.7%	23.6%	38.3%

资料来源：Hafez/Lautizi（2019）。

　　从表4.2中可以看到，样本内和样本外分析得到的最优模型存在着差异。如果是基于样本内分析进行，选择梯度增强树和人工神经网络模型，那么根据信息比率它们在样本外的绩效排名就是第三和最后一名，这表明了模型选择的风险。现在我们需要在这些模型中进行选择。一个直觉方法就是每年选择前一年表现最好的模型。但是表4.2的结果的差异表明依赖样本内选择的模型很可能会在样本外表现不佳。比如我们选择人工神经网络模型进行预测，那么样本外的绩效就是最差的。另外一种方法就是采用集成方法（ensemble method）。考虑对五种模型样本内和样本外绩效的差异，所以作者并没有根据交叉验证的误差确定权重，而是采用等权重的方式，也就是所在集成策略中，将根据五种模型的预测收益率通过等权重的方式组合在一起。表4.2B中的最后一列报告了集成方法的绩效，它的信息比率是0.65，年化收益率是9.8%。在对五种模型的相对绩效不存在先验知识的情况下，集成方法得到的投资绩效是有竞争力的，无论是绝对意义上的收益率还是风险调整的收益率。而且集成方法还可以降低模型选择风险，所以就降低可能存在的过拟合风险。

　　前面的分析表明如何把事件指标组合在一起产生超额收益也就是alpha，但是并没有说明哪些变量和哪些类型的事件对于超额收益有影响。作者还以随机森林模型为例说了这个问题。之所以采用随机森林模型，是因为它在样本外的绩效最好，同时它也提供了一种计算和分析特征变量重要性的清晰方法。图4.1报告了位列前十的事件类型重要性。[7] 它表明和商品库存相关的事件类型是最重要的，例如"存货-下降-商品"这个事件。存货类的新闻事件对于价格影响发挥了重要作用，因为位列前十的事件类型中有三个和存货有关。此外，和供给相关的新闻事件对于价格变动也有影响。指向未来供给增加的资源发现类事件，以及让供给减少的泄漏类事件，都是影响期货价格的重要事件因素。

7　为了计算每年的特征变量相对重要性，首先在每个年度计算节点不纯度（node impurities）减少的总量。然后根据这个数量对特征重要性指标重新调整比例，以便给不同事件类型在每个样本外年份确定相对重要性。

图4.1　不同事件类型（特征）的相对重要性

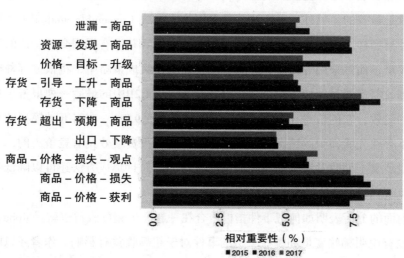

资料来源：Hafez/Lautizi（2019）。

　　上述分析表明，瑞文公司的事件分类体系对于商品期货交易来说是有价值的。需要指出的是，上述分析忽略了全球经济新闻这样的新闻事件，同时也没有把事件情绪评分指标纳入分析中，就像我们在第一章股票量化案例中看到的那样。同时这个案例提供的分析框架可以很容易拓展到股指期货、利率期货和汇率这样的宏观资产上。

二、位置数据

　　在《另类数据：理论与实践》一书的第七章中，我们介绍了埃信华迈（HIS Markit）基于自动识别系统（AIS）提供的商船地理位置的数据服务。在这个小节中，我们将介绍Adland et al.（2017）同样基于AIS提供的全球原油出口的案例分析。作者并没有采用埃信华迈的数据，而是使用了另外一家全球商品智能公司Clipper Data的AIS数据。[8] Clipper Data的数据来自于使用AIS系统跟踪商船航程

8　2021年9月8日，来自法国的大宗商品数据服务公司Kpler并购了总部位于纽约的Clipper Data，有关并购案的介绍可以参考www.kpler.com/blog/press-release-kpler-acquires-clipperdata。

以及通过英之杰商船服务公司（Inchscape Shippering Service/ISS）提供的港口代理（port agent）报告。

Adland等人对原始数据进行了一些预处理。他们首先排除了通过驳船（barges）、铰接式驳船（articulated barges/ATBs）、沿海油轮（coastal tankers）、未知船舶和非油轮运输的货物，这样就只剩下阿芙拉型（Aframax）邮轮以及规模更大的苏伊士型（Suezmax）邮轮和超大型邮轮（VLCC）。同时他们的样本也包括有中程和远程1型的产品邮轮（product tankers），这类船舶配有涂层货舱，它们可以根据市场情况在产品和原油贸易中进行切换。同时作者还排除了国内商船航行的数据，例如新加坡境内在不同的油罐之间移动石油。

为了评估AIS数据对于出口估计的精准度，Adland等人将AIS的估计值和联合组织数据倡议（Joint Organization Data Initiative/JODI）的官方石油出口数据进行了比较。JODI的石油世界数据库（Oil World Database）是从欧盟统计局（Eurostat）、石油输出国组织（Organizaiton of the Petroleum Exporting Countries/OPEC）以及国际能源署（International Engery Agency/IEA）等诸多官方来源收集和整合的数据。表4.3对比了经由AIS得到的以及JODI公布的排名前20的海运原油出口国家（地区）以及原油出口量。

表4.3　AIS与官方原油出口的比较（单位：百万桶）

国家（地区）	2013			2014			2015		
	AIS	JODI	差异	AIS	JODI	差异	AIS	JODI	差异
沙特阿拉伯	2,486	2,753	−9.7	2,326	2,592	−10.2	2,352	2,698	−12.8
俄罗斯	1,360	1,565	−13.1	1,282	1,640	−21.8	1,39	1,787	−22
阿联酋	835	945	−11.7	937	934	0.4	941	468	101.1
伊拉克	688	867	−20.7	868	920	−5.7	980	1,097	10.6
委内瑞拉	667	468	42.8	698	539	29.5	713	530	34.6
尼日利亚	584	755	−22.6	729	765	−4.6	709	777	8.8
科威特	663	751	−11.8	672	730	−7.9	681	661	3
安哥拉	591	595	−0.8	572	577	−0.9	598	607	1.6
伊朗	352	606	−42	422	506	−16.6	439	496	11.6
墨西哥	417	464	−10.2	410	445	−7.9	413	455	9.3
卡塔尔	436	218	99.5	401	217	84.7	406	179	126.5
挪威	206	437	−52.9	373	439	−15	339	451	24.8

续表

国家（地区）	2013			2014			2015		
	AIS	JODI	差异	AIS	JODI	差异	AIS	JODI	差异
土耳其	292	–	249	–		368	–		
阿曼	271	306	−11.4	280	294	−4.6	307	287	7
埃及	266	35	657.7	253	43	492.4	281	57	396.7
哥伦比亚	245	257	−4.6	267	264	1.2	263	156	68.8
英国	224	224	0.3	234	208	12.6	237	217	9.2
巴西	133	133	−0.4	189	189	−0.1	228	269	15
阿尔及利亚	190	229	−17	170	206	−17.5	165	193	14.7
安地列斯（荷）	142	–	161	–		189	–		
前20	11,047	11,610	−4.8	11,493	11,506	−0.1	12,002	11,384	5.4

资料来源：Adland et al.（2017）。

我们可以看到，表4.3中针对不同国家（地区）的数据准确性存在着较大的差异。比如荷属安地列斯群岛就不是石油产地，它是石油转运和储存的主要中转站，再比如加拿大主要是以管道出口石油，因此也没有出现在上面的表单中，虽然个别国家和地区存在着较大差异，但是最后一行的总量数据表明差异较小。这就表明，基于AIS的数据可以帮助了解通过海运形成的石油出口量。当然，为了了解具体国家和地区的出口情况，我们还需要使用其他的数据源。

从金融交易的角度来看，使用类似JODI这样的数据集存在着滞后性的问题，因此AIS数据就提供了更加实时量化原油供应的高频数据。这种方法不仅适合于原油，而且也可以应用到农作物、铁矿石和煤炭这样的干散货（dry bulk commodities）上，因为后者无法通过管道进行运输。

除了使用航运数据来了解全球原油流动，AIS数据集还有其他的用处。例如Olsen/Fonseca（2017）就使用Clipper Data的航运数据来预测未来的邮轮运价，而Button（2019）则讨论了通过MarineTraffic的AIS数据了解某些商船的供需失衡，这对于预测运价就特别有用。

三、卫星图像数据

NDVI

卫星遥感技术形成的图像数据在大宗商品分析中扮演了重要的作用，[9] Piette（2019）讨论了这类数据在玉米期货市场上的应用。他用到的数据源是美国国家航空航天局（NASA）发射的Terra和Aqua卫星上通过中分辨率成像光谱辐射仪（MODIS）得到的NDVI指数。这个数据集是由美国国家航空航天局（NASA）、美国农业部海外服务局（Foreign Agriculture Service/FAS）和马里兰大学共同发起的全球农业检测项目（Global Agriculture Monitoring Project/GLAM）提供的。[10]在这个小节中我们将介绍这个案例。

在农产品期货市场上，美国农业部（US Department of Agriculture/USDA）每个月发布的《世界农业供需估计报告》（World Agricultural Supple and Demand Estimates/WASDE report），以及美国国家农业统计局（National Agricultural Statistics Services/NASS）在某些特定月份发布的《农作物产出报告》（Crop Production report）是影响美国以及全球农产品市场最重要的公共信息源。有很多文献研究了这些政府报告对大宗商品市场的影响，较早时期研究的结果表明，商品市场的确会受到这些报告的影响。[11]近些年来，伴随着另类数据兴起带来的信息来源的扩大，从直观上看美国农业部报告对大宗市场的影响会降低。但是，Ying et al.（2017）和Karali et al.（2019）的分析都表明，农业部报

9　我们在《另类数据：理论与实践》一书第七章第二小节中介绍了卫星图像数据。

10　有关GLAM项目的详细介绍可以参考Becker-Reshef et al.（2010）。

11　Summer/Mueller（1989）最先使用事件研究的方法分析了1961到1982年间美国农业部报告对玉米和大豆期货价格的影响，其中表明市场认为官方报告中的信息是新颖和可靠的，因为报告发布后几天的价格变化率会明显高于其他时期。Isengildina-Massa et al.（2008）通过分析期货收益的方差变动得到了同样的结果。其他的一些研究，包括Garcia et al.（1997）、Irwin et al.（2001）和McKenzie（2008）也都得出了商品市场会受到WASDE报告影响的结论。

告对市场的影响并没有减少。还有一些研究表明这些官方报告的价值可能在上升。比如Milacek/ Brorsen（2017）表明基于WASED报告的预测模型有助于交易的收益；而Abbott et al.（2016）则表明WASDE报告中涉及玉米的信息价值有3.01亿美元，其中玉米产量预测的价值约为1.88亿美元。

　　Piette分析了三个数据集。第一组数据是从MODIS上得到的NDVI指数。MODIS的数据从2000年2月以来对外开放使用。这个数据的地理分辨率是250米，而时间分辨率是16天。这样每隔16天就可以得到这个时段上的平均图像。之所以取16天间隔是因为NDVI是一种辐射指数，因而从卫星上进行估计时就会受到云层等天气条件的影响。[12] 每年这些卫星图像的发布是以固定的速率进行的，表4.4说明了这一点。第二组数据是玉米期货价格。就此Piette使用了每年12月到期的玉米期货合约。这是因为从农业保险公司的风控角度来看，12月合约最为重要，因为农作物的保险是以每年新作物的收获期价格为基准的。而对于美国玉米而言，新作物的收获期对应的是12月份合约。[13] 第三组是玉米产量估计数据。从直觉上看，早期对农作物产量的估计对于生长季节的农产品期货市场来说是关键数据。根据耕种面积，我们可以对农作物下一个收割季的产量进行早期预测。如果其他影响因素不变，那么农作物产量预测的变化就应该影响到期货价格。确切地说，如果在玉米的生长季节中预估玉米收获季节的产量会上升，在未来供给增加的预期下期货价格就会下跌。这样农产品的早期产量估计（或者说产量预测）就是影响期货价格的基本面因素。在这方面，作者使用了美国官方公布的针对10个州的产量估计值。这些州是伊利诺伊州、印第安纳州、爱荷华州、堪萨斯州、密歇根州、明尼苏达州、内布拉斯加州、俄亥俄州、南达科他州和威斯康星州。这些州出产的玉米占全美的80%以上。考虑到农产品的生长时节，Piette具体使用了官方在2000年到2016年8月、9月和10月报告中公布的上述10个州的玉米产量估计值，以及在随后一年1月份在玉米收获以后发布的最终产量估计值。

12　关于云层对NDVI指数的影响可以参考Whitcraft et al.（2015）。

13　早先的研究，包括Irwin et al.（2001）和Isengildina-Massa et al.（2008）使用的是最近合约的期货价格。

表4.4 NDVI图像周期和相应的日历日期

时段1-8			时段9-17			时段17-23		
时段	开启日	结束日	时段	开启日	结束日	时段	开启日	结束日
1	1月1日	1月16日	9	5月9日	5月24日	17	9月14日	9月29日
2	1月17日	2月1日	10	5月25日	6月9日	18	9月30日	10月15日
3	2月1日	2月17日	11	6月10日	6月25日	19	10月16日	10月31日
4	2月18日	3月5日	12	6月26日	7月11日	20	11月1日	11月16日
5	3月6日	3月21日	13	7月12日	7月27日	21	11月17日	12月2日
6	3月22日	4月6日	14	7月28日	8月12日	22	12月3日	12月18日
7	4月7日	4月22日	15	8月13日	8月28日	23	12月19日	1月3日
8	4月23日	5月8日	16	8月29日	9月13日			

资料来源：Piette（2019）。

Piette的分析是沿着两条主线进行的。第一条主线分析了美国农业部的报告中产量估计对玉米期货价格的影响；第二条主线则分析了基于NDVI指数形成的产量预测和期货价格之间的关系。考虑到本书针对的是另类数据，所以下面的介绍将以第二条主线为主。

沿用Lehecka（2014）采用的事件研究方法，Piette以在8月、9月和10月官方发布的报告为事件分析了12月到期的玉米期货合约价格变动，同时事件窗口期是报告发布的前后5天。考虑到2013年之前，报告的公布时间是上午8点半，而在2013年之后公布时间改为下午12点，也就是半夜时分，这样玉米期货的收益率就被定义为：

$$r_{t,i,N} = \begin{cases} 100 \times \left(\ln p^o_{t,i,N} - \ln p^c_{t-1,i,N} \right)， & 2013年以前 \\ 100 \times \left(\ln p^c_{t,i,N} - \ln p^o_{t,i,N} \right)， & 2013年以后 \end{cases}$$

其中$p^o_{t,i,N}$和$p^c_{t,i,N}$分别表示第N年的12月期货合约在第i个发布月份（$i=8$，9，10）交易日t的开盘价和收盘价，其中$t=0$对应事件研究的原点，也就是报告发布日。

图4.2给出了8月、9月和10月公告日前后的平均绝对收益率。从中可以看到，在WASDE报告之后的交易日中，8月和10月期货的平均绝对收益率比较高，而B图中的9月份报告结果并不明显。因此从直觉上，我们可以认为8月和10月的报告包含了玉米市场的新信息，因此期货市场会做出反应，但是9月报告

的影响比较小。接着Piette针对期货收益报告发布日（$t=0$）的方差和在事件窗口期（从$t=-5$到$t=5$）的方差进行了F检验，从中进一步支持了前面的结论。

图4.2　公告日前后的平均绝对收益率：2000—2016年

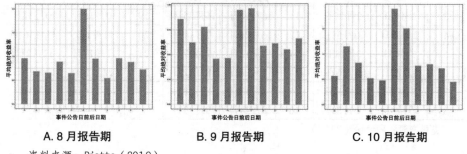

| A. 8 月报告期 | B. 9 月报告期 | C. 10 月报告期 |

资料来源：Piette（2019）。

接下来Pietter分别以官方8月、9月和10月报告中产出估计的变化以及基于NDVI预测的产出变化为信息指标，分析了期货价格对这些指标的反应。就官方公布的数据，Pietter构建了如下的信息指标：

$$X_{k,i,N} = \begin{cases} 100 \times \left(\ln Y_{k,i,N} - \ln Y_{k,i-1,N} \right) & i = 9,\ 10 \\ 100 \times \left(\ln Y_{k,i,N} - \ln \overline{Y_{k,N}} \right), & i = 8 \end{cases}$$

其中

$$\overline{Y_{k,N}} = \frac{1}{3}\left(\sum_{n=1}^{5} Y_{k,N-n} - \max_{n \in \{1,\dots,5\}} \{Y_{k,N-n}\} - \min_{n \in \{1,\dots,5\}} \{Y_{k,N-n}\} \right)$$

上式中，$Y_{k,i,N}$表示早期的玉米产量估计值，下标k表示不同的州，包含前面提到的美国10个州；i表示官方报告的月份，也就是8月、9月和10月，而N表示样本年份。$Y_{k,N}$表示政府针对州k在第N年的最终产量估计值，它是在后一年的1月份发布的。上式表明，在9月和10月的市场，新信息是两次报告期产量预测值的对数差；而对于8月而言，因为在这个月份NASS将针对本年度首次发布产出预测，因此它就等于本月的产量预测和前五年最终产量估计值的截断平均值之间的对数差。[14]

为了构建基于NDVI指数的产量预测模型，Piette首先定义$V_{k,P,N}$表示州k第N年第P个时段上的NDVI平均值，其中时段是根据表4.4中的日历周期进行定义的。这样基于NDVI的时间序列就可以针对时段9（5月9日到5月24日）到时段17（9月14日到9月29日）之间的所有时段定义如下两个指标：

- 作物生长季的NDVI总值$G_{k,P,N} = \sum_{p=9}^{P} V_{k,p,N}$；
- 以递推方式形成的时段NDVI峰值$M_{k,P,N} = \max_{p \leqslant P} V_{k,p,N}$；

在上述两个式子中$P \in \{9, \dots, 17\}$。由此Piette就针对样本中的每个州建立了基于NDVI的产量预测回归模型：

$$Y_{k,N} = \beta_{k,P,0} + \beta_{k,P,1} \times N + \beta_{k,P,2} \times M_{k,P,N} + \beta_{k,P,3} \times \left(G_{k,P,N} - M_{k,P,N} \right) + \varepsilon_{k,P,N}$$

其中$Y_{k,N}$表示州k在第N年的最终产量估计值。针对这个回归，作者针对每个州估计了时段$P \in \{13，15，17\}$的回归系数，结果如表4.5所示。从中可以看出，除了堪萨斯州以外，针对第17个时段（9月底）的模型在所有州的调整R^2都超过0.80。同时除了堪萨斯州和威斯康星州以外，其他州的调整R^2会随着作物生长季节而增加。以明尼苏达州为例，在7月底（第13个时段）模型的拟合优度是0.54，而到了8月底增加到0.77，最终在9月底达到了0.85。[15]

表4.5　2000—2016年玉米产量最终估算值与NDVI时间序列的回归结果

州	时段	回归系数估计值				调整R^2
		截距$\beta_{k,P,0}$	年份$\beta_{k,P,1}$	最大值$\beta_{k,P,2}$	G-M$\beta_{k,P,3}$	
伊利诺伊 Illinois	13	−3,809**	1.80**	681****	−81**	0.60
	15	−2,863***	1.20**	575****	25	0.84
	17	−2,042*	0.78	415***	59**	0.86

14　裁剪平均值或截断平均值是统计学上用来衡量集中趋势的一种方法，类似于平均数和中位数。它是舍弃掉概率分布或样本中最高及最低的一些资料后再计算出的平均值，并且最高和最低两端通常会舍弃掉一样多的资料。许多体育运动的评分方法都会使用裁剪平均值，一组裁判分别给出分数，然后去除掉最高和最低的评分后，计算剩余评分的平均值作为实际得分。因此这个均值也可以称为奥林匹克均值（Olympic mean）。

15　堪萨斯州的特殊情况在于，其他州的主要农作物类型是玉米和大豆，而堪萨斯州是冬小麦的主产区，因此在评估NDVI指标时，小麦的NDVI会和玉米的NDVI序列产生冲突。

续表

州	时段	回归系数估计值				调整R^2
		截距$\beta_{k,P,0}$	年份$\beta_{k,P,1}$	最大值$\beta_{k,P,2}$	G-M$\beta_{k,P,3}$	
印第安纳 Indiana	13	−1,784	0.84	458****	−49**	0.61
	15	−3,219***	1.40***	623****	33**	0.85
	17	−2,656***	1.10**	472****	56**	0.87
爱荷华 Iowa	13	−3,085**	1.50**	407**	−46	0.46
	15	−2,903***	1.20**	693****	1.90	0.77
	17	−2,352***	0.97**	487***	32*	0.82
堪萨斯 Kansas	13	−3,777	0.15	292**	20	0.60
	15	303***	−0.19	57	58**	0.64
	17	964	−0.52	90	39**	0.61
密歇根 Michigan	13	−4,284****	2.20****	224***	−51	0.81
	15	−3,478****	1.60***	407****	40**	0.87
	17	−3,033***	1.30***	397**	45**	0.88
明尼苏达 Minnesota	13	−3,186**	1.50**	265	17	0.54
	15	−1,799*	0.60	613***	54***	0.77
	17	−1,576*	0.52	477***	63****	0.85
内布拉斯加 Nebraska	13	−3,483***	1.70***	175**	28	0.71
	15	−3,103***	1.50***	108	39*	0.77
	17	−3,072****	1.50****	0.70	47***	0.89
俄亥俄 Ohio	13	−3,055	1.50	201*	64	0.53
	15	−1,157	0.34	569****	48***	0.91
	17	−1,620*	0.57	293*	79***	0.91
南达科他 South Dakota	13	−4,122**	2.00**	224**	5.80	0.64
	15	−3,701***	1.80**	233**	21	0.73
	17	−3,517***	1.70***	98	49***	0.84
威斯康星 Wisconsin	13	−3,124****	1.50***	207***	36	0.80
	15	−3,001***	1.40***	310*	47**	0.79
	17	−3,167****	1.40****	215	50***	0.83

注释："****"、"***"、"**"和"*"分别表示在0.1%、1%、5%和10%水平上显著。
资料来源：Piette（2019）。

　　根据表4.5的结果，我们就可以得到基于NDVI的产量早期估计值$\hat{Y}_{k,P,N}^{NDVI}$：

$$\hat{Y}_{k,P,N}^{NDVI} = \hat{\beta}_{k,P,0} + \hat{\beta}_{k,P,1} \times N + \hat{\beta}_{k,P,2} \times M_{k,P,N} + \hat{\beta}_{k,P,3} \times \left(G_{k,P,N} - M_{k,P,N} \right)$$

在这个预测方法中需要注意两点。首先，它没有把NASS的早期产量估计值纳入预测模型中，而是只使用了官方公布的最终产量估计值，这样做的目的是避免引入NASS的早期产量估计而带来过拟合的问题；其次，分析的时段分别在7月27日、8月28日和9月29日结束，因此就是在8月、9月和10月报告发布之前，这样就只能使用当时已知的NDVI数据来预测。图4.3报告了基于NDVI得到的产量估计变化率和NASS报告的产量估计变化率两者散点图，从中可以看出这两个变量是高度正向相关的：相关系数和秩相关系数分别为0.68和0.35，这两个数值在0.1%水平上都是显著的。这个结果充分说明基于NDVI形成的产量预测对于官方公布的产量预测有明显的指导意义。

图4.3　玉米产量估计变化率：NASS对比NDVI

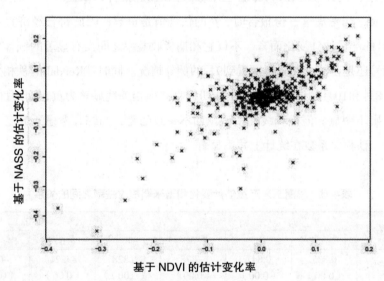

资料来源：Piette（2019）。

和前面的方法相似，现在基于NDVI带来的产量预测变化来构建市场参与者可以获取的信息：

$$\hat{X}_{k,i,N}^{NDVI} = \begin{cases} 100 \times \left(\ln\hat{Y}_{k,13,N}^{NDVI} - \ln\overline{Y_{k,N}} \right) & i = 8 \\ 100 \times \left(\ln\hat{Y}_{k,15,N}^{NDVI} - \ln\hat{Y}_{k,13,N}^{NDVI} \right) & i = 9 \\ 100 \times \left(\ln\hat{Y}_{k,17,N}^{NDVI} - \hat{Y}_{k,15,N}^{NDVI} \right) & i = 10 \end{cases}$$

有了$X_{k,i,N}$以及$\hat{X}_{k,i,N}^{NDVI}$这两个反映产量估计变化率的指标，Piette最后分析了玉米期货市场对它们的反应：

（A）
$$r_{0,i,N} = \beta_0 + \beta_1 X_{k,i,N}$$

（B）
$$r_{0,i,N} = \beta_0 + \beta_1 \hat{X}_{k,i,N}^{NDVI}$$

考虑到上述回归中并不能捕捉市场反应和政府报告之间的非线性关系，所以Piette还估计了$r_{0,i,N}$、$X_{k,i,N}$、$\hat{X}_{k,i,N}^{NDVI}$之间以及Kendall的秩相关系数。表4.6报告了统计分析结果。从中可以看出，期货价格不仅会对官方报告中的早期产量估计变化做出反应，而且这种反应和经济直觉方向一致，也就是β_1的估计系数都是负数，这意味着做出产出预测的减少（增加）会导致商品期货价格的上升（下降）。当然我们可以看到这种关系的显著性在各个月份之间存在着差异。正如图4.2所示，这种效应在9月报告上不像8月和10月报告那么显著。[16] 而B组的结果则表明，当考虑这三份报告时，$\hat{\beta}_1$的估计值是负数，因此符合经济直觉，但是就9月的产量估计变化而言，不仅它和期货收益率之间没有显著的统计关系，而且符号还是正的。我们再次看到9月的例外情况。同时就Kendall的秩相关系数而言，8月和10月的产量预测变化和期货收益率相关性显著为负，而9月的数据相关性则不明显。但是和线性模型预期不一致的是，当综合考虑所有三个月的情况是，秩相关系数在统计上并不显著。

表4.6　早期玉米产量估计变化和玉米期货收益率之间的关系

报告	$\hat{\beta}_0$		$\hat{\beta}_1$		Kendall	
	A	B	A	B	A	B
8月报告	0.835 （0.00）	0.841 （0.00）	−7.78 （0.00）	−6.828 （0.00）	−0.21 （0.00）	−0.12 （0.02）
9月报告	−0.02 （0.84）	−0.003 （0.82）	−8.00 （0.02）	1.352 （0.55）	−0.14 （0.01）	0.05 （0.35）
10月报告	−0.27 （0.19）	−0.400 （0.05）	−24.30 （0.00）	−27.25 （0.00）	−0.20 （0.00）	−0.17 （0.00）
所有报告	0.16 （0.12）	0.127 （0.23）	−7.87 （0.00）	−5.00 （0.00）	−0.15 （0.00）	−0.01 （0.69）

注释：A组和B组分别报告了方程（A）和（B）的回归结果以及秩相关系数，其中括号中

16　Isengildina−Massa et al.（2008）也发现9月份报告对市场的影响较低，但是仍然具有统计意义。

的数字表示相应估计值的*p*−值。

资料来源：Piette（2019）。

虽然Piette针对卫星图像数据在农产品期货市场上的应用并没有得到一致性的结论，但是这种应用的前景还是很有希望的。就Piette的预测模型而言，还有可以改进的地方。首先一种简单的方法就是把天气数据或者是其他的植被指数纳入分析，比如说增强植被指数（enhanced vegetation index/EVI）。还有就是延长历史数据的时长，虽然MODIS数据只能从2000年以来获取，但是像AVHRR这样的数据源历史就更长。另外前面分析的NDVI形成的产量预测和官方报告的产量估计之间的相关性表明，这种分析可以应用到大宗商品市场的交易中。当然在实施交易之前需要通过回测的方式进行绩效评估。就此而言，我们需要关注的是样本外结果，这样为了避免过拟合而仅仅使用NDVI数据来预测官方在年后公布的最终产量数据这种方法就不是很合理了。这个时候更好的预测目标不是官方最终公布的产量估计，而是使用官方的早期产量估计$Y_{k,i,N}$。

石油库存

上个小节介绍了基于卫星图像形成的NDVI指数对玉米期货的影响，本小节我们再次转向能源期货，分析Orbital Insight（OI）基于卫星图像形成的石油库存对油价的影响。这个案例改编自Mukherjee et al.（2021）发表在金融期刊《金融经济学杂志》上的文章。

前面我们看到了很多官方公布的数据对金融市场的影响，比如非农就业人口数据对于利率和汇率等宏观资产以及农作物产量数据与农产品期货的影响，在石油这样的能源市场上也有这样的官方报告，这就是美国能源信息管理局（Energy Information Admininstration/ EIA）每周发布的原油库存报告。这家政府机构要求石油市场的参与者每个周五上午7:00要填报EIA−083表，披露和石油库存有关的信息。这种信息披露是强制性的，如果未能及时准确地提交数据，那就面临来自官方的处罚。接受调查的公司总计占全美石油库存的90%。在汇总了反馈回来的数据之后，EIA通常会在下周三美国东部时间上午10:30，也就是五天之后发布石油形势报告（Petroleum Status Report）。[17]

　　近些年来，一些卫星智能公司开始实时估计位于全球各地的石油库存，比如Oribital Insight和Ursa Space等。虽然全球金融市场的投资者对这些数据很感兴趣，但是它们的准确性还存在着疑问。换句话说，我们希望了解基于卫星的石油库存估计是否充分有效，从而让金融市场可以在政府统计数据发布之前就融入其信息含义呢？当然这个问题并不局限于当前研究的石油库存，同样也适用于我们前面看到的基于NDVI形成的产量估计，以及在本章最后小节中看到的各种基于另类数据形成的对其他宏观经济活动的度量指标。

　　要回答这个问题的一个简单方法就是我们在上个小节NDVI分析中看到的事件研究方法，也就是讨论资产价格对于政府发布的宏观经济信息做出的反应。简单来说就是将公告前的政府数据不可用时段和公告后的数据可用时段进行对比，然后探讨在类似卫星图像这样的另类数据开始引入之后，资产价格对政府公告的反应是否会变小。这种想法的问题是，首先资产价格的反应程度变小可能是同期的其他因素导致的，比如政府可能会在公告之前提供其他相关的信息，更不用说我们在上一章中看到的联储的信息泄露案例。更重要的难题是内生性问题。也就是说，另类数据的应用本身是相应市场对特定资产信息的需求而出现的。比如说石油价格是全球重要的资产价格，那么除了卫星智能公司提供库存估计，市场的分析师也有动力提供更高质量的预测。这样资产价格的变动就可能是分析师预测带来的，而不是应用卫星数据带来的。而且卫星智能公司选择提供针对某个特定宏观变量的估计和预测也反映了这家公司的选择。显然内生性问题会干扰到对另类数据有用性的判断。为了解决这个问题，一个典型的方法就是让基于另类数据的估计值（或者预测值）的准确性能够外生地随机变化。比如像Fuchs-Sch ü ndeln/Hassan（2016）所设想的环境，能够随机地开放和关闭宏观经济估计背后的另类数据源，这样我们就可以对比数据源开放和关闭这两种情况下资产价格在政府公告日的反应差异。

　　为了实现上述的"理想环境"，作者提出了两个重要的洞见。首先，我们

17　如果周一、周二或周三碰上节假日，那么这一周的报告将延迟到周四或者周五上午11:00发布。

不需要在整个国家的范围内对另类数据源进行上述"开关"的随机化处理，而只需要衡量少数几个地点的经济活动，例如制造中心或者供应链中的枢纽，因为这些地区的经济指标对于宏观估计而言至关重要。因此，只要能够对这些特定地点另类数据的可用性做到随机化处理，就可以实现数据质量的外生差异了。举例来说，如果我们需要估计在大剧院中的观众人数，我们不需要统计每一位观众（类似人口普查）或者是对剧院的某片区域进行随机抽样，一种简单的办法就是统计在演出开始前几分钟通过入口进入剧场的人数。[18] 就美国原油市场而言，图4.4描绘了美国的五个国防区域石油管理局（Petroleum Administration for Defense Districts/PADD），其中还显示了2016年底各个PADD区域的石油库存。[19] 我们可以看到PADD2和PADD3区占总库存的80%以上。另外在这两个区域中有几个关键点是多条管道交汇的地方，显然它们是石油库存的枢纽。就原油的管网运输而言，这些交汇点可以灵活地引导原油流动，以应对市场供需的变化。这些地点中最重要的当然就是位于俄克拉荷马州的库欣：截至2016年底，其原油库存大约是美国的14%。而且库欣也是纽约商品交易所（NYMEX）西德州原油（WTI Light Sweet Crude Oil/WTI）期货合约的交割和价格结算地，而西德州原油期货是全球交易量最大的石油期货合约，本小节的案例将以这个商品资产为对象。经过观察之后，作者将注意力集中于十个特定地理位置，它们在图4.4中用圆圈表示。除了库欣之外，这些地点还包括路易斯安那离岸油港（Louisiana Offshore Oil Port/LOOP）、休斯敦、米德兰（Midland）、帕托卡（Patoka）以及墨西哥湾的几个重要地点。这十个地点的石油库存占据

18　与之类似，为了衡量中国的石油进口，我们只需要估计马六甲海峡附近的油轮流量就可以了，因为那里是从中东到中国航线的枢纽。而如果了解充电电池产业，那么我们可能只需要监测刚果民主共和国的钴就可以了。

19　PADD是二战期间由美国国防区石油管理局（Petroleum Administration for War）创建的，用于帮助组织石油产品燃料的分配，包括汽油和柴油燃料。今天这些区域仍然用于数据收集目的。

了全美的三分之一。[20]

图4.4　美国五大PADD区域以及主要石油库存地点

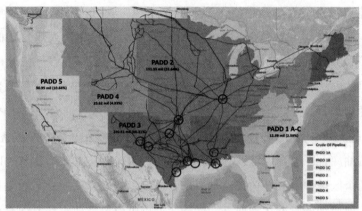

资料来源：Mukherjee et al.（2021）。

在找到少数对于石油库存而言至关重要的地点之后，接下来的问题就是寻找到能够让基于另类数据的预测值准确性随机变动的外生因素。和寻找枢纽相比，寻找这样的随机变量则要困难很多。Mukherjee et al.（2021）就此提出了第二个关键洞见：当云层遮挡的时候，卫星就无法再"看见"了。这样就有了一个直觉上很有创造性但是同时也很简单的识别策略（identification strategy）。如果卫星数据是有用的，那么以《另类数据：理论与实践》一书中第七章图7.11为例，在阴天的环境下，此时卫星无法"看到"某些对于宏观数据而言重要的石油枢纽，这样基于卫星形成的石油库存估计就存在着较大的误差，此时石油市场就需要等待政府报告来解决库存不确定性，从而后者就具有更多的信息含量并因此在发布时产生强烈的市场反应；反之当发布报告之前晴朗无云，那么卫星图像形成的石油库存就会更加准确，这个时候市场对政府报告的反应就会

20　路易斯安那离岸油港对海运原油很重要，米德兰是二叠纪盆地的储量中心，目前是世界上最大的产油区之一，帕托卡是几条供应中西部炼油厂的管道交汇点。这10个地点的准确位置是：俄克拉荷马州的库欣，伊利诺伊州的帕托卡，路易斯安那州的Clovelly和Saint James，得克萨斯州的休斯顿、米德兰、Wink、Beaumont-Nederland、Corpus Christi以及Wichita Falls。

更弱。而如果卫星数据是无用的，也就是说资产价格已经反映了基于卫星形成的库存信息，那么无论是晴天还是阴天，市场对政府公告的价格反应都是相似的。考虑到天气的阴晴是随机的，这样只要卫星数据和其他数据形成的估计值在质量上的随机变动是不相关的，那么相对于资产价格中已经融入其他类型的信息，我们就可以识别出卫星数据的有效性。当然Mukherjee等人也指出，这种识别策略必须要在满足"排他性限制"的情况下才会成立，在当前选定的枢纽地区局部运量和石油库存的供给因素没有关系，否则识别策略就失效了。

进入实证分析的时候，作者使用了如下四组数据：

· 十个枢纽地区的云量数据，它们来自于美国国家海洋和大气管理局（National Oceanic and Atomospheric Admininstration/NOAA）提供的综合地表数据库（Integrated Surface Database/ISD）；[21]

· 美国能源信息管理局（EIA）提供的石油库存数据；

· Oribital Insight基于卫星的每周石油库存数据；

· 石油期货和期权市场的价格数据，包括西德州原油期货价格数据以及芝加哥期权交易所（CBOE）的原油隐含波动性指数（oil volatility index/OVX）。OVX指数是把标普500股指期权价格形成的VIX指数应用在美国石油基金USO期权上得到的。USO是一种ETF，它通过持有近期的石油期货合约和现金从而实现复制石油（WTI）价格的目的。

就识别策略的应用而言，我们需要定义"晴朗时段"（clear period）和"多云时段"（cloudy period）。因为EIA收集数据是在每周周五（测量日），而发布日期是在下周周三（公告日），这样如果从周五到下周三之间至少有一天是晴朗的，那么卫星就可以看清楚石油库存的情况，此时基于卫星的库存估计值就可以被市场看作是最新的准确库存信息，而政府在下周三公布的数据就成为过时的信息，市场亦将不做出反应。而如果从周五到下周三都是多云的天气，那么政府公告之前市场将无法获取库存信息，此时EIA周三公布的数据就成为最新信息，市场由此也会做出反应。出于这样的考虑，作者把每周四

21　这个数据源的线上地址是：www.ncdc.noaa.gov/isd。早先Hirshleifer/Shumway（2003）有关云量对投资者心理影响的分析也使用了这个数据库。

到下周二这段期间定义为"多云周"（cloudy week）或者是"晴朗周"（clear week）两类：如果在这段时间内每一天的云量都超过了一个临界值（样本的75%分位数），那么这段时间就被定义为多云周，否则就是晴朗周。[22]

有了多云周和晴朗周的定义之后，作者分析了下面的三个回归：

$$r_t = \alpha + \beta_1 \times \triangle I_t \times Clear_t + \beta_2 \times \triangle I_t \times Cloudy_t + \varepsilon_t$$

$$J_t = \beta_1 \times Clear_t + \beta_2 \times Cloudy_t + \varepsilon_t$$

$$var_{t+1}^{im} = \beta_1 \times Clear_t + \beta_2 \times Cloudy_t + \varepsilon_{t+1}$$

第一个是最主要的回归模型。左侧变量r_t表示西德州原油期货近月合约在时点t的收益率，$\triangle I_t$表示在时点t公布的原油库存非预期变化（也就是库存意外），它等于OI公司基于卫星的库存和EIA官方公布的库存之间差额绝对值和标准差之间的比率，这样这个指标的标准差就标准化为1，β_1和β_2可以分别解释为在晴天和阴天环境下石油库存意外每增加一个标准差所导致的回报率变动。$Clear_t$和$Cloudy_t$是两个哑变量，在晴朗周$Clear_t$取值为1而$Cloudy_t$取值为0；在多云周$Cloudy_t$取值为1而$Clear_t$取值为0。

第二个和第三个方程则是比较在基准时段以及之前时期美国石油库存关键枢纽地区上空的云层和石油市场不确定性之间的关系。第二个方程的左侧变量J_t表示在时点t出现的价格跳跃。这个指标沿用了Lee/Mykland（2008）在计算价格跳跃上采用的非参数方法。就价格跳跃而言，它通常和不常见的重要信息相关。当卫星能够提供有关原油市场的信息时，我们就可以预计多云周出现时价格将会发生比晴朗周更大幅度的跳跃，因为多云周意味着更大的不确定性。第三个方程沿用了相似的逻辑：如果卫星能够清楚"看到"石油库存，那么石油期权中反映未来油价不确定性的隐含波动率就更低。这样这个方程左侧变量就

22　从周四到下周二定义晴朗周和多云周的逻辑是：EIA收集数据的时间是周五上午7:00的库存，这样周四的库存数据应该就和EIA公布的数据差异不大，所以选择周四为云量度量的起始时点。另一方面，像Orbital Insight这样的公司通常是在周三上午提供周二的库存估计，这样就让周二成为EIA公告发布前最后的库存估计日期。

是在时点$t+1$的隐含石油收益率方差，它是从OVX指数中得出的。[23]

表4.7报告了上述这些回归的结果。其中A组报告了第一个回归方程在2014年1月到2018年12月这个基准时段的结果，[24]从中可以看到所有贝塔估计值均为负数，这反映了库存增加导致的过度供给和油价之间的负向关系。晴朗周的贝塔估计值都比较小，而且都没有统计显著性，这说明EIA公告遇到晴朗周时对油价几乎没有影响，由此意味着官方公告中的信息在发布的时候已经融入到油价中。与之相比，多云周的贝塔估计值要大很多，而且都是在1%的水平上显著。同时晴朗周和多云周贝塔估计值的差异也都在1%水平上显著。这些证据表明，近些年来晴朗周内的卫星库存数据和EIA的公告有关，因而导致后者对油价几乎没什么影响，但是多云周则不存在这种现象。B~D组报告的是针对第一个回归方程做的安慰剂检验（Placebo tests）的结果。其中B组报告的样本时段是2007年到2011年，此时石油市场参与者使用卫星数据还不是很普遍。C组报告的依然是基准时段中在EIA公告日的结果，但是计算收益率的时段延后两个小时。D组报告的是基准时段内非EIA公告日的收益率变动情况。B组的结果表明，在基准时段以前的时期，多云周和晴朗周内油价对于EIA公告没有明显的差异。而C组和D组的结果则表明，当延迟两个小时以及在非公告日的时段，油价不会对库存意外做出反应。E和F组是第二个回归方程的结果，它们表明在基准时段（第1/3列）中，当价格发生大幅跳跃的时候，多云周的系数要比晴朗周的系数高出25%左右，而且它们之间的差异具有统计显著性。但是在基准时段以前的时期，晴朗周和多云周的系数则没有明显差异。G组是第三个回归方程的结果，它的结果和E和F组的结果是类似的。

---

23 需要注意的是，这个方程右侧自变量和和前两个方程的定义略微不同，它们还是反映晴朗和多云气象的哑变量，只不过现在不是针对周四到下周二这个时段来定义的，而是以每日云量来定义的。

24 以这个时段为基准是因为美国政府允许卫星公司向非政府客户销售高分辨率（小于0.5米）的卫星图像。受到这个政策以及卫星技术的发展的影响，2014—2018年之间活跃卫星的年平均增长率分别是199%，但是在1994—1998年、1999—2003年、2004—2008年以及2009—2013年这几个五年时段中，活跃卫星的年平均增长率则只有32%、31%、24%和48%。

表4.7　油价在石油库存公告期间的波动

	A. 基准时段：2014—2018				B. 基准时段以前：2007—2011			
	10:30—11:00	10:00—11:00	09:45—11:15	09:30—11:30	10:30—11:00	10:00—11:00	09:45—11:15	09:30—11:30
β_1	−0.05 (0.50)	−0.10 (0.18)	−0.06 (0.46)	−0.07 (0.38)	−0.43*** (0.00)	−0.50*** (0.00)	−0.47*** (0.00)	−0.51*** (0.00)
β_2	−0.51*** (0.00)	−0.55*** (0.00)	−0.52** (0.01)	−0.55*** (0.00)	−0.31** (0.02)	−0.48*** (0.00)	−0.59*** (0.00)	−0.48*** (0.01)
差异	−0.46*** (0.05)	−0.45*** (0.01)	−0.46*** (0.01)	−0.48*** (0.01)	0.12 (0.43)	0.02 (0.86)	−0.12 (0.50)	0.03 (0.89)

	C. 基准时段：围绕12:30				D. 基准时段：非公告日			
	10:30—11:00	10:00—11:00	09:45—11:15	09:30—11:30	12:30—13:00	12:00—13:00	11:45—13:15	11:30—13:30
β_1	−0.01 (0.69)	−0.02 (0.53)	0.02 (0.56)	0.00 (0.99)	0.03 (0.35)	0.06 (0.15)	0.02 (0.53)	0.05 (0.42)
β_2	0.03 (0.33)	0.03 (0.44)	−0.01 (0.87)	0.00 (0.95)	0.01 (0.75)	−0.01 (0.91)	−0.04 (0.55)	−0.04 (0.68)
差异	0.03 (0.31)	0.05 (0.30)	−0.03 (0.64)	0.00 (0.98)	−0.02 (0.71)	−0.07 (0.36)	−0.07 (0.43)	−0.09 (0.48)

	E. 5%显著性跳跃		F. 10%显著性跳跃		G. 市场不确定性			
	2014—2018	2017—2011	2014—2018	2017—2011	2014—2018	2017—2011		
β_1	0.128*** (0.00)	0.199*** (0.00)	0.69*** (0.00)	0.86*** (0.00)	0.128*** (0.00)	0.199*** (0.00)		
β_2	0.143*** (0.00)	0.201*** (0.00)	0.89*** (0.00)	0.78*** (0.00)	0.143*** (0.00)	0.201*** (0.00)		
差异	0.015** (0.02)	0.002 (0.82)	0.20** (0.03)	−0.08 (0.45)	0.015** (0.02)	0.002 (0.82)		

注释：括号中的数值是通过重抽样方法（bootstrapping）得到的p-值，[25]"***"、"**"和"*"分别表示在1%、5%和10%水平上显著。

资料来源：Mukherjee et al.（2021）。

图4.5进一步对比了油价在基准时段和之前事前围绕EIA公告前后的价格模式。其中A图和B图分别报告了在基准时段和以前时期石油库存公告的价格影响，它们是通过不同时长的石油收益率对非预期石油库存进行回归得到的，这

25　这里采用重抽样方法是为了避免分布假设的影响。

里计算石油收益率都是以早上9:30为起始时间，然后以15分钟为间隔延长计算收益率的时长，这体现在横轴的时间刻度上。图中的线1（2）反映的是晴朗周（多云周）的结果。C和D图则给出在基准时段和以前时期斜率估计值的差异，同时灰色区域表示估计值95%的置信区间。图中垂直的虚线时点是10:30分，这通常是EIA正式发布公告的时期。图4.5再一次证明了表4.5看到的结果，即在基准时段，油价针对库存公告的反应在多云周和晴朗周之间存在明显的差异，而这种差异在卫星数据尚未大规模应用之前的时期则不存在。

图4.5　石油库存公告和油价：基准时段和以前时期的对比

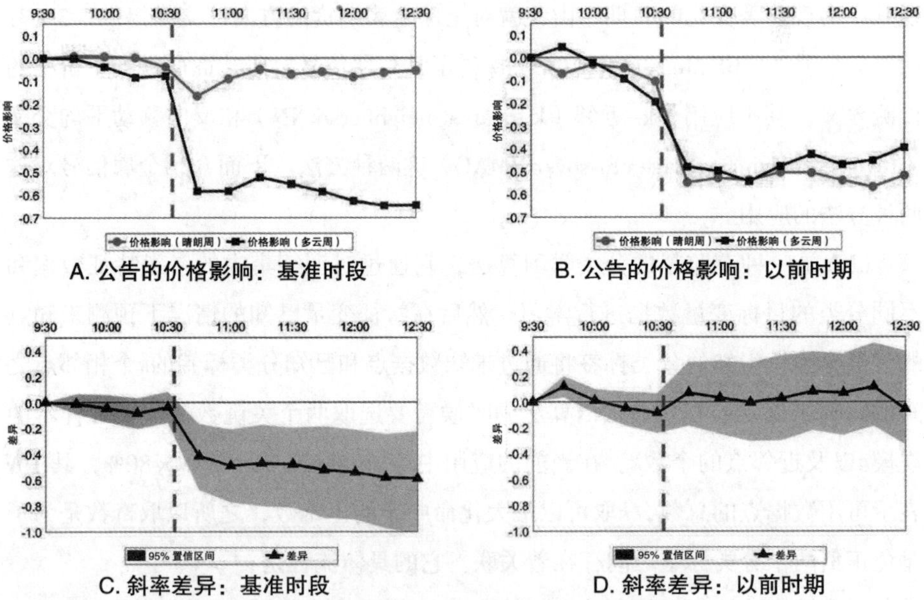

A. 公告的价格影响：基准时段

B. 公告的价格影响：以前时期

C. 斜率差异：基准时段

D. 斜率差异：以前时期

资料来源：Mukherjee et al.（2021）。

　　Mukherjee et al.（2021）这篇文章以翔实的证据证明了卫星数据在石油市场的应用价值，并且给基于卫星数据的市场择时策略提供了视角。在EIA公告前如果天气良好，这个时候可以根据卫星智能公司发布石油库存数据进行建仓，然后等到EIA正式公告的时候平仓；但是如果天气状况不佳，那么这种择时策略的价值就比较有限了。与此同时，在石油期权市场，当天气多云的时候未来油价不确定性程度较高，此时做多波动率的风险较小；而在天气晴朗的时候做多波动率的风险就比较大了。当然随着卫星技术的发展，如果未来也可以在多云的气象条件下准确估计石油库存，那么Mukherjee et al.（2021）的分析结论以及上述策略的绩效可能就要发生本质性的变化了。

金属信号

这个小节我们将介绍RS Metrics公司开发的金属信号（MetalSignals）在金属期货中的应用，[26] 相关内容取材于RS Metrics（2018c, e）发布的白皮书。

通过卫星对全球主要金属生产地区在室外的仓储信息，RS Metrics就可以发现其中出现显著变化的时期，由此就对全球金属期货的方向性交易提供1~3个月的领先信号。[27] RS Metrics（2018c）探讨了其金属信号对于芝商所铜期货价格的预测含义，其中应用了k-近邻（k-nearest neighbors/kNN）和反向移动平均交叉（reversed moving average crossover/RMAC）这两种方法。下面介绍金属信号对这两种方法的应用。

kNN是一种有监督的分类学习算法，它通过对训练集中的一组特征数据和不同分类的目标变量数据进行学习，然后在特征变量已知的情况下预测未知点的分类标签。未知的分类标签将通过未知数据点和已知分类标签的k个相邻点之间的距离来确定。在拟合kNN算法的时候需要选取两个关键数值：训练样本的规模n以及近邻点的个数k。在当前的应用中，RS Metrics令$n = N \times 80\%$，其中N表示可用数据点的总数，k取可以最大化命中率的正奇数，之所以取奇数是为了避免正负两个分类标签之间存在着关联。它的具体流程是：

①获得全球铜冶炼厂和储存地点以外地点平均铜储存量的每月估计值。

②使用卡尔曼平滑方法对每个序列进行插补，以弥补缺失值。

③通过加权平均的方式对每个地点的序列进行汇总。

④将每个汇总序列转换为年环比变化率，从而消除季节性影响。

26　我们在《另类数据：理论与实践》这本书的第七章介绍了这个数据集。

27　在铜、铝和锌这几个金属期货品种上，全球交易主要集中在伦敦金属交易所（LME）、芝加哥商品交易所（CME）和上海期货交易所（SHFE）。

⑤运行kNN算法，预测芝商所铜期货价格和库存的方向性变化：

　　（a）对特征变量进行规范化处理以消除度量单位产生的影响；

　　（b）获得用于分类的价格和数量信号；

　　（c）使用最新的完整数据集得到最佳的预测模型；

　　（d）使用当前数据从最佳模型中预测未知信号。

　　随着每月不断增加更多的观测地点和更多的金属观测数据，这样RS Metrics每个月都会对用于预测的kNN模型进行调整。为了选择更好的kNN模型进行月度预测，RS Metricshi用了如下的流程：

①令k的初始值为$k_0 = \sqrt{n}$，如果k_0是偶数，那么就取下一个奇数，这里n为训练集的规模。

②定义奇数集合范围以检验最佳的$k \in \{3, 5, ..., k_0, ..., k_0+5\}$。

③对于k和特征变量的所有组合：

　　（a）使用规模为n的移动窗口来拟合kNN模型；

　　（b）基于拟合模型预测第$n+1$个信号；

　　（c）移动窗口并重复步骤（b），直至预测价格最后已知的方向性变化；

　　（d）计算命中率；

　　（e）选取能够最大化命中率的k值，也就是k_{best}。

　　图4.6描述了使用kNN方法领先1个月、2个月和3个月预测芝商所铜期货价格的方向性变动。根据历史数据来看，三个不同领先时段的方向性预测准确率都超过了75%，其中领先3个月的预测命中率达到了81%。

图4.6　铜期货价格方向性变动预测的命中率和错失率：kNN方法

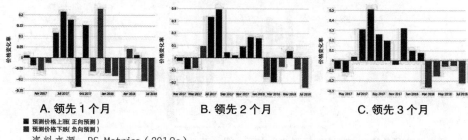

A. 领先 1 个月　　　　B. 领先 2 个月　　　　C. 领先 3 个月

■ 预测价格上涨（正向预测）
■ 预测价格下跌（负向预测）

资料来源：RS Metrics（2018c）。

RS Metrics（2018e）把上述分析应用到铝和锌这两种金属上，同时还报告了领先1个月和领先3个月在存货方向预测的命中率错失率，如图4.7所示。

图4.7　价格和库存方向性变动预测的命中率和错失率: kNN方法

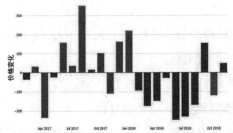

A. 领先 1 个月价格方向性变动预测的命中率: 铝（77.3%）、铜（90.9%）、锌（77.3%）

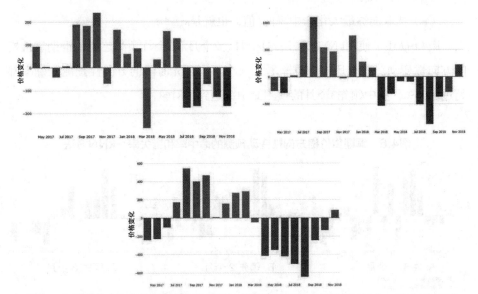

B. 领先 3 个月价格方向性变动预测的命中率: 铝（75.0%）、铜（85.0%）、锌（90.0%）

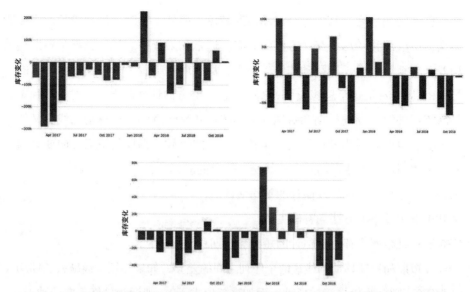

C. 领先1个月库存方向性变动预测的命中率：铝（81.8%）、铜（86.4%）、锌（81.8%）

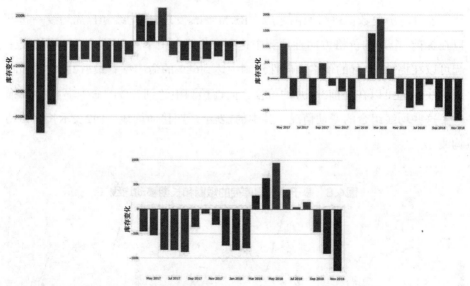

D. 领先3个月库存方向性变动预测的命中率：铝（85.0%）、铜（95.0%）、锌（85.0%）

■ 预测价格上涨（正向预测）
■ 预测价格下跌（负向预测）
资料来源：RS Metrics（2018e）。

就反向移动均线交叉（RMAC）这种方法而言，RS Metrics（2018c）考虑两个移动均线系列，其中一个滚动周期较短，另外一个滚动周期较长。当在股票交易中应用移动均线交叉方法的时候，通常如果价格短线（也就是短期移动均线）升至长线（长期移动均线）上方，那么就意味着一个正面或者看涨的信号。RS Metrics把这个思想应用到铜期货价格的方向性预测上：此时长线和短线是冶炼厂外铜库存的长期和短期移动均线，并且注意到反向移动均线交叉的信号价值。也就是说当库存短线升至长线上方的时候是铜期货负面方向变动的信号。具体而言，生成反向移动均线交叉信号的流程是：

①获取全球每周冶炼厂外储存的平均估计值；

②基于卡尔曼平滑方法插补缺失值；

③获取每月金属库存总量估计的短期和长期移动均线；

④计算短期和长期移动均线这两个序列之间的差异，如果短期均线减去长期均线小于0，则标为价格正向变动，而如果差值大于0，则标为价格负向变动。

　　经过对历史数据进行回测之后，RS Metrics发现3周均线和14周均线一起可以在提前1个月的价格方向性预测中达到65%的命中率；6周均线和8周均线一起可以在提前2个月的价格方向性预测中达到68%的命中率；最后2周均线和22周均线一起可以在提前3个月的价格方向性预测中达到72%的命中率。图4.8描述了这些均线组合的变动情况。其中的1表示短期移动均线，而2表示长期移动均线。

图4.8　基于室外铜库存的短期和长期移动均线

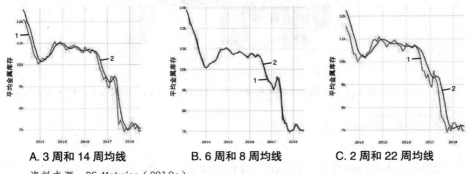

A. 3 周和 14 周均线　　　B. 6 周和 8 周均线　　　C. 2 周和 22 周均线

资料来源：RS Metrics（2018c）。

　　需要注意的是，在这个小节讨论的未来价格（也包括未来库存）的方向性变动预测中，使用到的数据只有RS Metrics金属信号中的各种指标。因此为了得到更好的预测，我们可以使用其他反映金属供需的信息源。

第五章

宏观经济

宏观经济数据在经济和金融研究中都扮演着非常重要的作用，它们是政府、企业和个人决策的关键输入变量。长久以来，金融市场一直仰赖政府获取宏观信息。但是这会造成两方面的问题，首先，这些宏观信息可以衡量政府的经济绩效，从而就造成了利益冲突。这种冲突不仅体现在发展中国家，也存在于美国等发达国家中。现在，已经有西方媒体将虚假的经济数据看作是虚假新闻的孪生物。[1] 第二个问题是政府数据公布的次数和频次都相对比较低。在这种情况下，当没有政府公告发布的时候宏观不确定性就会不断累积，然后直到公告日当天才会消解。这种延迟反映在资产价格上，根据Savor/Wilson（2013）的研究，就是超过60%的年累积股市风险溢价是在政府发布宏观信息的日期中实现的。这些公告日出现的价格大幅跳跃就反映了人为积累的宏观不确定性。

需要注意的是，政府并非是宏观信息的唯一来源。不同的市场参与者在不同层面上获取相关的信息，同时在金融市场上进行交易。这些交易活动就可以让每个人拥有的宏观信息融入资产价格中，其中无需政府对经济活动的信息汇总。举例来说，当我们收入减少的时候就可能出售资产。如果有很多人这样做，那么在政府宣布国民收入减少之前资产价格就已经反映了这个信息，这就是金融市场价格扮演的信息聚合器的角色。与此同时，市场中的分析师、交易员以及机构投资者都会努力通过各种不同的来源和渠道对宏观数据进行估计。而基于这些估计产生的交易同样也会把这些信息融入相关的资产价格中。

在这一章中，我们将讨论针对重要宏观经济指标的另类数据，其重点是基于这些另类数据可以形成对宏观数据的实时预测（nowcasting）甚至是预测（forecasting）上。

1　参见路透社记者Koranyi（2017）和《金融时报》记者Giles（2018）的报道。

一、GDP

GDP一直是最为重要的宏观经济数据，它度量了一个国家或者地区的经济活动总量。Smith（2018）基于采购经理人指数（PMI）、经济景气指数（ESI）以及工业产值这些数据讨论了对GDP进行即时预测的可能性。

和GDP数据相比，PMI指数无疑具有更高的频率和时效性，因此可以用来跟踪GDP增长率的变动。图5.1刻画了欧元区GDP季度变化率和PMI指数之间的关系。从中可以看出，同时整合制造业和服务业的综合PMI指数能够正确显示在2008—2009年全球金融危机、2011年欧元区债务危机以及2017年经济回暖这些基本变化。

图5.1 欧元区GDP和综合PMI指数

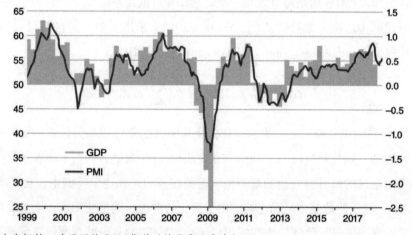

左坐标轴：欧元区综合PMI指数（埃信华迈发布）
右坐标轴：欧元区GDP季度同比增长率
资料来源：Smith（2018）。

表5.1报告了欧元区及其三个最大成员国的GDP和PMI综合指数、经济景气指数（ESI）以及工业产值之间的相关系数。其中A组报告的样本时段从2000年1月开始，而B组报告了2010年以来的结果，这是为了避免2008—2009年全球金融危机的时段。基本上说，PMI指数和工业产值与GDP的相关程度差不多，同时这

两组相关性都要比经济景气指数的相关性更高。在国家层面上，德国GDP和工业产值之间的关联性更强，考虑到德国的经济结构，这一点并不奇怪；就意大利而言，它的GDP和PMI指数的相关性很强；对于法国来说，PMI指数、经济景气指数以及工业产值和GDP之间的相关性都不强，虽然和PMI指数的相关性更强一些。

表5.1　GDP和一些指标的相关系数

指标	A. 自从2000年1月				B. 自从2010年1月			
	欧元区	法国	德国	意大利	欧元区	法国	德国	意大利
PMI综合指数	0.87	0.57	0.76	0.79	0.84	0.52	0.64	0.87
ESI指数	0.76	0.41	0.61	0.70	0.71	0.46	0.32	0.74
工业产值	0.88	0.55	0.86	0.82	0.74	0.41	0.79	0.70

资料来源：Smith（2018）。

我们知道PMI数据是每月发布一次，而GDP数据是季度发布的。为了在GDP的即时预测中解决一致性的问题，Smith（2018）采用了如下的自回归–混合数据抽样模型（autoregressiv–mixed–data sampling/AR–MIDS）：

$$GDP_t = \alpha + \beta_1 GDP_{t-1} + \beta_2 \sum_{j=0}^{q\omega-1} \omega_i X_{k,t-j} + \varepsilon_t$$

这样季度t的GDP是通过上一季的GDP以及其他自变量$X_{k,t}$以ω_j为权重的加权平均加以预测的，这里$k \in \{1, ..., m\}$是X在时段t内的观测值，同时$m=3$表示每个日历季度内记录的每月自变量的观测值。需要注意的是在这个模型中包含了j阶滞后项$X_{k,t-j}$，滞后阶数是由q_ω确定的。出于简化的考虑，这里使用了一个季度内的自变量的观测值进行预测，比如使用1月份、2月份和3月份的观测值来预测第一季度的GDP。

Smith（2018）分别使用PMI指数、ESI指数以及工业产值作为模型的自变量对2010年第一季度至2018年第一季度的GDP进行了样本外预测。[2] 为了比较即时

2　就工业产值而言，Smith（2018）创建了一个季度变化序列，然后把它和GDP的滞后项与GDP进行回归。需要注意的是，在预测GDP时假定只能获取一个季度的前两个月份的工业产值数据。

预测的结果，作者同时使用了均方根预测误差（root mean square forecasting error/RMSFE）以及准确预测GDP变化方向的比率这两个指标。同时作者还使用了一个基准模型（bechmarket model/BM），这个模型是一个简单不变的预测结果，即当前季度GDP增长率和上个观测值是一样的。表5.2报告了基于不同指标的模型预测绩效。

表5.2　不同即时预测模型的绩效

项目	基准模型	PMI指数	ESI指数	工业产值
A. 欧元区				
均方根预测误差	0.30	0.23	0.34	0.28
准确率		82.8%	72.4%	65.5%
B. 法国				
均方根预测误差	0.39	0.32	0.42	0.21
准确率		59.4%	56.3%	81.3%
C. 德国				
均方预测误差	0.62	0.50	0.62	0.39
准确率		68.8%	56.3%	78.1%
D. 意大利				
均方根预测误差	0.31	0.29	0.34	0.44
准确率		69.0%	69.0%	65.5%

资料来源：Denev/Amen（2020）。

　　从上述结果中可以看出，包含PMI数据的模型在预测GDP同比增长率时通常要比ESI指数来得好。当考虑欧元区这个整体的时候，基于PMI的预测模型在均方根预测误差这个指标上要明显好于基于ESI指数和工业产值的预测，同时要比基准模型的绩效高出25%左右。同时PMI模型在超过80%以上的时段内准确预测了欧元区GDP季度增长率的方向，而这个预测绩效也要强于基于ESI和工业产值的预测。在法国、德国、意大利三个国家中，基于PMI的模型依然强于基准模型和基于ESI的模型，但是基于工业产值的模型在均方根预测误差和方向准确率这两个指标上都表现更高。[3]而在意大利，只有基于PMI的模型在均方根预测误差上的绩效优于基准模型。

3　需要注意的是工业产值数据相对于PMI数据公布的时间更为滞后。

二、通货膨胀

多年以来，各国收集和整理通货膨胀的数据大致相同并且是保持不变的。中央或者联邦层级政府的统计局通过大量的工作人员每个月或者每两个月通过访问数百家的商店，收集预先选定的一组商品和服务价格，然后对这些微观数据进行处理，从而生成消费者价格指数（CPI）和其他相关指标。这个过程耗时耗力，而且对商品篮子的缓慢调整以及不能及时抽样还会引发诸多问题。同时，经济危机和震荡的频繁发生也让经济和商业决策者需要更快和更精准反映总体价格变动的数据。

现代互联网和电商平台的发展形成了大量线上商品的价格数据。虽然这些数据分散在成千上万个网站和网页上，但是网页抓取（web-scraping）技术和软件让人们可以大范围地收集这一类的数据，包括每种线上商品的详细信息，以及能够及时发现新上市和退市的商品。相比于传统的价格数据源，收集线上数据会更为便宜、迅速和准确。

来自麻省理工学院的两位学者Cavallo/Rigobon（2016）讨论了使用线上价格来了解通货膨胀，这个项目被称为"十亿价格项目"（Billion Prices Project）。线上零售价格信息是一个巨大的数据源，但是收集和处理它们并非易事。因为它们发布在众多网站上，这些网站在结构和格式上也差异巨大，同时线上的零售商也不会提供历史价格，这样就需要对这些数据随着时间的推移采用持续一致的方法进行处理。在这方面，"十亿价格项目"首先是仔细选取零售商以获取数据源，然后使用网页抓取软件来收集数据，接着通过清洗、均质和分类，最后提取信息用于研究和应用。[4]

在零售商和商品类别的选择上，项目团队只考虑了那些同时拥有线上和线下渠道的大型零售商，比如沃尔玛，但是没有考虑像亚马逊这样纯粹的线上零售商，这是因为对于大多数国家和地区而言，除了线上渠道以外依然存在很多的线下零售的情况。而对于每个零售商选择商品类别时，作者关注那些传统上

4　"十亿价格项目"演变成了一个商业实体PriceStats，现在归State Street公司所有，它每天发布使用线上数据生成的消费者通胀指数。

归属于消费者价格指数篮子的商品，由此可以避免赋予那些主要依靠线上销售商品以过高的权重，例如CD、DVD、化妆品和书籍。

为了不依赖于第三方服务商，也就是那些市场、价格汇总和比价网站的信息，项目团队直接从零售商的网站上收集数据。显然这样做挑战性更大，但是带来的好处就是可以获取真实交易的价格信息，并且避免第三方服务商过滤或者修改价格信息。

表5.3对比了线上价格数据、国家统计机构通过线下方式收集的消费者价格指数数据以及Nielsen公司通过销售终端POS机收集的价格扫描数据这三类微观价格数据源的优缺点。有关后两者数据来源的详细说明可以参考ILO et al.（2004）以及Feenstra/Shapiro（2003）。

表5.3　不同的微观价格数据源

项目	线上数据 （Online data）	扫描数据 （Scanner data）	CPI数据 （CPI data）
每次观测成本	低	中	高
数据频率	日	周	月
零售商中的所有商品 （商品普查）	是	否	否
未删减的价格刚性时长	是	是	否
有研究数据的国家	约60个	小于10个	约20个
国家之间的可比性	有	有限	有限
实时的可获得性	有	无	无
覆盖的商品类型	很少	很少	很多
覆盖的零售商	很少	很少	很多
数量或支出权重	无	有	有

资料来源：Cavallo/Rigobon（2016）。

根据Cavallo/Rigobon的分析，线上数据的主要优点包括：

（1）单位的观测成本低。虽然线上数据的观测成本并非是可以忽略不计的，但是相比统计机构雇佣人员访问实体商店或者是像Nielson公司那样从商业扫描数据服务商那里购买数据，使用网页抓取技术获取数据要便宜很多。

（2）可以每日收集数据。以这样的高频方式收集数据时，我们就更容易检测数据中的错误，而且这种高频方式还避免了使用时间均值，因为时间均值会带来虚假的价格变化。

（3）线上数据包含了相关零售商销售的所有产品信息，这样相比消费者价格指数数据，产品类别内的价格截面就要大很多，这个特征可以简化质量调整以及其他传统的度量问题。

（4）线上数据并不存在删减的价格刚性时长（price spell）。[5] 所谓价格刚性时长就是指某种商品价格维持不变的时段。对于线上价格数据而言，它从第一天开始提供给消费者开始记录，然后持续到这个商品从商店下架。与之相比，在生成CPI时的价格数据收集方法通常只有在商品篮子中的商品下架之后才会开始监控新商品。了解某种商品的完整价格历史有助于控制新商品偏误，从而可以进行各种隐性和显性的质量调整。

（5）线上数据可以通过远程方式加以收集。这对于一些发展中国家和新兴经济体而言就特别重要。因为在这些地区，有时候政府会阻止独立收集数据来评估通货膨胀，如同我们后面看到的阿根廷的例子。同时远程收集数据还有助于集中并且同质化数据收集活动。

（6）上一点产生的另外一个好处就是线上数据非常便于进行跨国比较，因为线上数据可以根据商品类别以及时间段采用相同的方法进行收集。

（7）最后，线上数据可以实时获取，这样访问和处理这些信息就不会存在延迟和滞后。这一点对于各种经济和商业决策者来说非常有用。

线上价格数据也存在着一些缺点：

（1）和政府部门为编辑CPI而开展的消费者价格调查相比，当前线上价格覆盖的零售商和商品类型要少很多。而且大多数服务的价格目前也是无法从网上获取的。

5　在通货膨胀和价格理论中，价格刚性时长是一个和价格黏性（price-stickiness）或者名义刚性（nominal rigidity）相关的概念。所谓价格黏性或者名义刚性就是指名义价格不变的情况。完全的名义刚性就是指在一段时期内价格固定不变的情况。比如某种特定商品的价格在一年之内固定为10元钱。如果名义价格可以变动但是又不像完全可变那样变动，这就是部分名义刚性的概念。比如，在一个受规制的市场中，某一年价格变动可能存在着上限或者下限。相关讨论可以参考维基百科：https://en.wikipedia.org/wiki/Nominal_rigidity。

（2）线上价格数据集缺乏有关销售量的信息。这样线上价格就必须要依赖于官方或者其他消费支出调查中的权重进行加权。与之相比，扫描数据集中就包含了销售数量的详细信息。

　　线上价格数据可以汇总成为更高频率衡量通货膨胀的指标。这一点对于那些有意操纵通货膨胀的国家而言就特别有用了，就此Cavallo/Rigobon就以2007—2015年间的阿根廷为例说明了这一点。图5.3讲述了相关的故事。2007年2月，阿根廷政府对本国的国家统计和普查研究院（National Institue of Statistics and Census/INDEC）进行了干预，解雇了其中负责计算CPI指数的人员。不久之后，CPI指数就很快稳定下来。但是很多阿根廷的经济学家质疑政府在操纵数据，与此同时通货膨胀预期就迅速上升。但是在基于线上价格衡量通货膨胀的方法之前，没有更好的方法来确认通货膨胀的大小以及随时间的变动。官方操纵通货膨胀的数据持续了近9年的时间，一直持续到2015年12月新政府当选之后才结束。在此期间，图5.3C表明除了2014年少数几个月份之外，线上价格反映的月通胀率始终高于官方公布的数据。[6]

图5.2 线上价格和CPI：阿根廷

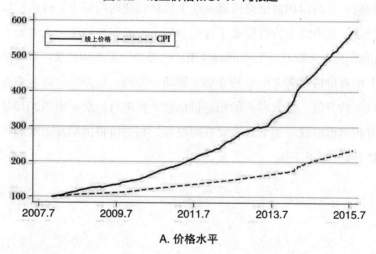

A. 价格水平

---

6 2013年国际货币基金组织对阿根廷发起了"谴责动议"（motion of censure）。此后阿根廷决定推出新的CPI指数，但是新的官方指数又很快失去了公信力。有关阿根廷通货膨胀的详细分析可以参考Cavallo et al.（2016）。

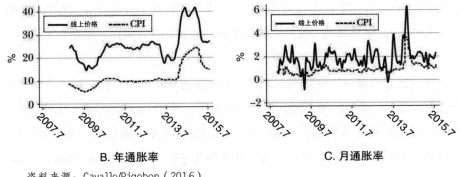

B. 年通胀率　　　　　　　　　　C. 月通胀率

资料来源：Cavallo/Rigobon（2016）。

除了衡量通货膨胀以外，通过对类似商品在微观层面信息上的汇总，线上价格数据还可以让我们了解不同国家的相对价格水平，这是CPI指数本身无法做到的。传统上我们会对某一种商品在各国的价格进行比较，比如《经济学人》（*The Economist*）创建的所谓巨无霸指数（Big Mac Index），就是比较了各国麦当劳的巨无霸汉堡价格。借用这种思想，Cavallo/Rigobon就构造了全球通用商品的例子，比如苹果、宜家（IKEA）、Zara和H&M等，这些商品可以在不同国家创建出相同的消费品篮子，进而比较各国的相对物价水平。图5.3就显示了澳大利亚和阿根廷两国相对于美国通过线上价格构建的购买力平价指标以及名义汇率的变动，其中线上价格覆盖了食品、电子产品和燃料这三大领域平均超过250种商品，其中阿根廷的汇率同时采用了"黑市"汇率和名义汇率。从中可以看出线上相对价格和名义汇率的变动是密切相关的。例如，伴随着澳元在2008年到2011年的升值，澳大利亚的相对价格就下降进行补偿，而当2013年澳元开始贬值时相对价格就开始上升；而在阿根廷，相对价格的稳步上涨和货币贬值的总体趋势是相匹配的。

图5.3　相对价格和名义汇率

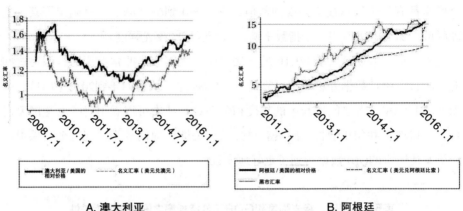

A. 澳大利亚　　　　　　　　　　　　　　B. 阿根廷

资料来源：Cavallo/Rigobon（2016）。

三、出口增长

估计出口增长是一件不容易的事情。在实际操作中，人们往往会使用一个代理变量，也就是某个国家的出口地区GDP增长率来衡量。但是如同在上一节中所看到的那样，衡量GDP的困难在于它通常是以低频的方式发布的，而且随后的修订往往也有很大的滞后。因此，GDP数据的发布日期往往是所度量时段之后的好几个月。如果我们能够用一个更及时和高频的指标来替代出口国家的GDP，那么就可以用更为及时的实时预测方式来衡量出口增长。在前面我们已经看到用PMI指数来表征GDP，现在我们讨论另外一种方法。

Nie/Oksol（2018）分析了如何应用卫星图像数据来衡量各国的GDP数据，从而进一步衡量美国对外出口的增长。和我们过往使用的卫星图像数据不同，他们着眼于通过卫星图像来衡量夜光（nighttime light）。这种度量方式很直观，简单来说就是当一个国家更加富裕的时候，它的经济活动就会变得更多，因此夜光也会更强。他们使用了美国国家海洋和大气管理局（National Oceanic and Atmospheric Administration/NOAA）地球观测小组（Earth Observation Group）的夜光图像数据集。图片上每个像素大约覆盖1平方公里的面积，这种图像分辨率不足于观测出特定对象，例如汽车或者建筑物，但是可以度量夜光强度。每个像素都有一个表示夜光强度的数值，它介于0到63之间。一旦确定了某个地理区域，那么就可以用一个指数来衡量这个区域的夜光强度。

Nie/Oksol表明这种衡量GDP的方法对于新兴国家是非常有用的，因为这些地区的官方统计数据并不是很可靠的。表5.4描述了从1993年到2013年出口、夜光强度和GDP三者之间增长率的年度相关系数，从中可以看出对于发达国家而言，出口增长和GDP增长之间具有更强的相关性。他们认为出现这个结果很可能是发达国家的GDP数据得到了更好地度量。

表5.4　出口、夜光强度和GDP三者增长率之间的年度相关性

变量	发达国家	发展中国家
出口增长率和夜光强度增长率	0.29	0.28
出口增长率和 GDP 增长率	0.79	0.49
GDP 增长率和夜光强度增长率	0.17	0.14

资料来源：Nie/Oksol（2018）。

在估计出口的季度增长率时，Nie/Oksol分别使用了随机游走模型、基于GDP的模型以及基于夜光的模型。考虑到GDP数据只能按季度提供，而夜光数据则可以按月提供，这样基于夜光的模型可以同时进行季度建模和月度建模。表5.5报告了各种模型估计值和实际数据之间的平均百分比偏差。从中可以看出，基于月度的夜光模型在所有经济体中都具有最好的绩效。这表明夜光强度数据确实是估计出口增长的有用方法，特别是在GDP数据存在滞后的情况下。

表5.5　各种模型的预测绩效

模型	所有国家	发达国家	发展中国家
随机游走：季度	2.20	3.23	4.13
GDP：季度	2.89	3.06	4.06
夜光强度：季度	3.06	4.05	3.11
随机游走：月度	2.28	2.14	3.27
夜光强度：月度	1.33	1.28	2.00

资料来源：Nie/Oksol（2018）。

四、就业

在本节中我们将介绍三个Eagle Alpha（2018）上介绍的有关就业的另类数据案例。[7]

第一个用例中使用了谷歌趋势数据。我们知道，谷歌趋势是基于谷歌搜索引擎开发的公开网络工具，它可以显示世界不同地区的总搜索量。使用这个数据集来衡量经济活动有很多优势：它的数据非常及时，同时历史时长也有十多年，最后这个数据集是人类日常活动的副产品，也就是"遗存数据"，而非需要对个人或者公司进行问询后形成的数据，这样就可以避免没有应答或者应答不正确的问题。

Eagle Alpha基于谷歌趋势数据开发了一系列针对宏观经济的指数，具体构建指数的流程包括：

（1）生成相关的搜索词；

（2）找出自从2004年以来每个字词的搜索量；

（3）清洗数据并针对异常值和时节效应进行调整；

（4）根据预测分数对于搜索词进行排序；

（5）最终指数包含一组选定的词语，然后衡量网民的线上搜索活动和特定经济指标的协同变动。

在这些针对宏观经济的指数中，Eagle Alpha开发的美国失业指数（US employment index）衡量了线上搜索和"领取失业金"相关词语的活动。这个指数和美国5年期失业率的相关系数高达0.9，同时统计分析表明，这个指标的样本外预测能力相比基于时间序列（ARIMA模型）的失业率模型可以提升14%。图5.4刻画了美国失业指数和官方公布的失业率时间序列。

7　它们分别是Eagle Alpha（2018）中的用例42、43和46.

图5.4　美国失业指数和官方失业率

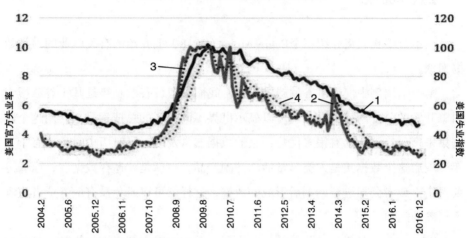

1：官方失业率；2：失业指数；3：失业指数3个月移动平均线；4：失业指数的12个月移动平均线

资料来源：Eagle Alpha（2018）。

　　第二个用例使用了我们前面的就业数据案例中介绍的招聘岗位（job listing）数据集，这个数据集不仅可以有助于投资交易，而且还可以用来更详细地分析劳动力市场。

　　截至2017年8月，美国官方数据显示的失业率水平很低，但是就业数据表明并非所有行业都在大规模地招聘。应用招聘岗位数据集，图5.5就表明了不同行业劳动力需求的年度和季度增长率，其中表明运输、采矿和政府部门的需求旺盛，而零售和制造业的需求则处于落后的水平。

图5.5　不同行业的劳动力需求变化率

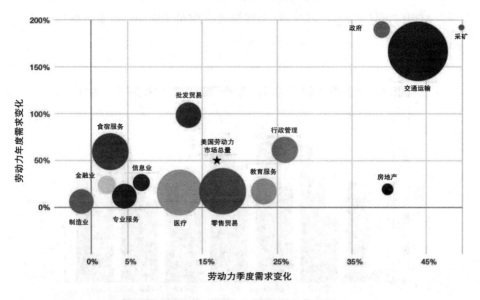

资料来源：Eagle Alpha（2018）。

第三个用例涉及有关薪资的数据集。这个数据集的供应商是美国的安德普翰（ADP）公司，它是全球最大的人力资源管理公司。这家公司提供的数据涉及工资、人才管理、人力资源管理、福利管理以及工时管理的信息，其数据历史可以追溯到2014年1月。美国联储会的经济学家Cajner et al.（2018）评估了如何使用ADP的薪资数据来衡量劳动力市场的状况，并且和美国劳工统计局（Bureau of Labor Statistics/BLS）公布的就业数据进行了比较。这些学者的研究表明，更加及时和更高频的ADP薪资数据能够提高官方数据预测的准确性。

美国劳工统计局每个月会发布一次当前就业情况统计（Current Employment Statistics/CES）。这份报告中有关私营部门的就业创造（employment gains）数据在某些月份进行调整。其中一个特别的问题就是在2011—2014年的8月份的数据在第一次和第三次发布之间经历了大规模的正向调整。Cajner et al.（2018）讨论了ADP的数据可否用于预测2011—2014年间8月份的调整情况，结果如图5.6所示。该图刻画了从2011—2017年间，劳工统计局每年针对8月首次发布的就业创造数据、修正的8月就业数据以及通过实时ADP数据得到的就业创造数据。从中可以看出，实时ADP数据对于预测8月份CES数据大幅修正是很有帮助的。具体来说，ADP指数针对2011—2014年大规模修订期间私营部门就业人数增长给出了更为准确的估计。

图5.6　劳工统计局8月份就业数据调整和实时的ADP就业数据

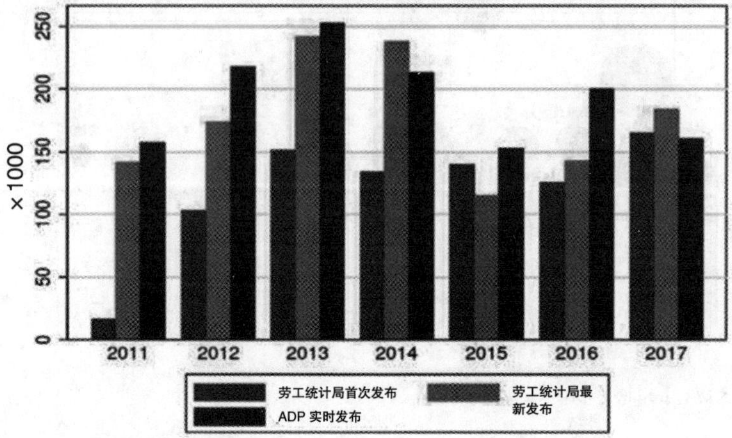

资料来源：Eagle Alpha（2018）。

尾　声

一段有趣而奇妙的另类数据之旅结束了。但是从更长远的时间维度来看，本书以及《另类数据：理论和实践》并不是故事的结尾，而应该是另一段旅程的开始，因为它带来的想法创新和风险挑战看起来是一样多的。展望未来，我们应该如何看待和面对另类数据呢？

另类数据，本质上还是数据。正如在《另类数据：理论与实践》一书中所说，我们现在赋予某些数据"另类"这个标签，是相对当前投资者经常或者习惯使用的数据来讲的，随着时代的演进，特别是算力和算法的突破，现在认为是"另类"的数据，将来可能就会脱去这个标签，就被简单地称之为"数据"。

从学术意义上，我认为数据的价值应该在于改变了我们对这个世界运行机制的理解。而另类数据作为数据，也需要满足这个要求。就此而言，我们有必要回顾一下数据是如何形成、塑造和改变人们对资本市场的理解，也就是数据驱动的投资思想史。[1]

学术界通过数据来分析资本市场，可以追溯到Alfred Cowles（1933）。[2] Cowles是《计量经济学》这本全球经济学顶刊的创办人之一，他在这本期刊的第一卷上发表了题为《股市预测者能够预测吗？》的文章。在这篇文章中，Cowles搜集了金融机构推荐的股票、保险公司的股票交易记录、《华尔街日报》中的社论以及金融机构的投资通讯等四类"股市预测者"，通过那个时代

1　本文有关早期投资思想史的介绍参考了Peter Bernstein在1992年出版的名著《资本思想》。参见 Bernstein, P., 1992, *Capital Ideas: The Improbable Origins of Modern Wall Street.* John Wiley and Sons。

2　参见Cowles, A., 1933, Can stock market forecasters forecast?, *Econometrica* 1, 309–324。

能够理解的数据分析工具，对文章标题的问题给了简单明了的回答："这是值得怀疑的"。十年之后，Cowles（1944）在《计量经济学》发表的一项新的研究，其中使用了15年内将近7000个预测数据。[3]结果再次表明"没有任何证据能够证实，（人们）能够成功预测股市的未来走势"。时间来到二战之后，伦敦经济学院的统计学教授Maurice Kendall（1953）在《皇家统计学会杂志》这本历史最悠久的统计学杂志上发表了《经济的时间序列分析》，在这篇文章中，Kendall研究了股票市场和商品期货市场的价格数据，结果表明资产价格"序列的数字就好像是在'漫游'"。[4] Cowles-Kendall的分析构成了资产价格随机游走假说的最初证据。按照古典经济学思想，价格是由供需决定的，在此基础上通过蛛网模型刻画的价格动态变化就会有着明确的变化模式。显然Cowles-Kendall的数据分析结果并没有支持这种价格有规律变动的假说。

1960年，来自芝加哥大学的两位学者James Lorie和Lawrence Fisher在美林证券的支持下，创立了证券价格研究中心（CRSP）。它与其说是研究中心，不如说是一个历史股价的数据库。一开始它显然是那个时代的"另类"数据集，这并不妨碍它后来成长为全球金融市场数据研究中最常使用的数据库。CRSP的出现激发了更多学者开始关注金融市场的价格，很快金融市场的研究摒弃了古典经济学的价格理论，从经济学的边缘走到了经济学的中心舞台。不久之后的1964年，麻省理工学院的教授Paul Cootner把相关文章汇编成册，由此就产生了当时影响深远的第一本金融实证分析论文集：《股票价格的随机特征》。[5]在应用CRSP数据库方面，芝加哥大学教授、2013年诺贝尔经济学奖得主Eugene Fama绝对是关键性的人物。面对随机游走的实证证据，作为博士刚毕业不久的年轻

3　参见Cowles, A., 1944, Stock market forecasting. *Econometrica* 12, 206–214。

4　参见Kendall, M., 1953, The analysis of economic time–series. Part I: Prices. *Journal of the Royal Statistical Society* 116, 11–34。

5　参见Cootner, P., 1964, *The Random Character of Stock Prices*. MIT Press。据笔者所知，这本"上古"时代的论文集在国内只有国家图书馆有收藏。另外，这本论文集的首篇文章是金融经济学的开山之作，即法国学者Louis Bachelier在1900年写作的《投机理论》。这篇文章长期以来并没有引起重视。直到20世纪60年代这篇文章才被著名经济学家Paul Samuelson发现，同时在当时刚刚兴起的金融市场研究中引发了广泛的兴趣。

人，Fama在1965年的《商业杂志》（*Journal of Business*）上发表了《股市价格行为》的论文。这篇近70多页的长文，一方面应用各种当时的统计技术分析价格，另一方面也对资产价格的随机特征给出了直觉性的经济解释：影响资产价格的关键是投资者的预期，而影响预期的则是信息，因为信息是以不可预见的方式到达市场，所以价格就是随机变动的。这一简单而又深刻的论述把预期、信息这些关键概念引入资产价格分析中，打破了古典经济学围绕供需论述价格形成机制的思想桎梏。[6]几年之后，Fama（1970）就把1965年文章的思想总结为"一个价格始终'充分反映'可得信息的市场被称为是'有效的'"。这样，金融经济学领域中经典的"有效市场假说"就问世了。[7]后来这个思想超出了金融学的范畴，延伸到社会科学的其他领域。

在有效市场假说形成的过程中，除了针对资产价格自身时间序列分析得到的随机波动特征之外，另外一个重要脉线就是所谓的事件研究（event study），也就是分析特定公司事件对股价的影响。显然，事件研究需要使用能够反映公司基本面的财报数据，以及各种公司公告的资料。在这方面最为重要的数据库就是标准普尔这家金融服务商提供的Compustat。事件研究的起点是芝加哥大学的Ray Ball和西澳大学的Phillip Brown在1968年做的研究，他们应用Compustat数据库，分析了公司盈余对股价的影响，结果表明当公司发布正向盈余时，股价就会迅速做出正向反应，反之亦然。[8]这个发现进一步支持了资本市场是信息有效市场的假说。我们知道会计传统上只是讲授记账和查账的知识，在当时信息经济学崛起的大背景下，Ball-Brown的研究让会计转变成为一门研究财务信息是如何影响资本市场的学问。[9]

6　参见Fama, E., 1965, The behavior of stock market prices. *Journal of Business*, 34–105。

7　参见Fama, E., 1970, Efficient capital markets: A review of theory and empirical work. *Journal of Finance* 25, 383–417。

8　参见Ball, R., and P. Brown, 1968, An empirical evaluation of accounting income numbers. *Journal of Accounting Research* 6, 159–178。

9　事件研究的另一个开创性研究是著名的Fama et al.（FFJR, 1969）。这篇文章分析了股票分拆（stock split）对股价的影响，不过他们使用的是CRSP数据。关于这篇文章，参见Fama, E., L. Fisher, M. Jensen, and R. Roll, 1969, The adjustment of stock prices to new information. *International Economic Review* 10, 1–21。

有效市场假说的重点是资产价格的动态变化，那么资产价格在截面上的差异如何理解呢？20世纪60年代，诺奖得主William Sharpe和另外几位学者创立的资本资产定价模型（CAPM）为其奠定了理论基础。CAPM模型把资产预期收益率表示为市场风险溢价这个因子的线性函数，因为只有一个因子，所以这个模型也被称为单因子模型。进入到70年代后，诺奖得主Robert Merton以及另外一位金融研究大家Stephen Ross分别从均衡和套利这两个核心思想出发，创立了时跨资本资产定价模型（ICAPM）和套利定价理论（APT），这两个模型都把资产预期收益率表示为多个因子的函数，因此也被称为多因子模型。[10]这些因子模型在数据中的表现如何呢？在这方面，我们再次看到Fama的贡献。1973年，Fama和芝加哥大学的另外一位学者Jamnes MacBeth通过应用CRSP数据，在实证分析中得到了支持CAPM模型的证据。与此同时，这篇论文创立了以他们名字首字母命名的FM回归，后来也成为资产定价实证分析的经典方法。[11]

20世纪70年代，金融学界建立起以有效市场假说和资本资产定价模型这两个支柱为核心的标准范式，并且认为这个范式是牢不可破的。但是很快，一些学者开始使用更新的数据以及更新的统计方法来讲述不同的故事：他们发现了背离前述经典范式的异常现象，简称"异象"（anomalies）。异象研究首先挑战了CAPM模型，其中的代表性研究是来自加拿大马克马斯特大学Sanjoy Basu和美国西北大学的Rolf Banz。Basu（1977）发现了市盈率这个指标和股票平均收益率存在着CAPM模型不能解释的负向关系，后来学者也发现了其他一些市场价格和会计指标的比率也有类似效应，它们被统称为价值效应；[12]而Ban

---

10　参见Merton, R., 1973, An intertemporal capital asset pricing model. *Econometrica* 41, 867–887；以及Ross, S., 1976, The arbitrage theory of capital asset pricing. *Journal of Economic Theory* 13, 341–360。

11　参见Fama, E., and J. MacBeth, 1973, Risk, return, and equilibrium. *Journal of Political Economy* 81, 607–636。另外，几位新古典金融学的大牛Fischer Black, Michael Jensen和Myron Scholes，在1972年也做了针对CAPM模型的实证分析，他们同样得到了正向的结论，关于这篇文章，参见Black, F., et al., 1972, The capital asset pricing model: Some empirical tests. In M. Jensen（ed.）*Studies in the Theory of Capital Markets*. Praeger Publishers。

12　参见Basu, S., 1977, Investment performance of common stocks in relation to their price-earnings ratios: A test of the efficient market hypothesis. *Journal of Finance* 32, 663–682。

（1981）则发现以股票市值度量的公司规模要比股票贝塔更能解释收益率的截面差异，由此就产生了"规模效应"。[13]另一方面，就资产价格的时间序列来说，其随机游走的性质也受到挑战，这方面研究的代表人物是华人学者、麻省理工学院教授罗闻全（Andrew Lo），他和当时在沃顿商学院的合作者Craig MacKinlay合作发表了一系列的文章，用全新的统计方法研究股票价格的时间序列，所有这些研究后来汇集成册，书名直指他们的核心结论：《非随机游走降临华尔街》。[14]

从20世纪80年代开始，整个资本市场的实证研究卷入经典范式和异象之间的争论之中，就此产生了三大不同的学术流派。第一大流派可以看作是经典范式的"忠诚者"，这一流派的基本思想就是市场是完美的，市场中的参与者也是完美的，我们在数据中发现的各种"异象"只是各种数据挖掘的结果，因此存在着各种偏差，比如幸存者偏差、选择偏差等。第二大流派是经典范式的"革新者"，这一派的学者坚守新古典经济学的基本原则，认为市场参与者是理性的，市场以及我们分析市场的方法中存在着问题，比如实证分析中没有考虑到各种交易成本导致的市场摩擦，以及Roll批评等。[15]最后一派的学者可以看作是经典范式的"异教徒"，他们一方面认为市场是不完美的，但同时更进一步，他们背弃经济学传统的个人理性原则：借鉴心理学中发现的各种心理偏误，他们把资本市场的异象和个人非理性行为联系起来，由此就产生了行为金融（behavioral finance）这个学派。这场大争论涉及诸多金融顶尖学者，其中光谱两端的代表人物，经典范式的支持者Eugene Fama和异教徒Robert Shiller，以及广义矩这种资产价格实证分析方法的发明人Lars Hansen，一起因为"在资产

13　参见Banz, R., 1981, The relationship between return and market value of common stocks. *Journal of Financial Economics* 9, 3–18。

14　参见Lo, A., and C. MacKinlay, 1999, *A Non-Random Walk down Wall Street*. Princeton University Press。

15　加州洛杉矶大学的著名金融学者Richard Roll在1977年指出，CAPM模型中要求的市场组合在现实中并不存在，因此基于CAPM的实证分析结果就存在着问题。这个观点后来被称为Roll批评。这篇文章参见Roll, R., 1977, A critique of the asset pricing theory's tests. Part I: On past and potential testability of the theory. *Journal of Financial Economics* 4, 129–176。

价格实证分析中的贡献"而分享了2013年诺贝尔经济学奖。另外一位行为金融的代表人物,同样来自芝加哥大学的教授Richard Thaler,也因为包括行为金融在内的行为经济学贡献,而独享2017年诺贝尔经济学奖。

作为有效市场假说的提出者和坚定支持者,Fama和他后期研究的主要合作者,来自达特茅斯学院的Kenneth French,从1992年开始用一系列的文章,提出了基于数据驱动并且可以融入规模效应和价值效应的三因子模型,用以解释当时市场中发现的各种异象。[16]需要指出的是,Fama(1991)在《有效资本市场:第Ⅱ集》中曾把多因子模型看作是一个"事后从数据中寻找能够描述平均收益率截面变量的许可证"。[17]就此而言,Fama看起来对使用多因子模型来刻画资本市场持谨慎保守的态度;但是面对来自数据的持续挑战,他自己很快就修正了一些立场,转而使用多因子模型赋予的"钓鱼许可证"去寻找可以解释各种截面异象的因子以及因子模型了。在更新的一篇文章中,Fama-French(2015)在三因子模型基础上加入了盈利因子和投资因子,从而把解释收益率截面的因子模型扩展到五因子模型。[18]对于这场从20世纪80年代开始持续至今的大辩论,感兴趣的读者可以参阅瑞典皇家科学院撰写的诺奖科学背景以及三位

16　两篇形成三因子模型的原始文章是:Fama, E., and K. French, 1992, The cross-section of expected stock returns. *Journal of Finance* 47, 427–465;以及Fama, E., and K. French, 1993, Common risk factors in the returns on stocks and bonds. *Journal of Financial Economics* 33, 3–56。

17　参见Fama, E., 1991, Efficient capital markets: II. *Journal of Finance* 46, 1575–1617。

18　参见Fama, E., and K. French, 2015, A five-factor asset pricing model. *Journal of Financial Economics* 116, 1–22。

诺奖得主的颁奖演说。[19]

　　在这场大辩论中，有一个另类数据特别有意义，这就是行为金融学者 Terrance Odean使用的散户投资者（retail investor）交易账户数据，后来这个数据集也被称为Odean数据集。这个数据集是由一个未署名的全美证券经纪商提供的，通过这个数据集，Odean和合作者进行了一系列微观层面上散户投资者实际交易行为的研究，这些研究在总体意义上表明，散户投资者会持有相对集中的投资组合，他们交易很活跃，投机性很强，而这些行为会让他们的投资绩效不佳。另外，作为一个整体，散户投资者会表现出系统性而非随机性的交易行为。有关这些研究的综述，读者可以参考Odean和Brad Barber在2013年《金融经济学手册第二卷》上发表的综述文章。[20]

　　进入新世纪第二个十年，大数据、人工智能和机器学习、云计算和量子计算等新兴科技带来的数据、算法和算力全方位的突破，极大地影响和改变了我们人类社会，当然也包括金融市场的研究与实践。面对技术突破，金融、财务和会计学的学术研究，不断发现新的针对资产价格——特别是股票价格——的预测变量。来自芝加哥大学的John Cochrane，在其2010年美国金融学会主席演讲中，把不断增加的收益率截面预测指标，称为"因子动物园"（factor

---

19　三位诺奖得主的颁奖演说词发表在后一年的《美国经济评论》上。其中Fama和Shiller的文章索引是：

Fama, E., 2014, Two pillars of asset pricing. *American Economic Review* 104, 1467–1485；

Shiller, R., 2014, Speculative asset prices. *American Economic Review* 104, 1486–1517。

瑞典皇家科学院撰写的科学背景报告网页地址是https://www.nobelprize.org/uploads/2013/10/advanced-economicsciences2013.pdf。另外，Cochrane和Moskowitz在2017年按照不同的分类整理了Fama的重要论文，同时还在各个部分做了精彩的讲解，对这些论文感兴趣的读者可以直接参阅论文集：

Cochrane, J., and T. Moskowitz（eds.），2017, *The Fama Portfolio: Selected Papers of Eugene Fama*. University of Chicago Press。

20　参见Barber, B., and T. Odean, 2013, The behavior of individual investors. In G. Constantinides, M. Harris, and R. Stulz（eds.）*Handbook of the Economics of Finance*（Vol.2）. Elsevier BV。

zoo）。[21]

　　金融大数据产生的"因子动物园"给资产定价的实证研究带来了极大的挑战。首先，随着因子动物园的扩充，一个显而易见的统计挑战就是，在回归方程中右侧变量的个数在快速接近观测值（亦即观测时段）的个数，这样传统的低维统计分析就难以适用，我们需要使用更为复杂的高维或者大维统计分析方法（high/large dimensional statistics）。其次，针对相同或者相近的数据集进行多个不同因子的检验，会带来虚假的统计显著性，进而造成所谓的p值操纵（p-hacking）和多重检验（multiple testing）的问题。在这方面，杜克大学Campbell Havery教授在2016年美国金融学会的主席演讲上做了有力的说明，同时他还和华人学者刘岩撰写了一系列文章探讨这类资产定价实证研究中的问题。[22]第三，学者们实证研究中发现的预测变量和收益率之间的关系都是在事后从已观测数据中得到的，因此这就存在着前瞻性偏差（look-ahead bias）：站在事前，这些预测变量的预测效力以及它们和目标变量之间的关系并不必然是已知的，对于现实世界的投资者而言更是如此，这就是伦敦经济学院的Ian Martin和芝加哥大学的Stefan Nagel两位学者提出的投资者学习（investor learning）问题，相关文章已经刊发在今年的《金融经济学杂志》上。[23]大数据时代产生了众多可能存在的预测指标，在它们形成的高维环境中，多重检验和投资者学习的挑战会变得更加严重。其核心问题就是：资产定价的异象研究可能存在着"复制危机"（replication crises）。一方面，当使用略微不同的数据集或者数据分析方法时，"异象"是无法复制的，按照三位在美华人金融学者侯恪惟，薛辰和张橹（Hou et al. 2020）的说法："大多数异象按照当前可接受的标准而言无

21　参见Cochrane, J., 2011, Presidential address: Discount rates. *Journal of Finance* 66, 1047–1108。

22　参见Havery, C., 2017, Presidential address: The scientific outlook in financial economics. *Journal of Finance* 72, 1399–1440。

23　参见Martin, I., and S. Nagel, 2022, Market efficiency in the age of big data. *Journal of Financial Economics* 145, 154–177。

法成立"。[24]另一方面，这些异象在真正的样本外可能是不存在的，用Harvey et al.（2016）的说法就是，"大多数金融经济学中声称的研究发现很可能是错误的"。[25]除了上面这些问题以外，来自法国和瑞士的三位金融学者Dessaint、Foucault和Frésard（DFF，2022）提出了另类数据存在着时长效应（horizon effect）的问题。[26]本书第二章《股票主观投资》中讨论了各种预测公司盈余这类财务指标的另类数据，考虑到这些另类数据主要涉及短期信息，所以DFF就把它们称为短期导向数据（short-term oriented data）。现在的问题是：这类数据可以改进财务预测吗？通过使用卖方分析师的预测数据，DFF发现，随着另类数据逐渐进入投资世界，分析师们针对短期（短于1年）财务指标的预测质量提升了，但是针对长期（长于1年）财务指标的预测质量则是下降了，并且两者产生的净效应是模糊的。因为资产价格是短期和长期现金流折现的总和，这样另类数据的价值也就存疑了。

在面对由另类数据带来的高维环境中，应该如何应对上述学术研究的挑战呢？学术界当前给出的答案是使用各种机器学习模型加以应对。芝加哥大学的华人学者顾诗颢、修大成以及AQR基金的Bryan Kelly在他们2020年刊发的经典文章中，指出资产定价的机器学习方法可以用来描述："（a）用于统计预测的各种高维模型集合，（b）用于模型选择和缓解过拟合的"正则化"方法，以及（c）在大量可能存在的模型设定中有效的搜索算法"。[27]近几年来，应用正则化、决策树、集成方法、深度学习和各种不同主成分分析的机器学习研究层出不穷。耶鲁大学的Stefano Giglio以及Kelly和修大成在2022年发表了一篇综述论文，其中总结了当前资产定价中机器学习方法的研究现状，同时指出了未来的

24　参见Hou, K., C. Xue, and L. Zhang, 2020, Replicating anomalies. *Review of Financial Studies* 33, 2019–2133。

25　参见Harvey, C., Y. Liu, and H. Zhu, 2016, ... and the cross-section of expected returns. *Review of Financial Studies* 29, 5–68。

26　Dessaint, O., T. Foucault, and L. Frésard, 2022, Does alternative data improve forecasting? The horizon effect. *Swiss Finance Institute Research Paper Series N.* 20–106。

27　参见Gu, S., B. Kelly, and D. Xiu, 2020, Empirical asset pricing via machine learning. *Review of Financial Studies* 33, 2223–2273。

主要研究方向。[28]不过，上述机器学习的方法并不能很好地解决前面提及的多重检验和投资者学习。考虑到这一点，Nagel教授在近期《高维世界评估市场有效性》的报告中提出使用实证贝叶斯方法（empirical Bayes method）来应对这两个难题。[29]简单地说，就是通过金融数据来形成相关的先验信念，进而分析资产定价的可预测性问题，比如，Chinco et al.（2021）根据已观测数据来确定某个预测指标是异象的先验概率分布，他们把这个概率称为异象基率（anomaly base rate）。[30]此外，实证贝叶斯方法还可以用来处理Giannone et al.（2021）提出的稀疏性幻觉（illusion of sparsity）的问题。[31]所谓稀疏性，就是指在当前主流的资产定价多因子模型中，通常只存在少数几个（通常3到5个）定价因子。但是在高维环境下，稀疏性假设就不合理了，Bryzgalova et al.（2022）采用贝叶斯方法支持了容许数十个因子的模型。[32]最后，Jensen et al.（2022）在最近一篇引发学界热议的论文中，通过贝叶斯方法否定了"复制危机"的存在。[33]从实际应用的角度来看，考虑到另类数据当下和将来带来的大量潜在的预测指标，贝叶斯统计方法在高维环境的资产定价分析中会更有裨益。

从投资实务的角度来看，赚钱是第一要务，因此构造可以获利的投资组合是最终目的。在包括回归、决策树以及神经网络这些主流的有监督学习方法中，我们首先要估计收益率截面。更为直接的方法是使用强化学习（reinforcement learning）这种具有无监督特点的学习机制，它可以处理投资决

28　参见Giglio, S., B. Kelly, and D. Xiu, 2022, Factor models, machine learning and asset pricing. *Forthcoming in Annual Review of Financial Economics*。

29　参见Nagel, S., 2022, Evaluating market efficiency in a high-dimensional world. *Speech on Hong Kong Conference for Fintech, AI and Big Data Business*。

30　参见Chinco, A., A. Neuhierl, and M. Weber, 2021, Estimating the anomaly base rate. *Journal of Financial Economics* 140, 101–126。

31　参见Giannone, D., M. Lenza, and G. Primiceri, 2021, Economic predictions with big data: The illusion of sparsity. *Econometrica* 89, 2409–2437。

32　参见Bryzgalova, S., J. Huang, and C. Julliard, 2022, Bayesian solutions for the factor zoo: We just ran two quadrillion models. Working paper。

33　参见Jensen, T., B. Kelly, and L. Pedersen, 2022, Is there a replication crisis in finance? Working paper。

策和市场之间的交互关系，从而在不需要考虑资产定价的情况下给投资组合进行建模。这种方法从原理上看很适合于另类数据带来的高维场景。强化学习在金融中的讨论尚处于起步阶段。金融科技领域内的著名华人学者，康纳尔大学教授丛林、清华大学教授汤珂以及另外两位来自北航的学者（Cong et al. 2022）有关"阿尔法组合"的分析在这方面做了开创性的分析。[34]

上面这些主要从象牙塔产生的由数据驱动的投资思想，无论是从随机游走到有效市场，从异象到行为金融，从三因子模型到因子动物园，从回归分析到机器学习，都深刻地影响和改变了我们对金融市场运行机制以及收益和风险之间权衡的理解。这些投资思想，催生了指数基金、市场中性、聪明贝塔、因子投资、基本面量化等投资理念，让金融市场成为社会大众关注的焦点，让金融研究成为社会科学中的显学。显然，我们也应该期待今天的另类数据，能够像今天的"数据"在过往历史中那样，发现前所未见的新规律，从而帮助我们在实务中形成新的投资理念，同时做出更好的投资决策。

※※※　　※※※　　※※※　　※※※　　※※※　　※※※　　※※※

我们在《另类数据：理论与实践》的第三章中讨论了另类数据的类型。那里的分类方法主要的依据是数据本身的特性。因为另类数据的基本用途就是预测我们在投资世界中真正关心的变量，所以现在基于用途笔者把另类数据简单地分为以下四类：

（a）宏观经济实时预测（nowcasting）指标；

（b）企业未来盈余（或现金流）的预测指标；

（c）收益率的（截面）预测指标。

（d）刻画市场/投资者情绪（sentiment）或者关注度（attention）的指标；

接下来笔者将结合投资思想对这些不同另类数据在资产管理行业中的应用给出一些想法和建议。

34　参见Cong, L., K. Tang, J. Wang, and Y. Zhang, 2022, Alphaportfolio: Direct construction through deep reinforcement learning and interpretable AI. Working paper。

　　首先是宏观经济的实时预测指标。宏观经济指标往往对利率和汇率这样的宏观资产具有重要的影响。我们知道诸如GDP、通货膨胀以及就业这样的宏观经济指标具有低频和滞后的特征。如果另类数据能够实现实时预测，也就是相对高频地报告和刻画已经发生的经济活动，那么这些数据就能成为重要宏观经济指标的指代变量（proxy variable）。要验证指代变量的关联性（relevance）比较简单，我们只需要把另类数据形成的指标和宏观经济变量两者的时间序列进行分析，只要两者之间的相关系数抑或回归中的拟合优度达到一定的水平，我们就可以接受它们的有用性。考虑到另类数据的历史往往比较短暂，所以这样的分析需要定期进行，以观测另类数据对相关宏观经济指标的实时预测效果。这方面经典的另类数据就是SpaceKnow公司通过遥感卫星数据形成的SMI指数，这个指数可以很好地拟合中国采购经理人指数，从而更为及时地报告中国宏观经济活动的变化。更为有效的一种验证这类数据关联性的方法来自于Mukherjee et al.（2021）采用的随机控制方法，就是类似经典的因果推断（causal inference）统计方法，设计两种不同的市场环境，然后讨论另类数据对金融市场变量的影响。[35]我们已经在本书的第四章大宗商品有关石油库存的案例中看到了这种方法。当然需要指出的是，并非所有此类另类数据都能构造出类似的随机控制环境，因此要采用这类方法的条件比较苛刻。

　　其次，我们来看能够预测企业未来盈余情况的另类数据。本书第二章股票主观投资中的另类数据大体上属于这一类的另类数据。这类数据一方面可以用来做实时预测，也就是提前预知已经发生但是滞后发布的财务信息，另一方面也可以用来做未来预测，也就是预测尚未发生的财务绩效；相对而言，当前应用比较多的场景是做实时预测。这类数据和金融资产的关联性比较容易建立，但是应用这类数据存在着一些问题。首先，如同前面DFF（2022）所说，这类数据往往具有短期特性，这样如果投资者过于关注它们，就会降低收集事关公司长期经营绩效的信息。其次，这类数据通常覆盖的公司和资产种类比较有

35　参见Obaid, K., and K. Pukthuanthong, 2022, A picture is worth a thousand words: Measuring investor sentiment by combining machine learning and photos from news. *Journal of Financial Economics* 144, 273–397。

限，因此只能应用到特定行业或者特定公司。最后，这类数据往往具有遗存数据的特征。[36] 遗存数据往往是其他商业活动的副产品，要把它们变成有投资含义的数据，一方面要满足数据使用的安全和合规性要求，另外还需要做仔细的数据预处理。

现在我们讨论第三类的另类数据，这也是我们当前在以股票为主的公司证券中讨论最多的一类另类数据，同时也是市场关注热度最高的。本书第一章股票量化投资中讲述的另类数据案例多属于此类。这类数据通常能够覆盖较多的公司资产，从而可以用来当作潜在的股票收益率截面的预测指标。当前提供这一类另类数据的服务商在介绍数据的投资价值时，基本上沿用了Fama-French（1993）的组合排序法，也就是通过另类数据形成的指标对个股进行排序，然后讨论由此形成的多空组合在夏普比率等指标上的绩效。这种方法也是金融学术文献有关"异象"讨论的经典方法。这类另类数据的优点是它覆盖的公司范围广，否则我们就无法构造多空组合收益率。Cochrane在十几年前讲述的因子动物园还仅仅涉及在传统数据中挖掘"异象"，现在另类数据的发展会极大地扩展"因子动物园"的规模。我们已经看到，这些通过另类数据形成的新异象，或者业界常说的"因子"，将不可避免地陷入高维环境中的多重检验、投资者学习等问题中，这样它们在现实投资的真正"样本外"世界中能否展现出可预测性，进而复制出样本内得到的绩效，都是令人存疑的。此外，按照学术规范，任何异象都需要参照某个因子定价模型进行定义。如果作为基准的因子模型不是一个"好"模型，那么这些异象获得的收益可能就不是阿尔法，而是承担了某些风险才得到的收益率，可是当前我们对实证意义上的"好"模型并没有共识。最后，和其他另类数据一样，这些数据的历史也都比较短暂，即使按照学术规范根据历史数据做"伪样本外"（pseudo-OOS）分析，能够使用的样本点也非常有限。不过好消息是，我们可以使用当前兴起的实证贝叶斯方法来讨论它们在资产管理中的价值。

接下来我们来看能够刻画投资者情绪或者关注度的另类数据。大体上，我

36　有关遗存数据（data exhaust）的介绍，可以参考我们在《另类数据：理论与实践》第二章的讨论。

们可以进一步把这类数据细分为两类，第一类是针对个股层面的数据，这些数据可以形成前述第三类中的收益率预测指标，这里就不赘述了。另外一类是可以刻画市场总体层面的数据，比如Obaid–Pukthuanthong在今年《金融经济学杂志》刊发的论文中使用的新闻照片数据。[37]这类数据经常可以用来判断市场总体的价格、成交量以及波动率等市场指标的变动趋势，因此往往用于构建市场择时策略。不过在这种应用场景中，有两点需要注意。第一，预测指标和市场变量之间是领先滞后关系而非同步关系。其次，在对策略进行检验时，不能通过简单的回测方法来验证策略的有效性，需要建立更为严谨的回测框架。在这方面，López de Prado（2018）影响深远专著《金融机器学习》对此进行了精彩的分析。[38]

※※※　※※※　※※※　※※※　※※※　※※※　※※※

金融投资和交易是世俗世界中让人最为着迷的活动之一，它既会给人以贪婪，也会让人恐惧。从古至今，投资者都一直在创新，不断寻找新方式来获得信息优势。这样的例子比比皆是，不胜枚举。

按照哈佛大学教授同时也是创新研究大师Clayton Christensen的说法，另类数据可以看作是"破坏性创新"。每年数据总量都在以指数方式增长，每年产生的数据增量在人类历史全部可用数据中占据了绝大部分。因此无论在中国还是在其他地方，以赚取阿尔法为目标的私募基金（国外通称"对冲基金"）行业，以及更广泛的资产管理机构，都是新型数据应用的探险者和领航者。

对于资产管理机构来说，在思考是否使用以及如何使用另类数据的时候，我认为应该考虑下面四个关键词：基础设施、价值创造、监管合规以及专业化协作。从基础设施的角度来看，资管机构需要配置适当的设备、软硬件和人

37　参见Obaid, K., and K. Pukthuanthong, 2022, A picture is worth a thousand words: Measuring investor sentiment by combining machine learning and photos from news. *Journal of Financial Economics* 144, 273–397。

38　参见López De Prado, M., 2018, *Advances in Financial Machine Learning.* John Wiley & Sons。

员，有足够的财务资源能够获得另类数据，对其进行分析，进而提取以及验证另类数据中的洞见。从现实操作的角度看，因为"另类"的属性，所以资管机构需要使用和传统数据不同的应用方式。我们在《另类数据：理论与实践》中的第五章对此做了详细的说明，它可以作为一个工作手册帮助建设基础设施。当前，在另类数据的冲击下，产生投资思想的环境正在发生变化，要想从另类数据中获取价值，就需要有充足的投入，而且可能需要考虑对现有的投资流程和团队构成进行改造。

无论是资产管理还是其他的任何商业活动，决策者都需要考虑投入的成本所得到的投资回报率（ROI）。只有证明为另类数据付出的成本是物有所值，资管机构才会考虑部署另类数据。本书第一章中讲述了量化投资和主观投资的区别。就量化投资而言，我们可以使用绩效归因的方法评估采用另类数据的投资策略获得的阿尔法，然后扣除采购、清洗和分析另类数据中投入的成本，从而量化另类数据带来的绩效。此时，我们可以考虑使用扣减成本的阿尔法是否超过某个预设的临界值作为部署另类数据的决策依据。而对于主观投资而言，要评估ROI就要了解另类数据可能带来的机会以及如何有效使用它们，这些议题往往要仰赖资管经理的经验和主观判断。就现状而言，考虑到使用另类数据缺乏相对标准化的最佳实践，所以投资回报率的确定看起来需要在不同程度上把定量和定性方法结合起来。

在大数据时代，如何合规和安全地使用数据成为重中之重。就另类数据在资管行业的应用来说，需要重点关注两方面的问题。首先，另类数据是否涉及未公开的重大信息。按照我国《证券法》第七十五条的规定，对公司证券的市场价格有重大影响的尚未公开的信息，为内幕信息。其次，我国在去年分别通过了《数据安全法》和《个人信息保护法》，从而对数据安全合规的流通设定了司法底线。当前，针对另类数据并没有统一的监管体系，同时业界也不存在一套标准的合规检验流程。对于某些另类数据而言，比如我们在本书看到的手机定位、出租车出行、商务飞行等方面的数据，都有可能涉及非公开重大信息和个人隐私的问题。因此对于资管机构而言，在引入另类数据的时候，需要设置法律和合规团队来应对这些法律要求。这里需要指出的是，为了应对数据流通中带来的挑战和风险，一种可行的技术解决方法就是隐私计算（privacy preserving computing），从而实现数据可信和安全地流通。当前隐私计算技术已经应用在银行业的智能风控和智能营销等领域，北京金融科技产业联盟在今年发表了《隐私计算技术金融应用研究报告》，对这方面的计算和金融业的应用现状做了很好地整理。就资管行业而言，隐私计算的讨论还很少。笔者唯一看到的是IBM公司新加坡研究团队的Yu et al.（2022）撰写的论文。[39]我们知道，当前另类数据很大的来源是遗存数据，也就是各种组织在日常商业活动中留下的数据痕迹。单纯地通过采购获得数据包或者明文数据API接口的方式已经不大适应当前的法律环境，通过隐私计算实现遗存数据的价值应是未来唯一的可行之路。

　　前面基础设施所涉及的主要是物理层面上的生产要素，现在我们讨论人的要素。资管行业就像是战场，各个资管机构在这个场域中奋斗拼争，达尔文主义是这个行业中生存下来的不二法门。资管行业作为技术密集型行业，天然就具有某种垄断的特点。像许多其他类似的行业一样，一个有着专业化分工团队以及标准化作业流程的资管机构才能行稳致远。一个合格的军队，需要有将军、参谋、工匠、监军和士兵等众多的角色。对于一个资管机构，特别是依赖量化策略的资管机构，需要有策略师、分析师、工程师、风控经理和交易员等角色，显然这些成员所需要的技术并不完全相同。而另类数据的引进必然会深化这些角色的技术差异。只是仰赖少数明星经理的资管机构在当下这个时代是很难做大和做强的。另类数据作为资管机构生存和发展的利器，要挖掘和发挥它们带来的竞争优势，资管机构就需要不同角色之间良好的专业分工和团队协作。不仅要让整个团队在思想上达成共识，同时也要让另类数据融入到整个投研和交易过程，从而获得所谓的运营阿尔法。

　　　　※※※　　※※※　　※※※　　※※※　　※※※　　※※※　　※※※

39　参见Yu, P., L. Wynter, and S. Lim, 2022, Federated reinforcement learning for portfolio management. In H. Ludwig and N. Baracaldo（eds.）*Federated Learning: A Comprehensive Overview of Methods and Applications*. Spinger。

　　当前，我们进入到一个高度不确定的世界经济时代，各种经济危机、环境危机和地缘政治冲突层出不穷。回顾数据驱动的投资思想史，在这个时代，只有拥抱另类数据，迎接另类数据带来的风险和挑战，我们才能在细微之处把握住社会和经济发展的脉搏，才能在青萍之末感受风的力度。另类数据这个名词出现的历史并不很长，但是它背后蕴含的核心思想却并不新颖，而是自古有之。这个核心思想就是，我们需要在不断出现的另类数据中用适应时代的方法挖掘出新的投资见解，在不断演化的金融市场中能够长时间地获取收益，从而在投资管理的激烈竞争中生存下来。

　　新时代的另类数据在中国启航了。本书和《另类数据：理论与实践》只是一个引子，让读者可以了解当下我们到达了哪里。展望未来，我们期待和读者们一起深入探究，把另类数据的研究和实操不断推向新的高度。期待和大家在瞬息万变的世界中共同迎风破浪，扬帆远航。

王闻

于华润小径湾，2022年10月

参考文献

Abbott, P., D. Boussios, D., and J. Lowenberg-DeBoer, 2016, Valuing public information in agricultural commodity markets: WASDE corn reports. *NCCC-134 Conference on Applied Commodity Price Analysis, Forecasting, and Market Risk Management*. St. Louis, MO.

Abel, J., R. W. Rich, J. Song, and J. S. Tracy, 2016, The measurement and behavior of uncertainty: Evidence from the ECB survey of professional forecasters. *Journal of Applied Econometrics* 31, 533-550.

Adland, R., H. Jia, and S. Strandenes, 2017, Are AIS-based trade volume estimates reliable? The case of crude oil exports. *Maritime Policy & Management* 44, 657-665.

Adams-Heard, R., and K. Crowley, 2019, Occidental jet flew to Omaha this weekend, flight data shows. Available at *Bloomberg*: www.bloomberg.com/news/articles/2019-04-29/occidental-jet-flew-to-omaha-over-the-weekend-flight-data-shows.

Agrawal, S., P. Azar, A. Lo, and T. Singh, 2018, Momentum, mean-reversion and social media: evidence from StockTwits and Twitter. *Journal of Portfolio Management* 44, 85-95.

Ahern, K., and D. Sosyura, 2015, Rumor has it: sensationalism in financial media. *Review of Financial Studies* 28, 2050-2093.

Alternativedata.org, 2018, Buy-side alternative data employee analysis. Analysis Article (7 February 2018) . Available at: https://alternativedata.org/buy-side-alternative-data-employee-analysis.

Amen, S., 2016, Trading anxiety. Available at *Investopedia*: https://i.investopedia.com/downloads/anxiety/20160921_cuemacro_trading_anxiety_index.pdf.

Amen, S, 2013, Read all about it: Bloomberg news and Google data to trade Risk. Available at *SSRN*: https://papers.ssrn.com/sol3/papers.cfm?abstract_id=2439858.

Amen, S., 2016, Trading anxiety. Available at *Investopedia*: https://i.investopedia.com/ downloads/anxiety/20160921_cuemacro_trading_anxiety_index.pdf.

Amen, S., 2018, Robo-news reader: using machine-readable Bloomberg News to trade FX. Available at *Bloomberg*: https://data.bloomberglp.com/promo/sites/12/99405_WP_ MachineReadableNewsToTradeFX.pdf?elqTrackId.

Amen, S., 2019, Going with the FX flow: using CLS flow data to understand and trade FX spot. Available at *Cuemacro*: www.cuemacro.com/wp-content/uploads/2019/05/ 20190510-Cuemacro-Going-with-the-FX-flow.pdf.

Azar, P., and A. Lo, 2016, The wisdom of Twitter crowds-predicting stock market reactions to FOMC meetings via Twitter feeds. *Journal of Portfolio Management* 42 (5) , 123-134.

Baker, S., N. Bloom, and S. Davis, 2016, Measuring economic policy uncertainty. *Quarterly Journal of Economics* 131, 1593-1636.

Balduzzi, P., E. J. Elton, and T. C. Green, 2001, Economic news and bond prices: evidence from the U.S. Treasury market. *Journal of Financial and Quantitative Analysis* 36, 523-43.

Ball, R., and P. Brown, 1968, An empirical evaluation of accounting income numbers. *Journal of Accounting Research* 6, 159-178.

Becker-Reshef, I., E. Vermote, M. Lindeman, and C. Justice, 2010, The global agriculture monitoring (GLAM) project. *Remote Sensing* 2, 1589-1609.

Bekaert, G., and M. Hoerova, 2014, The VIX, the variance premium and stock market volatility. *Journal of Econometrics* 183, 181-192.

Benamar, H., T. Foucault, and C. Vega, 2021, Demand for information, uncertainty, and the response of U.S. Treasury securities to news. *Review of Financial Studies* 34, 3403-3455.

Berger, D., I. Dew-Becker, and S. Giglio, 2020, Uncertainty shocks as second-moment news shocks. *Review of Economic Studies* 87, 40-76.

Bernanke, B., and K. Kuttner, 2005, What explains the stock market's reaction to Federal Reserve policy? *Journal of Finance* 60, 1221-1257.

Bernard, V. and J. Thomas, 1989, Post-earnings-announcement drift: delayed price response or risk premium? *Journal of Accounting Research* 27, 1-36.

Biggerstaff, L., D. Cicero, and A. Puckett, 2015, Suspect CEOs, unethical culture, and corporate misbehavior. *Journal of Financial Economics* 117, 98-121.

Blakeslee, S., 1990, Lost on earth: wealth of data found in space. *The New York Times* (20 March 1990) .

Blei, D., A. Ng, and M. Jordan, 2003, Latent Dirichlet allocation. *Journal of machine Learning research* 3, 993-1022.

Bliss, C., I. Kloumann, K. Harris, C. Danforth, and P. Dodds, 2012, Twitter reciprocal reply networks exhibit assortativity with respect to happiness. *Journal of Computational Science* 3, 388-397.

Bloom, N., 2009, The impact of uncertainty shocks. *Econometrica* 77, 623-668.

Bradley, D., D. Finer, M. Gustafson, and J. Williams 2020, When banks go to hail: insights into Feb-Bank interactions from taxi data. Available at *SSRN*: https://papers.ssrn.com/sol3/papers.cfm?abstract_id=3141240.

Brandt, M., and L. Gao, 2019, Macro fundamentals or geopolitical events? A textual analysis of news events for crude oil. *Journal of Empirical Finance* 51, 64-94.

Breeden, D., and R. Litzenberger, 1978, Prices of state-contingent claims implicit in option prices. *Journal of Business* 51, 621-51.

Brown, B., and S. Perry, 1994, Removing the financial performance halo from Fortune's most admired companies. *Academy of Management Journal* 37, 1347-1359.

Buehlmaier, M. and J. Zechner, 2021, Financial media, price discovery, and merger arbitrage. *Review of Finance* 25, 997-1046

Bureau of Labor Statistics (BLS) , 2019, Employment Situation Technical Note. Available at *Bureau of Labor Statistics*: www.bls.gov/news.release/empsit.tn.htm.

Button, S., 2019, Freight trading with MarineTraffic. Available at *MarineTraffic*: www.marinetraffic.com/blog/freight-trading-with-marinetraffic.

Cajner, T., L. Crane, R. Decker, A. Hamins-Puertolas, C. Kurz, and T. Radler, 2018, Using payroll processor microdata to measure aggregate labor market activity. Available at *Federal Research*: www.federalreserve.gov/econres/feds/files/2018005pap.pdf.

Carhart, M., 1997, On persistence in mutual fund performance. *Journal of Finance* 52, 57-82.

Cavallo, A., G. Cruces, and R. Perez-Truglia, 2016, Learning from potentially-biased statistics:

household inflation perceptions and expectations in Argentina. NBER Working Paper 22103. Available at: www.nber.org/papers/w22103.

Cavallo, A., and R. Rigobon, 2016, The billion prices project: using online prices for measurement and research. *Journal of Economic Perspectives* 30, 151-178.

Cespa, G., A. Gargano, S. Riddiough, and L. Samo, 2021, Foreign exchange volume. *Review of Financial Studies*. Available at: https://doi.org/10.1093/rfs/.

Cieslak, A., A. Morse, and A. Vissing-Jorgensen, 2019, Stock returns over the FOMC cycle. *Journal of Finance* 74, 2201-2248.

Citi, 2017, Searching for alpha: big data-navigating new alternative datasets. Available at: https://hughchristensen.com/papers/academic_papers/Citi%20report%20on%20 alternative%20data.pdf.

Clark, I., and S. Amen, 2017, Implied distributions from GBPUSD risk-reversals and implication for Brexit scenarios. *Risks* 5, 35.

Coles, J., N. Daniel, and L. Naveen, 2006, Managerial incentives and risk-taking. *Journal of Financial Economics* 79, 431-468.

Cremer, J., 1993. Corporate culture and shared knowledge. *Industrial and Corporate Change* 2, 351-386.

Datta, D., J. Londono, B. Sun, D. Beltran, T. Ferreira, M. Lacoviello, M. R. Jahan-Parvar, C. Li, M. Rodriguez, and J. Rogers, 2017, Taxonomy of global risk, uncertainty, and volatility measures. Working Paper, Federal Reserve Board of Governors. Available at *FRB*: www. federalreserve.gov/econres/ifdp/files/ifdp1216.pdf.

Davidson, R., A. Dey, and A. Smith, 2015, Executives' "off-the-job" behavior, corporate culture, and financial reporting risk. *Journal of Financial Economics* 117, 5-28.

Denev, A., and S. Amen, 2020, *The Book of Alternative Data*. John Wiley & Sons.

De Rossi, J. Kolodziej, and G. Brar, 2019, Big is beautiful: how email receipt data can help predict company sales. In T. Guida (ed.) *Big Data and Machine Learning in Quantitative Investment*. John Wiley & Sons.

De Smedt, T., and W. Daelemans, 2012, Pattern for Python. *Journal of Machine Learning Research* 13 (1), 2063-2067.

Diether, K. B., C. J. Malloy, and A. Scherbina, 2002, Differences of opinion and the cross section of stock returns. *Journal of Finance* 57, 2113-2141.

Dodds, P., K. Harris, I. Kloumann, C. Bliss, and C. Danforth, 2011, Temporal patterns of happiness and information in a global social network: Hedonometrics and Twitter. *PlosONE* 6 (12) , e26752.

Donobo, D., 2000, High-dimensional data analysis: the curses and blessings of dimensionality. Available at: https://citeseerx.ist.psu.edu/viewdoc/download?doi=10.1.1.329.3392&rep=rep 1&type=pdf.

Eagle Alpha, 2018, *Alternative Data Use Cases* (Edition 6) . Available at: https://s3-eu-west-1. amazonaws.com/ea-pdf-items/Alternative+Data+Use+Cases_Edition6.pdf.

Fama, E., and K. French, 1992, The cross-section of expected stock returns. *Journal of Finance* 47: 427-465.

Fama, E., and K. French, 1993, Common risk factors in the returns on stocks and bonds. *Journal of Financial Economics* 33, 3-56.

Feenstra, R., and M. Shapiro (eds.) 2003. *Scanner Data and Price Indexes*. NBER.

Fornell C., D. M. Johnson, E. Anderson, J. Cha, and B. Bryant, 1996, The American Customer Satisfaction Index: nature, purpose, and findings. *Journal of Marketing* 60 (4) , 7-18.

Frank, M., L. Mitchell, P. Dodds, and C. Danforth 2013, Happiness and the patterns of life-a study of geolocated tweets. *Scientific Reports* 3: 2625.

Frankel, R., M. Johnson, and D. J. Skinner, 1999, An empirical examination of conference calls as a voluntary disclosure medium. *Journal of Accounting Research* 37, 133-150.

Fryxell, G., and J. Wang, 1994, The fortune corporate reputation index: reputation for what? *Journal of Management* 20, 1-14.

Fuchs-Schündeln, N. , and T. Hassan, 2016, Natural experiments in macroeconomics. In J. Taylor and H. Uhlig *Handbook of Macroeconomics*. El-sevier, Amsterdam.

Garcia, P., S. Irwin, R. Leuthold, and L. Yang, 1997, The value of public information in commodity futures markets. *Journal of Economic Behavior & Organization* 32, 559-570.

Giles, C., 2018, The year of fake economic data. Available at *Financial Times*: www.ft.com/ content/c8aa1f1c-faae-11e7-a492-2c9be7f3120a.

Gjerstad, P., P. Meyn, P. Molnár, and T. Næss, 2021, Do president Trump's tweets affect financial markets? *Decision Support System* 147, August.

Glick, R., and M. Hutchinson, M., 2011, Currency crises. Federal Reserve Bank of San Francisco. Available at: www.frbsf.org/economic-research/files/wp11-22bk.pdf.

Gomes, P., and E. Peraita, 2016 The effect of announcements of leading and sentiment indicators on Euro area financial markets. Available at: www.eco.uc3m.es/~pgomes/Papers/PG_EVP.pdf.

Goodfellow, I., Y. Bengio, and A. Courville, 2016, *Deep Learning*. MIT Press.

Gopalan, R., T. Milbourn, F. Song, and A. Thakor, 2014, Duration of executive compensation. *Journal of Finance* 69, 2777-2817.

Graham, J., J. Grennan, C. Harvey, and S. Rajgopal. 2018. Corporate culture: the interview evidence. Working Paper, Duke University. Available at *SSRN*: https://papers.ssrn.com/sol3/papers.cfm?abstract_id=2842823.

Graham, J., J. Grennan, C. Harvey, and S. Rajgopal. 2021. Corporate culture: evidence from the field. Working Paper, Duke University. Available at *SSRN*: https://papers.ssrn.com/sol3/papers.cfm?abstract_id=2805602.

Grennan, J. 2018. A corporate culture channel: wow increased shareholder governance reduces firm value? Working Paper, Duke University. Available at *SSRN*: https://papers.ssrn.com/sol3/papers.cfm?abstract_id=2345384.

Grinold, R., 1985, The fundamental law of active management. *Journal of Portfolio Management* 15, 30-37.

Guida, T., (editor) , 2019, *Big Data and Machine Learning in Quantitative Investment*. John Wiley & Sons.

Guiso, L., P. Sapienza, and L. Zingales, 2006. Does culture affect economic outcomes? *Journal of Economic Perspectives* 20, 23-48.

Guiso, L., P. Sapienza, and L. Zingales, 2008. Social capital as good culture. *Journal of the European Economic Association* 6, 295-320.

Guiso, L., P. Sapienza, and L. Zingales, 2011. Civic capital as the missing link. In J. Benhabib, A. Bisin, and M. Jackson (eds.) *Handbook of Social Economics* (Vol. 1) . Elsevier, North

Holland, 417-480.

Guiso, L., P. Sapienza, and L. Zingales, 2015a, The value of corporate culture. *Journal of Financial Economics* 117, 60-76.

Guiso, L., P. Sapienza, and L. Zingales, 2015b. Corporate culture, societal culture, and institutions. *American Economic Review* 105, 336-339.

Gürkaynak, R., B. Sack, and E. Swanson, 2005, Do actions speak louder than words? The response of asset prices to monetary policy actions and statements. *International Journal of Central Banking* 1, 55-93.

Hafez, P. and J. Guerrero-Colón, 2016, Earnings sentiment consistently outperforms consensus. Available at *RavenPack*: www.ravenpack.com/research/earnings-sentiment-consensus.

Hafez, P., M. Kangrga, J. Guerrero-Colon, F. Gomez, and R. Mates, 2019, Capturing alpha from internal digital content. Available at *RavenPack*: www.ravenpack.com/research/alpha-internal-content.

Hafez, P., and M. Koefoed, 2017a, Introducing RavenPack Analytics for equities. Available at *RavenPack*: http://44.194.209.213/research/introducing-ravenpack-analytics-equities.

Hafez, P., and M. Koefoed, 2017b, A multi-topic approach to building quant models. Available at *RavenPack*: www.ravenpack.com/research/multi-topic-approach-build-quant-models.

Hafez, P., and F. Lautizi, 2016, Achieve high capacity strategies trading economically-linked companies. Available at *RavenPack*: www.ravenpack.com/research/high-capacity-strategies-trading-economically-linked-companies.

Hafez, P., and F. Lautizi, 2019, Machine learning and event detection for trading energy futures. In T. Guida (ed.) *Big Data and Machine Learning in Quantitative Investment*. John Wiley & Sons.

Hafez, P., F. Lautizi, J. Guerrero-Colon, F. Gomez, M. Gomez, and R. Mates, 2018, News sentiment everywhere: trading global equities. Available at *RavenPack*: www.ravenpack.com/research/news-sentiment-everywhere/.

Hafez, P., and J. Xie, 2011, Introducing the RavenPack sentiment index. Available at *RavenPack*: www.ravenpack.com/research/introducing-ravenpack-sentiment-index/.

Hanousek, J., and E. Kočenda 2011 Foreign news and spillovers in emerging European stock markets. *Review of International Economics* 19, 170-188.

Hannun, A., C. Case, J. Casper, B. Catanzaro, G. Diamos, E. Elsen, R. Prenger, S. Satheesh, S. Sengupta, A. Coates, and A. Ng, 2014, Deep speech: scaling up end-to-end speech recognition. *CoRR* abs/1412.5567. Available at: www.arxiv-vanity.com/papers/1412.5567.

Hasbrouck, J., 1985, Stock returns, inflation, and economic activity: The survey evidence. *Journal of Finance* 39, 1293-1310.

Hasbrouck, J., and R. Levich, 2019, FX market metrics: new findings based on CLS bank settlement data. Avaiable at *SSRN*: https://papers.ssrn.com/sol3/papers.cfm?abstract_id=2912976

Hendershott, P., 1985, Expectations, surprises, and Treasury bill rates: 1960-82. *Journal of Finance* 39, 685-698.

Henry, E., 2008, Are investors influenced by how earnings press release are written? *Journal of Business Communication* 45, 363-407.

Henry, E., and A. J. Leone, 2016, Measuring qualitative information in capital markets research: comparison of alternative methodologies to measure disclosure tone. *Accounting Review* 91,153-178.

Hillman, A., and G. Keim, 2001, Shareholder value, stakeholder management, and social issues: what's the bottom line? *Strategic Management Journal* 22, 125-139.

Hirshleifer, D., Y. Li, B. Lourie, and T. Ruchti, 2020, Do trade creditors possess private infromation? Evidence from firm performance. Available at *SSRN*: https://papers.ssrn.com/sol3/papers.cfm?abstract_id=3295808.

Hirshleifer, D., and T. Shumway, 2003, Good day sunshine: stock returns and the weather. *Journal of Finance* 58, 1009-1032.

Hodgson, G., 1996, Corporate culture and the nature of the firm. In J. Groenewegen (ed.) *Transaction Cost Economics and Beyond*. Kluwer Academic Press, Boston.

Huang, A., R. Lehavy, A. Zang, and R. Zheng, 2018, Analyst information discovery and interpretation roles: A topic modeling approach. *Management Science* 64, 2833-2855.

Huang, X., Z. Ivkovic, J. Jiang, and I. Wang, 2018, Swimming with the sharks: entrepreneurial investing decisions and first impression. Available at: https://web.stanford.edu/~rkatila/new/

pdf/Katilasharks.pdf.

Husted, L., J. Rogers, and B. Sun, 2020, Monetary policy uncertainty. *Journal of Monetary Economics* 115, 20-36.

IHS Markit, 2019, *Commodities at Sea: Crude Oil*. Available at: https://cdn.ihs.com/www/ pdf/0319/CommoditiesAtSeaCrude-Brochure.pdf.

ILO, IMF, OECD, Eurostat, UNECE, and the World Bank, 2004, *Consumer Price Index Manual: Theory and Practice*.

Imhoff, E. A., and G. J. Lobo, 1992, The effect of ex ante earnings uncertainty on earnings response coefficients. *Accounting Review* 67, 427-439.

Irwin, S., D. Good, and J. Gomez, 2001, The value of USDA outlook information: an investigation using event study analysis. *NCR Conference on Applied Commodity Price Analysis, Forecasting, and Market Risk Management*. St. Louis MO.

Isengildina-Massa, O., S. Irwin, D. Good, and J. Gomez, 2008, The Impact of situation and outlook information in corn and soybean futures markets: evidence from WASDE reports. *Journal of Agricultural and Applied Economics* 40, 89-103.

Jetley, G. and X. Ji, 2010, The shrinking merger arbitrage spread: reasons and implications. *Financial Analysts Journal* 66, 54-68.

Jha, V., 2019a, Implementing alternative data in an investment process. In T. Guida (ed.) *Big Data and Machine Learning in Quantitative Investment*. John Wiley & Sons.

Jha, V., 2019b, Innovation and industry selection. Available at *SSRN*: https://papers.ssrn.com/ sol3/papers.cfm?abstract_id=3313212.

Jha, V., 2019c, Introducing the ExtractAlpha risk model. Available at *ExtractAlpha*: https:// extractalpha.com/2019/08/09/introducing-the-extractalpha-risk-model.

Jha, V., and J. Blaine, 2015, Finding value in earnings transcripts data with AlphaSense. Available at *ExtractAlpha*: https://extractalpha.com/wp-content/uploads/2015/06/Finding-Value-in-Earnings-Transcripts-Data-with-AlphaSense1.pdf.

Johnson, M., and K. Watson, 2011, Can changes in the Purchasing Managers' Index foretell stock returns? An additional forward-looking sentiment indicator. *Journal of Investing* 20 (4), 89-98.

Karali, B., O. Isengildina-Massa, S. Irwin, M. Adjemian, and R. Johansson, 2019, Are USDA reports still news to changing crop markets? *Food Policy* 84, 66-76.

Kearney, C., and S. Liu, 2014, Textual sentiment in finance: a survey of methods and models. *International Review of Financial Analysis* 33, 171-185.

Kolanovic, M., and R. Krishnamachari, 2017, *Big Data and AI Strategies: Machine Learning and Alternative Data Approach to Investing*. JP Morgan Report.

Kolanovic, M., and R. Smith, 2019, *Big Data and AI Strategies: 2019 Alternative Data Handbook*. JP Morgan Report.

Koranyi, B., 2016, Britain's pound would sink 9 percent if country voted to leave EU. Available at *Reuters*: www.reuters.com/article/uk-britain-eu-pound-idUKKCN0YO16R.

Kreps, D., 1990, Corporate culture and economic theory. In J. Alt, and K. Shepsle (eds.) *Perspectives on Positive Political Economy*. Cambridge University Press.

Kumar, A., and C. Lee, 2006, Retail investor sentiment and return comovements. *Journal of Finance* 61, 2451-2486.

Kumar, R., T. Makatabi, and S. O'Brien, 2018, Findings from the diary of consumer payment choice. *Cash Product Office of Federal Reserve System*. Available at: www.frbsf.org/cash/files/federal-reserve-cpo-2018-diary-of-consumer-payment-choice-110118.pdf.

Kumar, R. and L. Silva, 1973, Light ray tracing through a leaf cross section. *Applied Optics* 12, 2950-2954.

Larcker, D., and A. Zakolyukina, 2012, Detecting deceptive discussions in conference calls. *Journal of Accounting Research* 50, 495-540.

Lee, J., 2016, Can investors detect managers' lack of spontaneity? Adherence to predetermined scripts during earnings conference calls. *Accounting Review* 91, 229-250.

Lee, S., and P. Mykland, 2008, Jumps in financial markets: a new nonparametric test and jump dynamics. *Review of Financial Studies* 21, 2535-2563.

Lehecka, G., 2014, The value of USDA crop progress and condition information: reactions of corn and soybean futures markets. *Journal of Agricultural and Resource Economics* 39, 88-105.

Li, K., X. Liu, F. Mai, and T. Zhang, (LLMZ) , 2021, The role of corporate culture in bad times:

evidence from the COVID-19 Pandemic. *Forthcoming in the Journal of Financial and Quantitative Analysis*.

Li, K., F. Mai, R. Shen, and X. Yan, (LMSY) , 2021, Measuring corporate culture using machine learning. *Review of Financial Studies* 34, 3265-3315.

Liu, B. and J. McConnell, 2013, The role of the media in corporate governance: do the media influence managers'capital allocation decisions? *Journal of Financial Economics* 110, 1-17.

Loh, R., 2010, Investor inattention and the underreaction to stock recommendations. *Financial Management* 39, 1223-1252.

Loughran, T, and B. McDonald, 2011, When is a liability not a liability? Textual analysis, dictionaries, and 10-Ks. *Journal of Finance* 66, 35-65.

Loughran, T. and B. Mcdonald, 2016, Textual analysis in accounting and finance: a survey. *Journal of Accounting Research* 54, 1187-1230.

Lowry, M., R. Michaely, and E. Volkova, 2020, Information revelation through regulatory process: interactions between the SEC and companies ahead of the IPO. *Review of Financial Studies* 33, 5510-5554.

Lucca, D., and E. Moench, 2015, The pre-FOMC announcement drift. *Journal of Finance* 70, 329-371.

Malz, A., 1997, Estimating the probability distribution of the future exchange rate from option prices. *Journal of Derivatives* 5 (2) , 18-36.

Matsumoto, D.,M. Pronk, and E. Roelofsen, 2011, What makes conference calls useful? The information content of managers' presentations and analysts' discussion sessions. *Accounting Review* 86, 1383-1414.

McKenzie, A., 2008, Pre-harvest price expectations for corn: the information content of USDA reports and new crop futures. *American Journal of Agricultural Economics* 90, 351-366.

Meyer, G., and E. Terazono, 2019, New crop data providers cash in on US shutdown. Available at *Financial Times*: www.ft.com/content/550c6642-3f94-11e9-9bee-efab61506f44.

Mikolov, T., I. Sutskever, K. Chen, G. Corrado, and J. Dean, 2013, Distributed representations of words and phrases and their compositionality. In M. Jordan, Y. LeCun, and S. Solla (eds.) *Advances in Neural Information Processing Systems*. MIT Press, Cambridge.

Milacek, T., and B. Brorsen, 2017, Trading based on knowing the WASDE report in advance. *Journal of Agricultural and Applied Economics* 49, 400-415.

Milton, A., 2021, Are you a discretionary or system trading? Available at: www.thebalance.com/discretionary-or-system-trader-1031038.

Mitchell, L., K. Harris, M. Frank, P. Dodds, and C. Danforth, 2013, The geography of happiness-connecting Twitter sentiment and expression, demographics, and objective characteristics of place. *Plos ONE* 8 (5) : e64417.

Moniz, A., 2019, A social media analysis of corporate culture. In T. Guida (ed.) *Big Data and Machine Learning in Quatitative Investment*. John Wiley & Sons.

MSCI, 2016, MSCI ESG KLD Stats: 1991-2015 data sets-methodology. Available at: https://libguides.uml.edu/ld.php?content_id=59552417.

Muthupalaniappan, A., and R. Fertig, 2018, The digital surprise signal white paper. Available at *alpha-DNA*: https://alphadnaim.com/downloads/alpha-dna_digital_surprise_signal_jul2017_white_paper_.pdf.

Nakamura, E., and J. Steinsson, 2018, High-frequency Identification of monetary non-neutrality: the information effect. *Quarterly Journal of Economics* 133, 1283-1330.

Nie, J., and A. Oksol, 2018, Forecasting current-quarter U.S. exports using satellite data. Federal Reserve Bank of Kansas City. Available at: www.kansascityfed.org/documents/550/2018-Forecasting%20Current-Quarter%20U.S.%20Exports%20Using%20Satellite%20Data%20.pdf.

Olsen, M., and T. Fonseca, 2017, Investigating the predictive ability of AIS-data: the case of Arabian gulf tanker rates. Available at: https://openaccess.nhh.no/nhh-xmlui/bitstream/handle/11250/2454692/masterthesis.PDF?sequence=y.

O'Reilly, C., 1989, Corporations, culture, and commitment: motivation and social control in organizations. *California Management Review* 31, 9-25.

O'Reilly, C., and J., Chatman, J., 1996. Culture as social control: corporations, cults, and commitment. In B. Staw, and L. Cummings (eds.) *Research in Organizational Behavior* (Vol. 18) . JAI Press, Inc., Greenwich.

Pennebaker, J., R. Boyd, K. Jordan, and K. Blackburn, 2015, The development and psychometric properties of LIWC2015. University of Texas at Austin. Available at: https://repositories.lib.utexas.edu/bitstream/handle/2152/31333/LIWC2015_LanguageManual.pdf.

Petersen, M., 2009, Estimating standard errors in finance panel data sets: comparing approaches. *Review of Financial Studies* 22, 435-480.

Ponczek, S., and V. Hajric, 2018, Trump 'Tweet risk' and what empowered democrates mean for stocks. Available at *Bloomberg*: www.bloombergquint.com/business/trump-tweet-risk-and-what-empowered-democrats-mean-for-stocks.

Ranaldo, A., and F. Somogyi, 2021, Asymmetric information risk in FX markets. *Journal of Financial Economics* 140, 391-411.

Reuters, Thomson, 2016, Britain's pound would sink 9 percent if country voted to leave EU. Available online: www. reuters. com (accessed on 8 June 2016).

Rich, R., and J. Tracy, 2010, The relationship among expected inflation, disagreement, and uncertainty: Evidence from matched point and density forecasts. *Review of Economics and Statistics* 92, 200-207.

Rich, R., and J. Tracy, 2021, A closer look at the behavior of uncertainty and disagreement: micro evidence from the Euro area. *Journal of Money, Credit and Banking* 53, 233-253.

RiskMetrics Group, 2010, How to use KLD stats & ESG ratings definitions. Available at: www.pornsit-jiraporn.com/Getting_Started_With_KLD_STATS.pdf.

Routledge, B. R., S. Sacchetto, and N. Smith, 2018, Predicting merger targets and acquirers from text. Available at: http://sulawesi.tepper.cmu.edu/pdf/ma_ste_latest.pdf.

RS Metrics, 2018c, CME Group copper futures price predictive analysis explained. Available at: https://rsmetrics.com/wp-content/uploads/2018/07/CME_Group_Copper_Futures_Price_Predictive_Analysis.pdf.

RS Metrics, 2018e, MetalSignals-hit rate analysis. Available at *RS Metrics*: https://rsmetrics.medium.com/metalsignals-hit-rate-analysis-d650920cd385.

Savor, P., and M. Wilson, 2013, How much do investors care about systematic risk? evidence from scheduled economic announcements. *Journal of Financial and Quantitative Analysis* 48, 343-375.

Scotti, C., 2016, Surprise and uncertainty indexes: real-time aggregation of real-activity macro surprises. *Journal of Monetary Economics* 82, 1-19.

Sesen, M., Y. Romahi, and V. Li., 2019, Natural language processing of financial news. In T. Guida (ed.) *Big Data and Machine Learning in Quantitative Investment*. John Wiley & Sons.

Sharfman, M., 1996, The construct validity of the Kinder, Lydenberg & Domini social performance ratings data. *Journal of Business Ethics* 15, 287-296.

Shinoda, H., M. Hayhoe, and A. Shrivastava, 2001, What controls attention in natural environments? *Vision Research* 41, 3535-3545.

Shleifer, A, and L. Summers, 1988, Breach of trust in hostile takeovers. In A. Auerbach (ed.) *Corporate Takeovers, Causes, and Consequences*. University of Chicago Press, Chicago.

Sleptsova, E., M. Tukker, and R. Fennessy, 2019, A new tool for managing currency risk. Available at: www.academia.edu/44457080/A_new_tool_for_managing_currency_risk.

Smith, P., 2018, Eurozone PMI and predicting economic growth. Available at *IHS Markit*: https://ihsmarkit.com/research-analysis/eurozone-pmi-and-predicting-economic-growth-250718.html

Statman, M., and D. Glushkov, 2009, The wages of social responsibility. *Financial Analysts Journal*, 65, 33-46.

Steinmetz, G., 1999. Introduction. In G. Steinmetz (ed.) *State/Culture: State-Formation after the Cultural Turn*, Cornell University Press, NY.

Stone, P., D. Dumphy, M. Smith, and D. Ogilvie, 1966, *The General Inquirer: A Computer Approach to Content Analysis*. The MIT Press.

Strohmeier, M., M. Smith, V. Lenders, and I. Martinovic, 2018, The real first class? Inferring confidential corporate mergers and government relations from air traffic communication. *IEEE European Symposium on Security and Privacy* 107-121.

Summer, D., and R. Mueller, 1989, Are harvest forecasts news? USDA announcements and futures market reactions. *American Journal of Agricultural Economics* 71, 1-8.

Tabellini, G., 2008. Institutions and culture. *Journal of the European Economic Association* 6, 255-294.

Tetlock, P., M. Saar-Tschansky, and S. Macskassy, 2008, More than words: quantifying language to measure firms'fundamentals. *Journal of Finance* 63, 1437-1467.

Thorndike, E., 1920, A constant error on psychological rating. *Journal of Applied Psychology* 4, 25-29.

TipRanks, 2018, TipRanks expert sentiment signal. Available at: https://data.bloomberglp.com/professional/sites/10/TipRanks_Expert_Sentiment_Signal_White_Paper_2018.pdf.

Verwijmeren, P. and J. Derwall, 2010, Employee well-being, firm leverage, and bankruptcy risk. *Journal of Banking and Finance* 34, 956-964.

Waddock, S., and S. Graves, 1997, The corporate social performance-financial performance link. *Strategic Management Journal* 18, 303-319.

Weber, Y., O. Shenkar, and A. Raveh. 1996. National and corporate cultural fit in mergers/acquisitions: an exploratory study. *Management Science* 42, 1215-1227.

Weiner, S., and V. Jha, 2018, ClosingBell crowdsourced stock ratings. Available at *SSRN*: https://papers.ssrn.com/sol3/papers.cfm?abstract_id=3083040.

Whitcraft, A., E. Vermote, I. Becker-Reshef, and C. Justice, 2015, Cloud cover throughout the agricultural growing season: Impacts on passive optical earth observations. *Remote Sensing of Environment* 156, 438-447.

Worrachate, A., 2016, Pound trader keeps his head when all about him are losing theirs. June 2. Available at: www.reuters.com (accessed on 8 June 2016) .

Yin, W., K. Kann, M. Yuz and H. Schutze, 2017, Comparative study of CNN and RNN for natural language processing. Available *at arXiv*: https://arxiv.org/abs/1702.01923.

Ying, J., Y. Chen, and J. Dorfman, 2017, Is the value of USDA announcement effects declining over Time? *NCCC-134 Conference on Applied Commodity Price Analysis, Forecasting, and Market Risk Management*. St. Louis MO.

Zarnowitz, V., and L. A. Lambros, 1987, Consensus and uncertainty in economic predictions. *Journal of Political Economy* 95, 591-621.

Zingales, L., 2015, The "cultural revolution" in finance. *Journal of Financial Economics* 17, 1-4.

Zyte team, 2018, Want to predict Fitbit's quarterly revenue? Eagle Alpha did it using web scraped product data. Available at *Zyte*: www.zyte.com/blog/fitbit-quarterly-revenue-web-scraped-product-data.

Zyte team, 2019, The predictive power of web scraped product data for institutional investors: a GoPro case study. Available at *Zyte*: www.zyte.com/blog/gopro-study.